V&R

Klaus Obermeyer / Harald Pühl

Teamcoaching und Teamsupervision

Praxis der Teamentwicklung
in Organisationen

Vandenhoeck & Ruprecht

Mit 6 Abbildungen

Bibliografische Information der Deutschen Nationalbibliothek

Die Deutsche Nationalbibliothek verzeichnet diese Publikation in der
Deutschen Nationalbibliografie; detaillierte bibliografische Daten sind
im Internet über http://dnb.d-nb.de abrufbar.

ISBN 978-3-525-40371-6

Weitere Ausgaben und Online-Angebote sind erhältlich unter: www.v-r.de

Umschlagabbildung: Human hands on bright background/shutterstock.com

Satz: SchwabScantechnik, Göttingen
Umschlag: SchwabScantechnik, Göttingen
Druck und Bindung: ℗ Hubert & Co., Göttingen

Gedruckt auf alterungsbeständigem Papier.

Inhalt

Beratung zeigen – ein Vorwort

Wie ist es zu diesem Buch gekommen? Wir, die beiden Autoren, kennen uns seit vielen Jahren und kooperieren immer wieder in der dreijährigen Beraterausbildung »Supervision, Coaching und Organisationsberatung« am Institut Triangel. In diesem Zusammenhang sind wir gefordert, uns mit der Beratungspraxis und ihren Referenztheorien auseinanderzusetzen und uns zu fragen, zu welcher Beratungslandschaft wir beitragen wollen.

Eines der ersten Bücher zum Thema Teamsupervision erschien 1983 (Conrad u. Pühl). Es war der Versuch einer ersten konzeptionellen Annäherung. Inzwischen sind über 30 Jahre vergangen und die Beratung von Teams gehört in vielen Organisationen zum Alltag. Die vorliegende Literatur spiegelt aus unserer Perspektive diese Praxis nur begrenzt wider. Hier scheint es so, als ob sich berufsbezogene Beratung vorrangig in den Formaten Coaching und Organisationsberatung abspielt. Zumindest in unserer Praxis nimmt der Anteil der Teamberatungen etwa zwei Drittel unserer Arbeitszeit in Anspruch. Inhaltlich stehen Kooperationsthemen und deren Konfliktpotenzial im Vordergrund. Die Begriffe für die durchgeführten Beratungen sind vielfältig –Teamsupervision, Teamcoaching, Teamentwicklung – die gewählten Beratungssettings ebenso: in regelmäßigen Abständen oder als ein- bis zweitägige Veranstaltung. Immer häufiger werden wir auch als Krisenmanager gerufen, weil massive Konflikte die Arbeit nicht nur behindern, sondern bis zur Arbeitsunfähigkeit blockieren. Hier ist oftmals unser ganzes Kompetenzprofil gefordert: von der Supervision, Organisationsberatung, Mediation, dem Coaching – in Familienunternehmen teilweise auch bis zu Aspekten von Familientherapie. Unser Verständnis von »Komplexberatung« hat sich auf dem Boden dieser Praxisanforderungen entwickelt.

Unabhängig von den inhaltlichen Brennpunkten waren wir in der Annäherung an dieses Buch auch mit der Frage beschäftigt, in welchem Stil und mit welchem Habitus geschrieben werden sollte, um die Wirklichkeit alltäglicher Teamberatung so lebendig wie möglich zu vermitteln. So haben wir uns insbesondere bei Fallberichten vorgenommen, so zu schreiben, wie in den kollegialen Intervisionsgruppen und Kontrollsupervisionen gesprochen wird.

In diesen Foren – die zur Ausübung von Beratung in Organisationen unserer Einschätzung nach unverzichtbar sind – sprechen Beraterinnen im günstigen Fall ungeschönt über ihre Arbeit. Sie ringen darum, ihr eigenes inneres Erleben bei der Arbeit so anschaulich wie möglich zur Sprache zu bringen. Unsicherheit, subjektives Verwickeltsein, Aspekte von Übertragungen und auch des Agierens eigener Impulse jenseits abstrakter theoretischer oder fachlicher Standards sind hier an der Tagesordnung. Im vertrauensvollen Schutzraum, der von solidarischen Kolleginnen oder Kontrollsupervisorinnen zur Verfügung gestellt wird, kann diese Selbstoffenbarung angstarm riskiert werden. Die dadurch angestoßenen fachlichen Fallberatungen machen die Psycho- und Organisationsdynamik des Falls erfahrbar und reinszenieren diese in Ausschnitten.

Falleinbringende Supervisoren begeben sich in diesen Beratungen absichtlich aufs Glatteis, um den Kollegen auch Einblick in die unaufgeräumten, unbewussten und vielleicht scham- und schuldbehafteten Aspekte ihrer Arbeit zu geben. Dies ist hilfreich, um den hausgemachten Anteil der Beraterinnen an Schwierigkeiten, Unzulänglichkeiten und Stagnation im Fall zugänglich machen.

Die Sprache dieser Fallberatungen ist weniger theoriebezogen, weniger an Konzepten orientiert. Sie folgt vielmehr einem alltagssprachlichen Duktus, der sogenannte Fehler, emotionale Erlebnisinhalte und zunächst unreflektierte Impulse beim Berater explizit mit aufnimmt.

Wir haben versucht, uns diesem Sprachstil bei den zahlreichen Fallbeispielen anzunähern. Dies ist nicht vollständig gelungen, da die geschriebene Sprache einem anderen Modus folgt als das spontan gesprochene Wort. Zudem mussten wir unsere eigenen Ängste vor der Scham im Zaum zu halten. Der Versuch der Annäherung war uns aber wichtig, da wir davon ausgehen, dass eine sehr persönliche Sprache notwendig ist, um die Essenz beraterischer Prozesse sichtbar und nachvollziehbar zu machen. Die Psychoanalytikerin Donna

Orange weist in diesem Zusammenhang mit Bezug auf Wittgenstein darauf hin, dass intersubjektive Prozesse »nicht gesagt, sondern nur gezeigt« werden können (Orange in Jaenicke, 2010, S. 10). Um »intersubjektiv-systemisch zu erklären, muss ich beschreiben, was beide Beteiligte ins Feld hineintragen und wie komplex und interdependent die Prozesse der wechselseitigen Beeinflussung [...] sind. Ich muss erläutern, wie mein Patient und ich einander verändern und wie wir beide durch unsere gemeinsame Arbeit, durch unser Spiel, unser Ringen verändert werden« (S. 10). Auch die intersubjektive Komplexität supervisorischer Praxis ist ungeheuer spannend und durch die vorliegenden theoretischen Konzepte nur annäherungsweise abzubilden. Wenn wir uns in einzelnen Abschnitten besonders auf Psychoanalytiker beziehen, dann weil viele von ihnen ihre eigene Beteiligung an Prozessen gründlich überdenken und beschreiben. Damit bekennen wir keine ungefilterte Vorliebe für die Psychoanalyse. Auch dort finden wir nach wie vor Kulturen, die dazu neigen, einseitig den »Patienten« zu diagnostizieren und ihm schnell das Label des Widerstands zu verpassten, wenn der Prozess stockt.[1]

Ähnlich wie unseren Ausbildungskandidatinnen am Triangel-Institut geht es uns darum, die Faszination lebendiger supervisorischer Interaktion zu beschreiben. Wir verstehen dies auch als Versuch, die bestehende Lücke zwischen supervisorischer Theorie und supervisorischer Praxis zu verringern.

Die grundlegende Botschaft, die wir mit diesem Band zur Diskussion stellen wollen, ist unsere sich in den letzten Jahren weiter festigende Überzeugung, dass Teamsupervision hilfreiche und in vieler Hinsicht auch noch ungenutzte Ressourcen birgt, um Teams bei der Sicherung und Entfaltung ihrer Professionalität zu unterstützen. In diesem Sinn erwartet Sie ein Plädoyer für die teilweise umstrittenen Beratungsformate Teamsupervision und Teamcoaching.

---

1 Wir wurden in der eher systemisch begründeten Literatur hinsichtlich unseres Anliegens, die Subjektseite des Beraters einzubeziehen, kaum fündig. Trotz der proklamierten Kybernetik dritter Ordnung, wonach die »Beobachtung dritter Ordnung die Reflexion dessen, was auf der Ebene der Beobachtung zweiter Ordnung geschieht« (Ebert, 2001, S. 229), also auch den Berater selbst fokussiert, bleibt dieses Feld in der Literatur bisher doch eher eine Blackbox.

In einem allgemeineren Sinn war es uns wichtig, unser Verständnis von Teamsupervision – wie wir es zum Beispiel in den Supervisionsausbildungen am Triangel-Institut vermitteln – gemeinsam zu beschreiben. Es ist uns daran gelegen, den hier zugrunde liegenden Beratungsbegriff nicht statisch festzuschreiben, sondern in einem lebendigen Prozess stetig weiterzuentwickeln. Wir haben uns im Titel des Buchs bewusst für den Begriff Teamcoaching entschieden, da sich in der Praxis zeigt, dass der Supervisionsbegriff nicht immer anschlussfähig ist. In der Wirtschaft – insbesondere im englischen Sprachraum – wird mit dem Begriff Supervisor oft die Funktion eines »Dienstplaners« bezeichnet. Damit sind zahlreiche Kontrollfunktionen über die konkreten Arbeitsabläufe verbunden. Eine gänzlich andere Rolle also, wie sie mit dem Begriff Supervisor in unserer Tradition umrissen ist. Aufgrund der häufigen Missverständnisse benutzen wir über weite Strecken den weniger spezifischen Terminus Teamberatung.

Sprache prägt unser Denken und Handeln (vgl. Kapitel 7.2). Deshalb hoffen wir, dass sowohl Leserinnen als auch Leser damit leben können, wenn wir im Interesse der Lesbarkeit männliche und weibliche Schreibweisen abwechselnd verwenden, wobei – unserer Subjektivität geschuldet – vielleicht die männliche überwiegt.

Die einzelnen Kapitel des Buchs fokussieren jeweils einen anderen Aspekt unseres Gegenstands Teamberatung. Sie können im Zusammenhang, aber auch unabhängig voneinander gelesen werden.

Unser besonderer Dank gilt unseren Ausbildungsabsolventen, mit denen wir unser Handwerk in gemeinsamen Suchbewegungen immer wieder neu erlernen und entdecken. Dank auch unseren Kundinnen und Kunden in der Beratung, denen wir die zahlreichen Praxisvignetten verdanken. Die Fallbeispiele im Text stammen aus unserer eigenen Beratungspraxis. Sie wurden von uns soweit verfremdet und anonymisiert, dass keine Bezüge zu real existierenden Personen und Organisationen hergestellt werden können.

1 Plädoyer für ein unterbewertetes Verfahren

1.1 Warum wir Teamberatung brauchen – gerade jetzt

Es gibt ein vitales Interesse, dass Menschen zusammenarbeiten und etwas gestalten und gemeinsame Ziele verwirklichen möchten. Dazu gibt es eine Fülle von Beispielen aus allen Zeitepochen und über alle Ländergrenzen hinweg.

Wir kommen in der Zusammenarbeit – anders als bei individuellen Bemühungen – mehr zu uns selbst und unserer sozialen Natur, was wir auf einer tiefen Ebene als stimmig und gedeihlich erleben. Die jüngste Welle erhellender neuropsychologischen Befunde aus der Hirnforschung stützen diese für manche möglicherweise romantisch anmutende These (vgl. beispielsweise Hüther, 2011). Wir können davon ausgehen, dass Menschen ein ontogenetisch begründetes vitales Interesse an Kooperation haben. Dies macht uns grundsätzlich optimistisch hinsichtlich der Möglichkeiten der Zusammenarbeit in Teams. Dennoch wird zu zeigen sein, dass dem aufgrund der Widersprüchlichkeit in der Arbeitswelt deutliche Hürden und Grenzen gesetzt sind.

Szenenwechsel:
In der Supervision des Teams einer Einrichtung der ambulanten Kinder- und Jugendhilfe berichten die Teammitglieder von einem Kollegen, der erst vor wenigen Tagen einen Suizidversuch unternommen hat. In das Entsetzen und die Sorge um den Kollegen mischen sich auch Schuldgefühle. Allen ist klar: Der Kollege hat während der letzten Jahre eigentlich immer einen schweren Stand im Team gehabt. Seine Außenseiterposition war nicht von der Hand zu weisen. Hat er sich nicht immer wieder unglücklich angestellt mit seinen Klienten – es an Klarheit und Entscheidungskraft mangeln lassen? Die Versuche ihn

in dieser Lage zu unterstützen, werden im Nachhinein als halbherzig erinnert. Nicht selten sei man auch ärgerlich auf ihn gewesen. Ärgerlich auf seine Umständlichkeit und seine Art, mit seinen nicht enden wollenden Fragen immer viel Raum zu beanspruchen. Hilfsangebote und Ratschläge, die man an ihn herangetragen habe, habe er nicht annehmen oder umsetzen können. Auch ich (KO) als Supervisor werde augenblicklich von Schuldgefühlen gepackt. Auch die Scham lässt nicht lange auf sich warten. Ich hatte doch oft – wie mir jetzt scheint ebenfalls halbherzige – Interventionen versucht, um die schwierige gruppendynamische Position des Kollegen zur Sprache zu bringen. Mehr als einmal hatte ich mich dabei nicht gerade glücklich angestellt.

Das Team und der Supervisor brauchen einige Zeit, um die Wucht der Emotionen, diese Verbindung von Ärger, Trauer, Scham und Hilflosigkeit, in sich wahrzunehmen und zur Sprache zu bringen.

Vier Wochen später, in der darauf folgenden Supervisionssitzung, berichtet eine Kollegin von einem Traum aus der Nacht nach der letzten Sitzung. Sie habe eine Klientin in deren Wohnung aufsuchen wollen, wie sie es schon oft getan habe. Vor dem Haus der Klientin sei sie allerdings von einer Lähmung erfasst worden. Arme und Beine hätten ihr nicht mehr gehorcht. So habe sie die Klingel zur Wohnung der Klientin nicht bedienen können. Gleichzeitig sei es nicht möglich gewesen, den Ort zu verlassen. Die beiden kleinen Kinder der Klientin seien oben an einem Fenster zu sehen, und ihr bitterliches Weinen sei zu hören gewesen. Schließlich sei die Klientin – die ja im Traum nicht habe gehen können – von einem Polizeiwagen abgeholt worden. In einem Polizeibeamten in Uniform habe sie den Kollegen erkannt, der den Suizidversuch unternommen hatte. Zu ihrer Verwunderung sei der Kollege in der Rolle des Polizisten sehr freundlich und tröstend mit ihr umgegangen.

Mit dem Traum der Kollegin betritt das Team eine Brücke zwischen den Erfahrungen mit dem verzweifelten Teamkollegen, der versucht hatte, sich das Leben zu nehmen, und den Alltagserfahrungen der Professionellen im Kinderschutz. Lähmung, Entsetzen, Schuldgefühle und Anmutungen von Hilflosigkeit sind hier Alltagsgeschäft. Sie treten immer wieder rudimentär ins Bewusstsein und müssen dennoch abgewehrt und unter Kontrolle gehalten werden, um die Arbeitsfähigkeit zu schützen, und um – in der Metaphorik des Traums – der »Lähmung und Polizei« zu entkommen. Nutzen und Schattenseiten dieser institutionellen Abwehr werden hier in der Supervision ausschnittsweise greifbar. Der Ärger, den der Kollege immer wieder bezüglich seiner scheinbaren Hilflosigkeit auf sich gezogen hatte, kann auch als Teil dieses Arrangements verstanden werden.

1.2 Teamsupervision als Teil komplexer Beratungssysteme

Teamsupervisionen sind heute mehr als in der Vergangenheit Teil komplexer Beratungssysteme, die in den Organisationen mehr oder weniger planmäßig entstehen. Wir könnten auch sagen: Eine Teamsupervision kommt selten allein. Sie findet vielmehr oft vor dem Hintergrund komplexer Veränderungsprozesse in den Organisationen statt und läuft parallel zu anderen Beratungsprozessen wie Leitungscoaching, Konfliktklärung bzw. Mediation. In dieser Landschaft sind Anbieter von Teamsupervision auch als Mitgestalter von Beratungssystemen gefordert, in denen Supervisionen, Coachings, Mediationen und Organisationsentwicklung miteinander kombiniert und auf unterschiedlichen hierarchischen Ebenen der Organisation angeboten werden. Am Triangel-Institut sprechen wir von »Komplexer Beratung in Arbeitskontexten« (vgl. Kapitel 5). Diese Entwicklung wird weiterhin spürbare Auswirkungen auf die Arbeitsweise von Supervisoren haben. Oft stehen wir als Berater vor der Frage, ob wir unterschiedliche Beratungsangebote selbst aus einer Hand anbieten sollten – kulminierend in den Konzepten vom »Haussupervisor« (vgl. Heltzel u. Weigand, 2012). Oder werden wir als Supervisoren zukünftig mehr als in der Vergangenheit gefordert sein, in Kooperationen mit Kolleginnen einzutreten und diese Kooperationen auch transparent und offensiv am Beratungsmarkt zu platzieren? Wir neigen zu letzterer Auffassung, sind uns aber auch darüber klar, dass diese Kooperationen bei uns Beratern überaus angstbesetzt sind (vgl. Sanz, 2014). Die Frage »Wie organisationstauglich sind die Berater?« ist durchaus berechtigt.

1.3 Der Teamsupervisor als Beteiligter

Die zweite Ebene lebendiger konzeptioneller Diskussion um Teamsupervision betrifft in unseren Augen die Rezeption der interaktionellen Wende in der Psychoanalyse (vgl. Altmeyer u. Thomä,
2010; Jaenicke, 2014) durch die Beratungsszene. Hier beschäftigt
uns vor allem die Erfahrung, dass Beraterinnen in ihrer Arbeit eben
nicht sicher distanzierte Beobachter sind, die vergleichbar einem
Zuschauer im Theater aus einiger Entfernung ein Gesamtbild wahrnehmen und gezielte Zwischenrufe aus dem Off beisteuern. Supervisoren sind vielmehr in jedem Augenblick beteiligte Mitgestalter
der Szene und interessierte Konstrukteure der gemeinsam erzeug-
ten Wirklichkeit im Beratungssystem. Dies mag für in den systemischen Denkmodellen beheimatete Leser vielleicht als alter Hut
erscheinen. Zumindest ist seit der Rede von der Kybernetik zweiter
Ordnung anschaulich geworden, dass zu jeder – eben auch supervisorischen – Beobachtung, ein ganz konkreter Beobachter gehört,
dessen Wahrnehmungsstrukturierung in die Beobachtung einfließt
und diese maßgeblich determiniert (vgl. Tomm, 2009).

Die psychoanalytisch geprägte Spielart der Beschreibung des
Intersubjektiven hat uns deshalb zusätzlich angeregt, da hier Aussagen über die Psychodynamik des Zusammenspiels zwischen beob-
achtendem und beobachtetem System gemacht werden, die auch
deren unbewusste und nicht unmittelbar zugänglichen Tiefenschich-
ten mit in den Fokus nehmen. Tatsächlich entsteht zwischen Supervisoren und Supervisanden eine vielschichtige Psychodynamik, die
sich im Falle der Teamsupervision bzw. des Teamcoachings in oft fas-
zinierender Weise mit der Soziodynamik des Teams und der Organisationsdynamik überlagert. Die Entschlüsselung und Nutzung dieser Dynamiken ist vielleicht eine der herausforderndsten Aufgaben
der Supervision. Hier wird deutlich, wie viel Beraterinnen immer
wieder an innerer Arbeit der Selbstklärung zu leisten haben (vgl.
Obermeyer u. Pühl, 2015). Vermutlich stehen wir hinsichtlich der
Konzeptualisierung dieser Disziplin noch weitgehend am Anfang.

1.4 Die Leitung in der Teamsupervision

In einer dritten Hinsicht wollen wir uns fragen, inwieweit die Teamsupervision tatsächlich in den Organisationen angekommen ist. Die eigentlich naheliegende Notwendigkeit, Teamsupervision im Dreieck von Supervisor, Team und Leitung zu kontraktieren, ist inzwischen vielfach konzeptionell ausgearbeitet worden (Rappe-Giesecke, 2009, 2009a; Pühl, 1998) und ist eigentlich in allen offiziellen Verlautbarungen innerhalb der Fachszene ein allgemein geteilter Standard. Dennoch wird dieser theoretische Konsens nach unserer Erfahrung in der Praxis der Supervision noch lange nicht durchgängig eingelöst. Und selbst in Fällen, in denen die Leitung eines Teams, bzw. der betreffenden Organisation durchaus in die Kontraktgestaltung einbezogen ist, bleibt das Verhältnis von Leitungen und Supervisoren nicht selten halbherzig und von gegenseitigen Berührungsängsten gekennzeichnet (vgl. Kapitel 3.3). Man könnte sagen, dass Teamsupervision und Organisation bei ihrer Annäherung der vergangenen Jahrzehnte auf halbem Wege stehen geblieben sind. Auch hier spielen interaktionelle Phänomene, Widerstände bei allen Beteiligten eine Rolle. In der Konsequenz bleibt der Teamsupervision die Tendenz inhärent, zu einer Subinstitution in der Organisation zu werden und damit Kraft einzubüßen und für riskante Dynamiken anfällig zu bleiben. Es bleibt zu fragen, wie Supervisorinnen und Leitungskräfte miteinander kooperieren können, um die Wahrscheinlichkeit einer solchen Entwicklung zu minimieren.

1.5 Teamsupervision – Quatschbude und Lamentierklub der Organisation?

Wie es uns scheint, hat das Beratungsformat Teamsupervision in den vergangenen 15 Jahren eher an Popularität eingebüßt und trotzdem an Verbreitung zugenommen. Auch wenn das Verfahren in den Organisationskulturen der Erwerbswirtschaft eher mit den Begriffen »Teamentwicklung« oder »Teamcoaching« anschlussfähig ist. In ihren sozialarbeiterischen Heimatbranchen steht die Teamsupervision ebenfalls unter Druck. Fortlaufende Supervisionsprozesse mit 14-tägiger Sitzungsfrequenz, vor 20 Jahren durchaus weit verbreitet, sind heute die große Ausnahme. In den überwiegenden Fällen werden Teamsupervisionen heute im vierwöchentlichen Sitzungsturnus angeboten. Was ist passiert?

- Zunächst ist offensichtlich ein wirtschaftlicher Druck wirksam, der sich in den letzten beiden Jahrzehnten deutlich verschärft hat. So ist die Bereitschaft der Organisationen gesunken, größere Beträge für Supervisionshonorare in die Hand zu nehmen. Maßgeblicher dürfte allerdings sein, dass Teams in Organisationen heute weniger Zeit für gemeinsame Strukturen zur Verfügung gestellt wird, in denen die Arbeit jenseits des alltäglichen operativen Einzelgeschäfts thematisiert und reflektiert wird. Derartige »Qualitätszeiten« in Teams sind heute ein kostbares und rares Gut.
- Insgesamt scheint das Vertrauen in das Potenzial von Gruppenformaten gesunken zu sein (vgl. König, 2011). Teamsupervisionen haben in einer Zeit an Verbreitung gewonnen, als Gruppenformate auch in anderen Kontexten en vogue waren.
- Parallel zur zunehmenden Verunsicherung aller Vorstellungen von planmäßig platzierbaren Management-Interventionen mit zielgenauer Wirkung entwickelt sich – quasi als Gegenbewegung – ein Boom von personal- und organisationsentwicklerischen Prozeduren, die näher an der Vorstellung zielgenauer Interventionen sind. Dazu zählt sicherlich die Welle der Qualitätsmanagement- und Zertifizierungsverfahren, die über die Unternehmen kam, aber auch die Idee der Organisationsentwicklung im Sinne planmäßig induzierbarer Changeprozesse. Unabhängig von zum Teil chaotischen und zufälligen Resultaten dieser Anstrengungen konnte hier dennoch die Idee verteidigt werden, es könne so etwas wie planmäßige Eingriffe in Organisationen geben, deren Ergebnisse einigermaßen wirklichkeitsnah vorhersehbar seien.

Die Kultur innerhalb der Teamsupervisionen wurde vor diesem Hintergrund immer wieder als bloßes Palaver ohne sichtbare Ergebnisse kritisiert, die das investierte Geld nicht rechtfertigten. Vor einiger Zeit hat Astrid Schreyögg (2009) diese Kritik prägnant und durchaus provokant zusammengefasst. Sie nimmt dabei einen Argumentationsstrang auf, der auch schon früher immer mal wieder vorgetragen wurde (vgl. zum Beispiel Epe u. Fischer-Epe, 1995).

Schreyöggs Kritik schmerzt! Ein gutes Indiz für ihre Treffsicherheit. Kurz zusammengefasst kreidet Schreyögg vor allem folgende Punkte an:

- Teamsupervision tue sich schwer, »Prägnanz« zu entwickeln. Es werde »alles verhandelt, was ansteht« (Schreyögg, 2009, S. 179). Tatsächlich kennt jeder Supervisor das zum Teil zähe Ringen um einen Arbeitsfokus, die Schweigephasen, die sich hinziehen, das angestrengte Anarbeiten gegen die »Aphasie der Institution« (Gröning, 2013, S. 155).
- Spontaneität werde in der Welt der Teamsupervision »als Sakrileg« gehandelt (Schreyögg, 2009, S. 180). Obwohl diese Kritik in ihrer Pauschalität überzieht und von den umfangreichen Bemühungen abstrahiert, die Supervisoren und die Nutzer von Teamsupervision in die Vorbereitung der Sitzungen investieren, so ist doch nicht von der Hand zu weisen, dass Teamsupervisionen ihre Prozessdynamik ganz wesentlich aus der Wirklichkeit des Hier und Jetzt entfalten. Der Zugang von Supervisoren zu ihrer Spontaneität – auch im Sinne des Erlebens innerer Freiheit und Beweglichkeit (vgl. Kapitel 4) ist in unserem Verständnis von Teamsupervision weniger »Sakrileg« als Qualitätsmerkmal gelingender Supervision.

Schreyögg spricht weitere kritische Aspekte an, die auf wunde Punkte der Praxis von Teamsupervision zielen.

- Vorgesetzte würden in Teamsupervisionen »marginalisiert« (S. 180). Das Format neige zur »Personalisierung von Konflikten« und deren psychologischer Bearbeitung im Sinne der viel strapazierten »Beziehungsklärung«, ohne die Konflikte als Anreiz für strukturelle Forschung und daraus möglicherweise resultierender nachhaltiger Veränderung zu nutzen.

Insgesamt gibt Schreyögg in der Tendenz auch denjenigen Recht, die Teamsupervision generell als »Quatschbude« bzw. »Lamentierklub« bezeichnen.

Schreyöggs Kritik ist bissig und in vielerlei Hinsicht nicht von der Hand zu weisen. Auch deshalb werden wir im Weiteren zu den von ihr vorgebrachten Punkten argumentieren. Dennoch unterscheiden wir uns vermutlich deutlich von Schreyögg, wenn es um die Frage geht, welche Konsequenzen aus der skizzierten Diagnose zu ziehen wären.

Zunächst ist unserer Einschätzung nach zu fragen, ob die von Schreyögg monierten Phänomene als spezifische Kulturmerkmale von Teamsupervisionen zu verstehen sind. Das Überwiegen von Spontaneität gegenüber planvollen und hochstrukturierten Prozessen, die tendenzielle Marginalisierung von Vorgesetzten, die Personalisierung von Konflikten und auch das Raumgreifen klagsamer Atmosphären als Reflex auf Empfindungen von Machtlosigkeit (vgl. Dinius, 2013) sind unserer Erfahrung nach weit verbreitete Alltagsphänomene in Organisationen und konstituierend für zahlreiche Arbeitszusammenhänge. Dies ist gelebte Wirklichkeit in Organisationen, lange vor oder unabhängig davon, ob hier überhaupt von Teamsupervision die Rede ist. Aufgrund dieser Erfahrung erscheint es uns herausfordernd, aber keineswegs sensationell oder ausschließlich durch Supervisoren hausgemacht, dass diese Phänomene auch im Kontext der Teamsupervisionen wirksam, spürbar und zeitweilig auch dominierend werden.

Andere Beratungsformate wie Coaching oder auch Organisationsentwicklung greifen nicht selten auf eine hochstrukturierte Arbeitsweise und ein weitverzweigtes Methodeninventar zurück. Das ist dann alles oft detailliert vorbereitet, in Skripte gegossen und wenig bleibt dem Zufall überlassen. Die damit erzielten Ergebnisse sind über weite Strecken hilfreich und segensreich. Es darf aber gefragt werden, ob diese Arbeitsweisen in bestimmten Fällen überhaupt ausreichend weit zur subjektiven Wirklichkeit der Menschen in Organisationen vordringen.

Sich auf Organisationen einlassen, heißt für uns auch, sich auf unbestimmte, unsichere und nicht durchgängig zweckrationale Welten einzulassen. Die Erfahrungen der resignierten Klage, des Versagens der spontanen Handlungsfähigkeit, der auch emotional hinterlegten Verstrickung mit Hierarchien sind in diesen Zonen in der Regel eingeschlossen und auch die Berater können diesbezüglich ihre Unschuld nicht verteidigen.

Die handfesteren Aspekte des Handwerks sollen dabei nicht relativiert werden. Ohne Frage: Die Verantwortung für einen zielführenden und organisationssensiblen Kontrakt in der Teamsupervision liegt beim Supervisor. Deshalb plädieren wir – wie schon vor Jahren – für transparente Dreieckskontrakte, für eine gründliche Beratung über Beratung und Auftragsklarheit in möglichst allen Phasen von Teamsupervisionen.

Dennoch: Die Prägnanz von Kontrakten ist immer relativ. Es macht in Teamsupervisionen Sinn, auch durch Phasen der Unklarheit und Unsicherheit zu gehen. Diese Phasen sind oft für alle Beteiligten – und vor allem auch für die Supervisoren – ausgeprägt angstbesetzt. Diese Angst kann dann leicht verschoben werden. An das Team in Form von Anklagen bezüglich dessen Opferhaltung und Widerständigkeit. An den Leiter, der mehr oder weniger subtil entwertet und dessen Coaching herbeigesehnt wird. Last not least an die ganze Organisation, deren Kälte, deren Zynismus bzw. deren Tollpatschigkeit im Management.

Andererseits bieten Phasen der Unsicherheit und Unklarheit Chancen, sich im Beratungssystem zu verwickeln, an die eigenen neuralgischen Beraterwiderstände heranzurücken und dann gegebenenfalls im Zuge deren Überwindung in neue Räume des Dialogs und der Verständigung vorzudringen. Diese Prozesse sind zuweilen langwierig und krisenhaft, können aber, soweit sie geduldig gehalten und durchgearbeitet werden, teilweise nach längeren Zeiträumen zu ertragreichen Effekten führen. Die rasche Orientierung an der Zweckrationalität oder schnippischer formuliert an der »Tyrannei des Gelingens« (Schernus u. Bremer, 2008) dient durchaus auch der Angstabwehr und dem Wegtauchen vor der Konfrontation mit emotional belastenden Wirklichkeiten in Organisationen. Die Abwertung des scheinbar ziellosen Reflektierens ist nicht nur ehrenhaft. Hier geht es vielleicht auch um eine maniforme Abwehr der Konsequenzen einer ins Kraut schießenden Unsicherheit.

1.6 Schöne neue Arbeitswelt

Um ein Plädoyer für das Beratungsformat Teamsupervision bzw. Teamcoaching vorzubereiten, lohnt es sich, einen knappen Exkurs in relevante soziologische Entwicklungen innerhalb der Arbeitswelt einzufügen.

Die Schlagworte dazu lauten: Flexibilisierung, Ökonomisierung und Subjektivierung. Der Gesamttrend ist zusammenfassend dargestellt, beispielweise bei Senghaas-Knobloch (2008), Moosbrugger (2012), Tietel (2009) oder Matuschek (2013). Auch die global agierende Unternehmensberatungsgesellschaft Capgemini hat in einer Studie folgende aus ihrer Sicht zentralen Trends beschrieben (Capgemini Consulting, 2012).

Digitale Transformation: Dies umfasst weit mehr als das anhaltende Raumgreifen EDV-gestützter Prozesse, bezogen auf die internen Unternehmensabläufe. Die sozialen Netzwerke im Internet werden zur unhintergehbaren Realität in der Organisation. Der Kunde wird auch auf digitalem Wege zum Mitgestalter der Produkte und Arbeitsabläufe. »Über Ländergrenzen und Zeitzonen hinweg kommunizieren Menschen, die sich niemals physisch begegnet sind, miteinander in Videocalls, arbeiten an gemeinsamen Aufgaben und treiben globale Projekte voran« (S. 10). Virtuelle Arbeitsgruppen und Teams werden zu einem neuen Prototyp bezogen auf Zusammenarbeit. Capgemini ist klar, dass sich die damit verbundenen enormen Investitionen nur auszahlen werden, wenn es gelingt, die Kultur der Organisationen einschließlich der Subjektivität ihrer Akteure mit diesen Tendenzen in Einklang zu bringen. »Der Return on Investment ist aber nur gesichert, wenn die Mitarbeiter die Anwendungen sinnvoll nutzen und sich allmählich eine digitale Kultur entwickelt« (S. 11).

Flüssige Organisation: Der zweite Megatrend, der benannt wird, bezieht sich auf den anhaltenden Wechsel der Kooperationsstrukturen in der Organisation. Die »fluide Organisation« sei im Kern eine Organisation »ohne Grenzen«. Die traditionellen Teamstrukturen weichen flexiblen Netzwerken, die sich permanent neu aufstellen. Mehrere Projektgruppen arbeiten nicht selten als »Team von Teams« zusammen. Die Kooperationszusammenhänge mutieren fortlaufend und sind damit auch mehr und mehr »ohne direkten Managementeinfluss«. Externe Experten werden zunehmend (virtuell) hinzugezogen. Die Mobilität wächst. Mein Arbeitsplatz ist da, wo mein Internetzugang ist. Grenzen zwischen Arbeits- und Freizeit verschwimmen bis zur Auflösung.

Die Flüssigkeit der Organisation wird grundlegend gesichert durch die wachsende Bedeutung befristeter Arbeitsverhältnisse und

freier Mitarbeit durch die subjektivierte Verantwortung der »Arbeitskraftunternehmer« (Voß u. Pongratz, 1998). Die Studie spricht hier
an der Grenze zum Zynischen von der »atmenden Organisation«
(Capgemini Consulting, 2012, S. 15), um den permanenten Wechsel
von Einverleibung und Freisetzung von Arbeitskraft zu umschreiben.

Wissensgesellschaft und demografischer Wandel: Letzterer
erklärt sich von selbst und meint die zunehmende Verschiebung der
Anteile jüngerer Mitarbeiter zu den älteren. Die damit verbundene
Schlüsselfrage lautet, wie die Wandelbarkeit und subjektive Entwick-
lungsbeweglichkeit der Älteren aufrechterhalten werden könne. Die
Wissensgesellschaft beschreibt die Anforderungen an lebenslanges
Lernen als Spiegel der geringeren Halbwertszeit von Wissen, aber
auch die Tendenz, im Abendrot des Industriezeitalters mehr und
mehr Wissen und Informationen und weniger handfeste Ergebnisse
zu produzieren. Die Dokumentationsflut in den Organisationen folgt
auch dieser Anforderung entlang der Linie: Nur was dokumentiert
ist, gilt als produziert. Auch bezüglich der Wissensgesellschaft akzentuieren die Autoren der Studie den Stellenwert der Subjektivität.
»Damit das Fachwissen in den kollaborativen Strukturen des Enter-
prise 2.0 wirksam werden kann, muss die innere Haltung, die Einstellung des Mitarbeiters zu den neuen Herausforderungen und der
Unternehmenskultur, passen. Es geht vor allem um die Bereitschaft,
Wissen zu teilen und nicht länger als Machtinstrument zu nutzen,
[…] Fachwissen kann man lernen, Einstellungen und Verhalten zu
verändern, ist wesentlich anspruchsvoller und zeitintensiver« (S. 14).
»Hire for attitude – train for skills« habe der Grundsatz zu lauten.
Die Herausforderungen der Zukunft liegen bei den »Mindset- und
Verhaltensaspekten« der Mitarbeiter.

Neue Balance – Produktivität und soziale Anforderungen:
Starke Belastung, Arbeitsverdichtung und anhaltender Wandel
ohne Atempause beschreiben die Autoren der Capgemini-Studie
und betonen die zentrale Frage, wie die Gesundheit der Akteure
erhalten werden kann und wie die durch den Wandel vermittelten
emotionalen Belastungen bewältigt werden können. Sie kommen
dabei zu folgenden – zum Teil überraschenden – Schlussfolgerungen:

- »*Unternehmen lernen vom Non-Profit-Bereich:* Unser Wissen und
  unser Erfahrungsschatz in Bezug auf umfassende Veränderun-

gen innerhalb und außerhalb von Unternehmen vergrößern sich
gerade rapide, wir lernen vermehrt von gelungenem Change im
Non-Profit-Bereich. Die Bedeutung von partizipativen Strukturen wird im Change zunehmen.

– *Sinnfrage wird dringlicher:* Gleichzeitig wird es immer schwieriger, die Sinnfrage bei komplexen Change-Vorhaben zu ignorie-
   ren. Überall dort, wo Sinn nicht auch für die betroffenen Menschen vermittelt werden kann, wird es zunehmend heikel, die
   erforderlichen Mindset- und Verhaltensänderungen zu bewirken.

– *Starke Belastung und zunehmendes Veränderungstempo:* Das Inei-
   nandergreifen verschiedener Change-Projekte und die damit
   einhergehende häufig hohe Arbeitsbelastung werden eine der
   größten Herausforderungen in den kommenden Jahren bleiben«
   (S. 17).

Die hier noch einmal skizzierten – und von Capgemini hellsichtig
auf den Punkt gebrachten – Herausforderungen, die sich aus den
arbeitsweltlichen Veränderungen ergeben, bilden den Hintergrund,
vor dem Teamarbeit heute stattfindet. Die großen und immer wiederkehrenden Entwicklungsthemen in Teams entfalten ihre Dynamik analog zu diesen Megatrends:

Team als unruhige Struktur: Change ist der Normalzustand.
Ein Projekt jagt das andere und bevor eines davon abgeschlossen
ist, werden in der Regel bereits andere aufgelegt. Das Lewin'sche
Changemodell »Freeze – Unfreeze – Freeze«, das einen definierten Endzustand vorsieht, eine deutliche Zielerreichung signalisiert
und damit einen neuen stabilen Zustand, ist der Gleichzeitigkeit
von Veränderungsprojekten gewichen. Mitarbeiter in Teams erleben dies als stete Quelle der Unrast und – was schwerer wiegt – als
eine anhaltende Verunsicherung der Arbeitsgrundlagen. Die Fragen
»Woran wollen wir uns halten?« bzw. »Was sind Standards in unserer Arbeit, die uns Sicherheit geben?« sind im Rahmen der Wild-
wasserfahrt Dauerchange kaum zu beantworten. Die letztendliche
Entscheidung bezüglich der Frage »Was gilt?« liegt in der individuellen Entscheidung des subjektivierten Arbeitskraftunternehmers.

Team als zunehmend virtuelle Struktur mit virtuellen Zielen:
Virtualisierung greift nicht nur in global aktiven Konzernen. Auch

in den klassischen Supervisionsfeldern der sozialen Arbeit dominiert die virtuelle Zeit am Computer zunehmend die Zeit des direkten Face-to-face-Kontakts, sei es mit Kollegen oder mit Klienten. Diese Entwicklung bleibt nicht ohne Einfluss auf das Qualitätsverständnis. Die gemeinsame Aufgabe – als zentrales Element, das ein Team überhaupt erst konstituiert – verlagert sich zunehmend ins Virtuelle. Professionelle leiden unter der Sorge, dass virtuelle Prozesse der Dokumentation, des Qualitätsmanagements und der virtuellen Zieldefinitionen, etwa in Form von Hilfeplänen, letztendlich die Oberhand über den lebendigen Prozess der produktiven Arbeit mit den Klienten gewinnen. Hier wird deutlich, dass der Einfluss von Kunden und Kostenträgern auf das Wertschöpfungsverständnis in der Organisation auf virtuellem Wege vergrößert wird (vgl. Dunkel u. Weihrich, 2012). Was nicht dokumentiert ist, hat nicht stattgefunden. Und im überspitzten Umkehrschluss drängt sich teilweise der Eindruck auf: Was dokumentiert wird – muss nicht unbedingt stattgefunden haben. Zumindest gibt es in den Organisationen eine permanente doppelte Buchführung. Einerseits die EDV und formulargestützte Virtualität, andererseits der konkrete Arbeitsprozess mit Klienten. Professionelle in Teams erleben dieses Spannungsfeld, mehr oder weniger ausgeprägt, als Verunsicherung ihres professionellen Selbstverständnisses. Da die Organisation die virtuelle Anforderungspalette bei Strafe ihres Untergangs bedienen muss, fällt die tatsächliche primäre Aufgabe der Organisation nicht selten aus dem Wahrnehmungs- und Anerkennungsfokus.

   Team als flüssige Struktur: Fluktuation, befristete Arbeitsverhältnisse, Nutzung variabler Arbeitskraftpotenziale über Zeitarbeit, bewegliche Vernetzung in wechselnden Projektstrukturen sind Alltag. Immer weniger Professionelle kooperieren in klassischen Teamstrukturen, in denen ein relativ konstanter Kreis von Personen über längere Zeit an einer definierten Aufgabe arbeitet. Kooperation im Team wird heute auf Zeit gedacht. Teilweise erscheinen die externen Supervisoren bereits nach wenigen Jahren als personifizierte Kontinuität, da sie zu den wenigen gehören, die im Beratungssystem von Anfang an dabei waren. Langfristig strategisch über das Jahr hinauszudenken, ist unter den gegebenen Bedingungen unabdingbar, erscheint aber vor dem Hintergrund der fluiden Fluktuation –

die jederzeit eintreten kann – für die Subjekte eher fernliegend und exzentrisch. Der Grundkonflikt im Spannungsfeld von geforderter Beweglichkeit und Loyalität im Sinne einer belastbaren Bindung zur jeweiligen Organisation steht in voller Blüte. Die Zugehörigkeit zur Organisation lässt die Arbeitskraft vorwiegend in ihrem Tauschwert – als Funktion unabhängig von der Person – erscheinen. Das Professionalitätsverständnis der Mitarbeiter ist hingegen »vornehmlich am Gebrauchswertcharakter der Arbeit orientiert« (Handrich, 2013, S. 51). Die damit einhergehenden Konfliktspannungen um die Qualität der Arbeit, gerade auch zwischen Mitarbeitern und Führungskräften, sind vielfältig (vgl. S. 53 ff.).

Team als Klammer um Generationsbrüche: Die Zusammenarbeit von älteren Kolleginnen, die noch in einer Zeit vor der Subjektivierungswelle beruflich sozialisiert sind, und jüngeren Kolleginnen, denen der aktuelle arbeitsweltliche Befund als Normalzustand erscheint, den sie vom ersten Tag ihres Berufslebens an kennen, induziert Generationsbrüche, die in den Teams gehalten und bewältigt werden müssen. »So entwickeln jüngere Beschäftigte eine Arbeitseinstellung, die [...] als ›nüchtern‹ funktional umschrieben werden kann. Diese äußert sich in Individualismus, geringer Teamorientierung sowie einer Tendenz zu schwindender Identifizierung mit der Arbeit, mit ihrer beruflichen Rolle und der Organisation insgesamt«, konstatiert Handrich (S. 58) etwas pauschalierend, aber nicht ohne Wirklichkeitsbezug. Diese »Generation Praktika« (Alsdorf, 2013, S. 106) scheint trotz dieser Anpassungsleistungen, wie es scheint, kaum besser vor Erschöpfung und subjektiver Erosion geschützt als die ältere, die vielleicht eher zu einem Modus »passiv-abwartender Zurückgezogenheit« (Handrich, 2013, S. 60) tendiert. Für eine Praxis der Teamsupervision ist relevant, dass generational divergierende Abwehr- und Bewältigungsstrategien im Umgang mit arbeitsweltlichen Veränderungen, auch mit jeweils unterschiedlichen Erwartungen hinsichtlich des Funktionsprofils eines Teams verbunden sind.

Team als kollektive Struktur zu individuellen Zwecken: Team als per definitionem eher kollektive Struktur steht in einem paradigmatischen Widerstreit mit der auf das Individuum fokussierten Subjektivierungstendenz. Die Bewältigung dieses Widerstreits ist vielleicht die grundlegendste Herausforderung, vor denen Teams heute stehen und die sich somit unmittelbar an das Beratungsformat Teamsupervision weiterleitet. Die von der Unternehmensberatung Capgemini formulierten Zukunftsaufgaben, Herstellung partizipativer Strukturen, Füllung des Sinnvakuums, Begrenzung der Kosten emotionaler und gesundheitlicher Verschleißerscheinungen sind in der Logik der neuen Arbeitswelt zunächst auch auf das jeweilige Individuum zielende Projekte. Dem Team als kollektiver Struktur wird dabei bestenfalls eine instrumentelle Funktion zugewiesen. Es geht nicht um die Herstellung solidarischer Kraft und Orientierung auf gemeinsame Ziele, sondern um die Optimierung der Zusammenarbeit im Dienste der individuellen Optimierung. Der bzw. die Einzelne sind unter den neuen Verhältnissen einerseits so wichtig wie nie zuvor. Organisationen sind auf Mitarbeiter(innen) angewiesen, die hoch qualifiziert, flexibel anpassungsfähig und kooperationsbereit sind. Gleichzeitig sind die Einzelnen hinsichtlich der kühlen Funktionslogik der Organisation so austauschbar wie nie zuvor. Dieses Paradox gilt es zu verstehen, da es ein verändertes Licht auf die in Teams geforderte Kooperationskompetenz wirft. Vorrangig ist die Optimierung des Individuums als Arbeitskraftunternehmer. Kooperation ist andererseits, aufgrund des hohen Grades der zum Teil globalen Vernetzung und Beweglichkeit der Strukturen, wichtiger als je zuvor. »Das kulturelle Bild von Gruppe hat sich verändert: Die Gruppe der Kooperierenden wird durch die Gruppe der Konkurrierenden abgelöst, in der man lernt, sich in ihr zu bewegen und sich gleichzeitig vor ihr zu schützen« (König, 2011, S. 294).

Diese grundsätzliche Ambivalenz gegenüber dem Sicheinlassen in Teamstrukturen und der Kooperation im Interesse der Organisationsziele spiegelt folgendes Dilemma: Die Organisation ist einerseits interessiert am vollen Zugriff auf die Subjektivität der Mitarbeiterinnen. Dieses wird von diesen auch teilweise nachvollzogen, was in den sattsam bekannten Selbstdisziplinierungsmechanismen der subjektivierten Arbeitswelt mündet (vgl. Han, 2012, 2014). Andererseits gibt es aber immer die Gegenbewegung, in der die Menschen ihre Autonomie schützen und sich von überbordender Vereinnahmung durch die Organisation abgrenzen. Diese Ambivalenz weitet sich auch auf die Supervision des Teams aus.

In der Team-Supervision eines ambulanten Jugendhilfe-Teams brachte ich mich (KO) in folgende Verwicklung:

Der Supervisionsprozess hatte sich in den davor liegenden Monaten eher schleppend dargestellt. Fallanliegen wurden nur von wenigen Teammitgliedern vorgetragen. Es dominierten stilles Abwarten oder Klagen über die Leitung, die als wenig haltgebend und unterstützend geschildert wurde. Am Tag der Supervisionssitzung, um die es hier gehen soll, war ich aufgrund diverser privater Ärgernisse grundsätzlich schon in wenig duldsamer Stimmung.

Das Team erscheint in deutlich reduzierter Zahl zur Supervision. Ein erster Blick in die Runde macht mir deutlich, dass all diejenigen, die uns in den letzten Monaten mit Fallanliegen versorgt hatten, fehlten. Tatsächlich ergab die Eingangsrunde keinerlei Anliegen. Alles laufe ruhig und unspektakulär. Niemandem fällt etwas ein, was im Sinne von Supervision der Rede wert sein könnte. An dieser Stelle geht es innerlich mit mir durch und ich konfrontiere das Team in einem deutlich moralisierenden und entwertenden Unterton mit meiner Unzufriedenheit. Ein Teil der Anwesenden nimmt die Gardinenpredigt schweigend zur Kenntnis. Andere drücken erfreulicherweise ihren Ärger aus und beginnen verbal mit mir zu rangeln. Ich schaffe es – obwohl ich mir Mühe gebe – auch nach einiger Zeit noch nicht, mich einigermaßen von meinem Ärger zu dezentrieren. Die Atmosphäre ist zum Schneiden. Um die Runde in dieser dicken Luft zu entlasten, liefert eine junge Kollegin schließlich doch noch ein Fallanliegen. Die noch in der Probezeit befindliche Kollegin schildert eine Situation, in der sie durch vermeintliche Fehler in den Fokus der Kritik der Teamleitung geraten war. Das Team wendet sich der Kollegin unterstützend und solidarisch zu. Erfahrungen mit der Leitung werden geschildert. Es gehe darum, den Vorgesetzten mit regelmäßigen Informationen zu versorgen. »Probleme« in der Fallarbeit könne man gegenüber der Leitung zwar darlegen, es sei aber günstig, diese immer mit Lösungsvorschlägen zu versehen. Wichtig sei es, den Eindruck zu vermitteln, dass man in den Fällen »alles im Griff« habe.

Erst in dieser Phase der Sitzung werde ich endlich meinen Ärger los. Mir wird klar, wie weit die in der Organisation aus guten Gründen praktizierte Kultur von meinen Idealvorstellungen einer fehlerfreundlichen Supervisionskultur entfernt ist. Auf dieser Grundlage kann der Organisationskontext der Anfangsszene in den Blick genommen werden und ich fühle mich meinen Supervisanden wieder verbunden. Es schließt sich ein lebendiger Austausch über den Umgang mit Fehlern, den damit verbundenen Ängsten und Sündenbockdynamiken an. Das Team wird allerdings noch eine Weile brauchen, um sich von meinem Agieren zu erholen. Am Ende der Sitzung artikuliert ein Teammitglied seine Befürchtung, ich könne grundsätzlich schlecht über das Team denken.

Diese Fallvignette illustriert zum einen die Gefahren, aber auch die Chancen, die aus Verwicklungen des Supervisors resultieren können (ausführlich siehe Kapitel 4). Vor allem wird hier aber spürbar, in welcher Ambivalenzspannung die Teammitglieder hinsichtlich der Bereitschaft stehen, ihre Arbeit zum Zwecke der Qualitätsentwicklung und gegenseitigen Unterstützung in der kooperativen Struktur der Teamsupervision zur Verfügung zu stellen. Diese Zurückhaltung ist gut begründet und rational. Die Akteure folgen »einer durchaus schlüssigen Rationalität, wenn sie sich vor der Unberechenbarkeit, dem Sinnüberschuss und der dadurch bewirkten Invasivität der Gruppenverfahren [bzw. der Supervision, KO] durch Instrumentalität und freundliche Oberflächlichkeit schützen. Denn man sollte davon ausgehen, dass die Subjekte um ihre Instrumentalisierung wissen und sich den Zumutungen der Organisation zu entziehen lernen« (König, 2011, S. 295).

Teamsupervision hat immer Wert darauf gelegt, die Subjektivität der Supervisanden nicht auszugrenzen. Diese soll vielmehr in ihren auf die Arbeitsrolle ausstrahlenden Aspekten in guter Balance mit einer institutionsanalytischen Forschungsbewegung zum Gegenstand gemeinsamen Nachdenkens gemacht werden. Heute steckt Teamsupervision in der Zwickmühle, dass subjektbezogene Beratung in der Arbeitswelt unter dem Vorzeichen der Subjektivierung unverzichtbarer ist als je zuvor und gleichzeitig, genau diese instrumentelle Subjektivierung die Kulisse für hohe Skepsis und hochbegründeter Widerständigkeit gegenüber Teamsupervision errichtet.

Diese Ambivalenz gilt es, in all ihren Facetten anzuerkennen und zum Gegenstand von Supervision zu machen, wenn es gelingen soll, tragfähige Arbeitsbündnisse in Teamberatungen zu entwickeln.

1.7 Subjektivierung: Drama und riskante Chance?

Die krisenhaften Phänomene und Erfahrungen, die mit den skizzierten Veränderungen in der Arbeitswelt einhergehen, sind nicht von der Hand zu weisen. Die Personengruppe, die in prekären Beschäftigungsverhältnissen arbeitet und damit von mittel- bis langfristigen Entwicklungsperspektiven in der Organisation abgeschnitten ist, scheint ebenso zu wachsen wie die Zahl derjenigen, die in engem Zusammenhang mit ihren Arbeitserfahrungen erkranken. Haubl (2008) ist zuzustimmen, wenn er die Angst, persönlich zu versagen oder sogar nutzlos zu sein, als zwiespältigen Motor herausarbeitet, der die Arbeitssubjekte in anhaltende Selbstoptimierungs- und Selbstausbeutungsszenarien treibt. Heute kann nur noch schwer geleugnet werden, dass wir inzwischen in vielen Feldern der sozialen Arbeit und des Gesundheitswesens einen Qualitätsverfall erleben, der das professionelle Selbstwerterleben der Beschäftigten massiv unter Druck nimmt.

Die Auseinandersetzung mit Phänomenen der Unsicherheit hat scheinbar alle gesellschaftlichen Bereiche erfasst. Im Feld der philosophischen Diskurse wird dies zugespitzt von den Denkfiguren der Postmoderne, dem »Ende der großen Erzählungen« (Lyotard, 1996, S. 33), das uns in einen vielfältigen aber auch unheimlichen Raum der »Heterogenität ohne Heimat« (S. 176) wirft. Tatsächlich sind viele von denen, die heute Supervisoren und Berater ausbilden, in ihrer eigenen Sozialisation noch Kinder klarer Weltbilder. Die sozialistische Alternative als einer der das Denken und Fühlen strukturierenden Pole hat unabweisbar an Kraft und Glanz verloren. Der kapitalistische Gegenpol erlebt im Anschluss an seine neoliberale Radikalisierung aktuell den rapiden Kursverlust seines orientierenden Potenzials. Die in der Welt dominierende Logik kapitalistischer Ökonomie steht zwar scheinbar alternativlos da, gleichzeitig wird ihr kaum noch Kompetenz zugeschrieben, die aus dem Ruder geratenen Kräfte der Weltökonomie in gedeihliche Bahnen zu lenken bzw. zu beherrschen. Der ökonomische Rahmen unserer Existenz erscheint im hohen Maße unsicher, undurchschaubar und in der Konsequenz bedrohlich. Heute weiß niemand mit Gewissheit zu sagen, ob sich die Dynamik der Ökonomie im jeweils folgenden

Jahr im Zustand der Konsolidierung, der Ruhe vor dem Sturm oder in maximal krisenhafter Eskalation befindet.

So scheinen die Weichen geradewegs Richtung Verschleiß gestellt. Das erschöpfte Selbst (Ehrenberg, 2008) irrt durch die Müdigkeitsgesellschaft (Han, 2010).

Manchmal erscheinen die Diskurse um Unsicherheit und die Veränderung der Arbeitswelt unter den Prämissen der Subjektivierung und Intensivierung geradezu überwältigend bedrohlich und problemorientiert. Dies hat ohne Zweifel hohe Berechtigung. Gleichzeitig entsteht die Frage, ob sich unter den Prämissen der diffusen Angst Handlungsfähigkeit zurückgewinnen lässt. Sprechen wir von einer Abwärtsspirale ohne Ende oder entstehen auch Chancen?

Versackende Klageatmosphären sind Supervisoren aus ihrer tagtäglichen Arbeit bekannt. Unsere Generation – also die Generation derjenigen, die schon ein Gutteil ihrer Berufsbiografie hinter sich gebracht hat – war bisher vielleicht eine mit vermeintlicher Sicherheit verwöhnte Generation. Zumindest wäre ein unisono des »früher war die Zukunft auch besser« (Karl Valentin) eine wenig differenzierte Verklärung vergangener Verhältnisse (vgl. auch Dornes, 2012). Soweit wir Teamsupervision als einen Versuch verstehen, Handlungsmöglichkeiten und Optionen zu mehren, und damit eine möglichst hoffnungsvolle Perspektive zu suchen, darf gefragt werden, ob die neue Unsicherheit und die mit ihr verschwägerte Subjektivierungswelle auch ressourcenvoll sein kann.

Die Erosion äußerer Orientierungsmarken des Denkens und Empfindens wirft uns in großer Radikalität auf das Subjektive zurück. Der Verlust der Gewissheit ist neben aller Verunsicherung auch eine Chance für die Ausbildung tatsächlicher Subjektivität jenseits der Denkschablonen (vgl. Baumann, 2009, S. 332 f.), dem »Denken ohne Geländer« (Arendt, 2006).

Für den Bereich der Arbeitswelt hat 2011 eine von der Deutschen Gesellschaft für Supervision unterstützte Tagung den Versuch unternommen, Handlungsoptionen jenseits der Lähmung aus dem Unsicherheitsdiskurs zu gewinnen (vgl. Bentele u. Fellermann, 2012). Dort wurde für die Idee der »guten Arbeit« bzw. »decent work« (Senghaas-Knobloch, 2012), für »ethische Marktwirtschaft«, im Sinne eines Graswurzelaufstands der Individuen durch Ausschöpfung der Macht der Konsumenten (Ruh, 2012) und für Impulse in Richtung auf eine konsequente selbstreflexive Arbeit mit dem Ziel der Begrenzung eines Overkills an Selbstinszenierung (Keupp, 2012) geworben. Später hat beispielsweise auch Fritz Böhle (2012, S. 7), dazu eingeladen, Ungewissheit nicht nur unter dem Aspekt der Bedrohung, sondern auch als »möglichkeitseröffnendes Moment für autonomes Handeln« und als Chance für spielerisch-künstlerisches Lernen – nicht zuletzt im »Kunsthandwerk« der Beratung – zu begreifen.

Dies sind Anstöße, die auf Wege hoffen lassen, die konsequente Entfaltung hybrider Individualität auch als lustvolles und wirksames soziales Handeln zu denken und einzuüben. Diese Chance besteht unseres Erachtens mehr oder weniger weiträumig auch in den Organisationen heutiger Prägung fort. Teamberatung sucht nach derartigen Möglichkeitsräumen (Winnicott, 1974).

1.8 Was ist ein gutes Team?

Teamsupervision wird sich dem Anspruch stellen müssen, Teams in einem auf der Qualität der Arbeit gründendem Selbstverständnis als »gutes Team« zu unterstützen. Die subjektive Einschätzung von Mitarbeitern bezüglich der Qualität ihrer Teamarbeit bezieht sich unserer Erfahrung nach vor allem auf den sozioemotionalen Erfahrungsraum, den das Team miteinander kreiert. Bezüge zur Leistungsfähigkeit des Teams im Sinne der produzierten Wertschöpfung – an der die das Team beheimatende Organisation verständlicherweise besonders interessiert ist – werden eher selten hergestellt. Oft wird die Teamerfahrung in die eine oder andere Richtung kontrastierend zur Qualität der Aufgabenerfüllung beschrieben. Etwa in dem Sinn, dass das »gute Team« als Korrektiv und Ausgleich zu den Zumutungen der Organisation beschrieben wird: »Wenn das Team nicht so gut wäre, wäre ich schon längst weg.« In anderen Fällen, in denen eine als destruktiv erlebte Organisationsdynamik bereits in das Erleben der Teamdynamik eingebrochen ist, kann die Sinnerfahrung der individuellen Aufgabenerfüllung als versöhnliches Gegengewicht verbucht werden: »Wenn ich meine Arbeit bzw. meine Klienten nicht hätte, könnte ich es in diesem Team unmöglich aushalten«.

Pawlowsky und Steigenberger (2012) haben sich in einem Forschungsprojekt mit Teams aus sogenannten verlässlichkeitsorientierten Organisationen beschäftigt. Gemeint sind Bereiche, die aufgrund spezifischer Risiken in besonderer Weise auf ein gleichbleibend hohes Leistungsniveau und hohe Fehlerbeherrschung angewiesen sind, wie beispielsweise Luftfahrt, Rettungsdienste, Gourmetrestaurants und Ähnliches. Ihnen ging es um die Suche nach möglicherweise verallgemeinerbaren Merkmalen von Hochleistungsteams, um die gegebenenfalls relevanten Zusammenhänge zwischen dem sozioemotionalen Teamerleben und der Qualität der Arbeitsergebnisse. Sie kommen dabei zu folgenden besonders evidenten Gemeinsamkeiten der untersuchten Teams (vgl. S. 135 ff.):

- *Achtsamkeit:* Dies betrifft einen achtsamen Umgang mit »der Aufgabenumwelt, der Ablehnung (zu) einfacher Interpretationen einer komplexen Wirklichkeit und die hieraus resultierende Antizipations- und Reaktionsfähigkeit« (S. 135). Anders formuliert: Es scheint, um ein aktives Interesse an den systemischen Zusammenhängen und der Vernetzung der individuellen Aktionen der Teammitglieder zu gehen.
- *Offener Umgang mit Wissen:* Wissen und Informationen werden von den Teammitgliedern nicht strategisch zurückgehalten, sondern aktiv veröffentlicht und geteilt. Dies befördert das Teamlernen, ermöglicht den optimalen Einsatz der für alle transparenten Ressourcen der Einzelnen, trägt zur Herausbildung eines geteilten Bildes der Realität bei und ermöglicht einen entwicklungsförderlichen Umgang mit Fehlern, die offen kommuniziert werden.
- *Akzeptierte Führung:* Die untersuchten Teams zeichnen sich dadurch aus, dass die Teammitglieder ihrer Leitung hohe Autorität verleihen. Diese Qualität wird von den Autoren zwar mit Modellen der »dienenden Führung« in Verbindung gebracht (S. 136), scheint aber insgesamt wenig mit bestimmten Führungsstilen zu korrelieren.
- *Vertrauen:* »Zentral für die Leistungserbringung im Team ist das Vertrauen der Teammitglieder untereinander.« Zentral sei dabei das Vertrauen in die fachlichen Fähigkeiten der Kolleginnen und in deren Bereitschaft, diese im Interesse der Teamarbeit einzubringen. Vertrauen beruhe »nicht unbedingt auf intensiven

Freundschaften zwischen den Teammitgliedern, sondern im Kern auf beruflichem Respekt und einer Professionalität.«

- *Verbesserungsstreben, Spaß, Stolz:* Mitglieder von leistungsfähigen Teams zeichneten sich durch ein lebendiges Bestreben aus, ihre Arbeit kontinuierlich zu verbessern. Dies werde lustvoll erlebt und führe in einen entwickelten Stolz und hohe Identifikation mit den Arbeitsergebnissen und der gemeinsam erschaffenen Teamkultur. Die Entwicklung dieser Dimension sei nur denkbar, wenn Teams von der Basisannahme (vgl. Schein, 2003) ausgehen, dass die Welt veränderbar und durch ihr Zutun gestaltbar sei.

Auch angesichts dieser Ergebnisse wird deutlich, wie hoch die Spannung zwischen der auf individuelle Selbstinszenierung orientierten Subjektivierungslogik und den Anforderungen an gelingende Teamarbeit strukturell entfaltet ist. Die Orientierung auf das Ego scheint überwältigend zeitgemäß und gleichzeitig ist der Komplexität der Arbeitsanforderungen nicht ohne Kooperation beizukommen (Schirrmacher, 2013). Vielleicht ist die Bewältigung dieses Widerspruchs auch im globalen gesellschaftlichen Maßstab die zentrale Herausforderung der Zeit. Auf jeden Fall wird zu fragen sein, inwieweit Teamsupervision zum gedeihlichen Umgang mit diesem Widerspruch beitragen kann.

Jeder einzelne Arbeitskraftunternehmer muss sehen, wo er bleibt. Und dennoch scheint wirklich gute Qualität, respektive die überall beschworene Spitzenleistung, nicht ohne kooperative Strukturen in Teams zu haben sein. Zusammenhalt muss gegen den Subjektivierungstrend gesichert werden. Strohschneider (2012) geht mit Bezug auf Popitz' Konzept der »sozialen Subjektivität« so weit, gut funktionierende Teams »als reziprok agierende Affiliationssignal-Austauschgemeinschaften« (S. 15) zu beschreiben. Gemeint ist der wechselseitige kommunikative und rituelle Prozess, in dem sich die Mitglieder eines Teams ihrer gegenseitigen Wertschätzung und ihrer Vernetzung im Arbeitsprozess versichern. Der Akzent liegt hier auf der Verbindung der Teammitglieder untereinander. Komplexere Blaupausen von guter Teamarbeit, wie das von Fengler (2013), machen auf den ersten Blick sichtbar, dass es guten Teams nicht nur darum geht, ihre Verbindung zu betonen, sondern dass sie in gleicher Weise gefordert sind, Raum für die Entfaltung von Diversität und individueller Einzigartigkeit zu schaffen.

In Anlehnung an Yalom (2010) hat Fengler (2013, S. 122 f.) 15 Merkmale guter Teams formuliert:

Das »gute Team« ...

1. evoziert vielfältige Gefühle und Sichtweisen
2. erschafft die Erfahrung von Solidarität und hilft bei der Überwindung von Vereinzelung
3. führt zu Erinnerungen an frühere Erfahrungen und richtungsweisende Entscheidungen im eigenen Leben
4. hilft bei der Ordnung der Gedanken
5. begleitet bei der Klärung der Gefühle
6. vermittelt existenzielle Erfahrungen (»Dies sind die Chancen und Begrenzungen des Lebens überhaupt«)
7. stellt einen Pool von Erfahrungen und nützlichen Ratschlägen zur Verfügung
8. liefert wichtige, dem Einzelnen sonst so umfassend, spezifisch und detailliert kaum zugängliche Informationen
9. gibt nuancenreiches Feedback
10. ermöglicht exemplarische und stellvertretende Lernprozesse
11. hilft beim Verstehen und konstruieren der Wirklichkeit
12. gibt Anleitung zu umsichtigem Handeln
13. vertieft das Verständnis eigener und fremder Motive
14. ermutigt zu Entscheidung und Neuentscheidung
15. weckt Hoffnung und Zuversicht gegen Ohnmacht und Resignation

Die von Fengler zusammengefassten Merkmale liefern sicherlich ein hilfreiches Panorama über Facetten zeitgemäßer Teamentwicklung und können damit auch als Rahmenmodell für Teamsupervision dienen. Aus unserer Sicht wären vielleicht folgende Aspekte zu ergänzen:

– Gute Teams akzeptieren, dass die Arbeitswelt voller Paradoxien steckt, in denen keine eindeutigen und unanfechtbaren Lösungen möglich sind. Dazu gehört auch das Paradox, weitgehendes Engagement im Arbeitsprozess des Teams zu liefern und gleichzeitig die eigenen Grenzen vor Vereinnahmung und Instrumentalisierung durch die Organisation zu schützen.

– Gute Teams sind sich in diesem Sinn der Zwickmühlen bewusst, die ihnen ihre Umwelten in den Organisationen nahelegen. Diese Zwickmühlen sind in der Regel nicht auflösbar. Im günstigen Fall finden Teams allerdings einen Modus der Metakommunikation über diese Zwickmühlen, der es ermöglicht, die Widersprüche zu verstehen und zu akzeptieren, anstatt mit Schuldgefühlen und Defiziterleben an ihnen zu verzweifeln. Zumindest ist die Unmöglichkeit von Metakommunikation eine der Bedingungen, die aus einer Paradoxie eine Doppelbindung mit potenziell zerstörerischer Dynamik macht (Sautter u. Sautter, 2005, S. 73).

– Last not least verfügen gute Teams im Spiegel unserer Erfahrungen auch über die Kompetenz, die Grenzen des Machbaren demütig zur Kenntnis zu nehmen und die Begrenztheit der eigenen Gestaltungsmöglichkeiten zu betrauern. Dies hat nichts mit devoter Schicksalsergebenheit zu tun, sondern spielt auf die Kompetenz an, unveränderliche Restriktionen im Arbeitsalltag wahrzunehmen und auszuhalten. Einiges spricht dafür, dass die Fähigkeit, Niederlagen und narzisstische Frustrationen zu verarbeiten, zu einer der Schlüsselfähigkeiten gehört, die heute für ein Überleben im Arbeitsalltag notwendig sind.

»Entfremdung beutet die Stillstellung von Erfahrungs-
prozessen. Und: Entfremdet ist, wer sich zu seinen Voraussetzungen nicht verhalten, wer sich seine
Voraussetzungen nicht aneignen kann.«
Rahel Jaeggi (2005, S. 185)

2 Zum Nutzen von Teamcoaching und Teamsupervision

2.1 Containment – Qualitätsentwicklung – Konfliktbewältigung

Unser Plädoyer für den Nutzen prozessorientierter Teamberatung
gründet sich vor allem auf folgende Potenziale:

1. *Containment durch kritische Verbundenheit auf Zeit:* In der Teamsupervision trifft ein Team in mehr oder weniger regelmäßigen
Zeitabständen mit einer externen Supervisorin zu Arbeitssitzun-
gen zusammen. Die externe Position der Beraterin, die ihr eine
relative Unabhängigkeit ermöglicht, ist erstes konstituierendes
Element des Beratungsformats und gleichzeitig ihre grundlegendste Intervention. So besteht die Chance, durch den Supervisor eine dritte Position zu etablieren, die den Spannungsbogen zwischen den Teammitgliedern und ihrer – die Organisation
repräsentierenden – Leitung verkörpert, ohne sich von der einen
oder der anderen Seite grundsätzlich vereinnahmen zu lassen.
Ähnliches gilt für den Spannungsbogen zwischen den Professionellen im Team und deren Klienten bzw. Kunden. Dadurch
öffnet sich ein triadischer Beratungsraum, der von den Alltags-
räumen, in denen Teams miteinander kommunizieren, durch
das Hinzuziehen der externen Instanz grundsätzlich verschieden
ist. Jeder, der schon einmal an einer Teamsupervision oder beispielweise auch an einer Paartherapie als Klient teilgenommen
hat, wird die Erfahrung gemacht haben, dass sich das jeweilige
System anders zeigt und anfühlt, wenn die externe Beraterin mit
von der Partie ist und somit Öffentlichkeit repräsentiert. In der
Regel weiten sich die Spielräume, um Dinge anzusprechen und

Interessensspannungen auszuhalten, wenn eine moderierende Instanz anwesend ist, der eine gewisse Neutralität zugeschrieben werden kann. Auch wenn Auftragsklärung und Nachfrageanalyse in unserem Verständnis eine zentrale Bedeutung in der Teamberatung haben (vgl. Kapitel 3.7), sind die Beratungsaufträge in der Teamsupervision dennoch weniger eindeutig gefasst und weniger klar auf zielgerichtete Veränderung ausgerichtet. Vielleicht ist es dieser Aspekt, der Teamsupervision am deutlichsten von zeitlich begrenzten Teamentwicklungsinterventionen mit Workshop-Charakter abgrenzt. In unserem Verständnis ist die zugleich verstehend-hermeneutische und lösungsorientierte Suchbewegung der Teamsupervision unter den aktuellen und bereits skizzierten arbeitsweltlichen Rahmenbedingungen ihr größtes Potenzial. Teamsupervision findet in begrenzten aber längeren Zeiträumen zwischen einem und mehreren Jahren statt. Dies ermöglicht ein gemeinsames Erfahrungslernen über längere Zeiträume, in denen Konflikte und Krisen als Ausdruck organisationaler Wirklichkeit ausdrücklich eingeschlossen sind.

Soweit es in der Teamsupervision gelingt, sich von der instrumentellen Veränderungseuphorie des Mainstreams der Beratungslandschaft abzugrenzen und Raum für Ergebnisoffenheit zu lassen, wird sie die Chance auf selbst gesteuerte Gestaltungsmöglichkeiten der Teams weitestmöglich nutzen. Teamsupervision respektiert und fördert die nicht instruierbare Eigensinnigkeit von Teams und hält gleichzeitig die Interessen der Organisation und der Klienten – als relevante Umwelten von Teams – im Blick. Berater in Organisationen scheinen sich daran zu gewöhnen, dass ihre Arbeit am Ausmaß der »Veränderung und Verbesserung« (Bayas-Linke, 2013, S. 26) gemessen wird, die der Beratung zugeschrieben werden kann. Teamsupervision hätte sich in unserem Verständnis eher am Grad der Ermächtigung und dem Grad der Transparenz über mögliche Handlungsoptionen zu messen, die den Nutzern auf Grundlage eines differenzierten Verständnisses der jeweiligen Situation zugänglich werden. Wir verstehen Teamberatung als »postheroische Beratung« (Baecker, 1994, S. 37). Es geht nicht darum, Widersprüche auszuräumen, sondern darum, die Spannung zwischen subjektiver Entwicklung der Professionellen und der Entwicklung der organisationalen Strukturen besser zu bewältigen. Dies kann viel Wert sein in einer Zeit, in der individuelles Sicheinlassen und loyale Bindungen an Organisationen aus guten Gründen kostbare und knappe Güter sind. Teamsupervisionen dienen so betrachtet maßgeblich auch dem Containment im Sinne Bions (vgl. etwa Bartsch, 2012), indem hier die im Arbeitsleben vorhandenen Zwickmühlen, Zerreißproben und emotionalen Belastungen zur Sprache gebracht, gehalten und zumindest teilweise auch verstoffwechselt werden können.

2. *Entwicklungsbegleitung als Qualitätssicherung:* Teamsupervision ist der Qualität der Aufgabenerfüllung im Team und der Qualität der Teamarbeit verpflichtet. Um die eigenen Arbeitserfahrungen kritisch miteinander analysieren zu können, müssen sich die Mitglieder eines Teams zunächst einmal treffen und Zeit miteinander verbringen. Dies ist natürlich trivial und muss hier dennoch aufgeführt werden, da es immer weniger selbstverständlich wird, dass Teams auch Zeit miteinander verbringen können. Dies betrifft nicht nur virtuelle Teams, deren Arbeitsqualität und Kohäsion – was niemanden überraschen wird – auch maßgeblich vom Umfang der Face-to-face miteinander verbrachten Arbeitszeit abhängt (Krämer u. Deeg, 2008, S. 176). Teamsupervision bietet im günstigen Fall eine kostbare Zeit für Teams, in denen diese ihre Arbeit in den von Rappe-Giesecke (2009a) vorgeschlagenen Programmen Fallarbeit, Institutionsanalyse und Selbstthematisierung kritisch aufarbeiten und weiterentwickeln können. Hier entsteht Raum für lebendige Qualitätsentwicklung, in der die Teammitglieder in ihrer Professionalität und Vernetzung sichtbar und hinterfragbar werden. Teamsupervision orientiert sich dabei, sozusagen als Gegengift zum an Spitzenleistung und konkurrierendem Vergleich orientierten arbeitsweltlichen Mainstream, auch an Ideen von Fehlerfreundlichkeit und gelingendem Scheitern. Diese Art der Qualitätssicherung kann sich wohltuend von den teilweise blutleeren, bürokratisch und instrumentell erstarrten Ritualen der formalen Qualitätsmanagementsysteme unterscheiden, die von den betroffenen Mitarbeiterinnen häufig als ihnen äußerlich erlebt werden.

3. *Übungslabor Konflikt und Diversität:* Teamsupervisionen sind Lernfelder hinsichtlich des Umgangs mit Unterschiedlichkeit. Je mehr sich professionelle Kompetenzprofile und Rollen individuell subjektivieren und je widersprüchlicher und vielschichtiger die Ziele sind, die in Organisationen und Teams zu verfolgen sind, desto größer ist die Herausforderung, diese Diversität als Team auszuhalten, und dennoch gemeinsam Kohärenz erleben zu können, ohne dass naheliegende Untergruppenkonflikte eskalieren. Konflikterhellung und -bewältigung gehören deshalb zu den Grundaufgaben zeitgemäßer Teamsupervision. Zukünftig werden sich Teamsupervisionen hinsichtlich der Konfliktbearbeitung weniger am potenziell zur Psychologisierung einladenden Konstrukt der Beziehungsklärung orientieren. Teamsupervision wird vielmehr ein strukturelles Konfliktverständnis befördern, das die organisationalen Quellen für Konflikte verstehen und transparent machen will, um den Teammitgliedern aufgeklärte Entscheidungen im Umgang mit dem jeweiligen Konflikt zu ermöglichen (vgl. Pühl, 2003, 2010 und Kapitel 5).

Das inhaltlich-funktionale Spektrum von Teamsupervision lässt sich innerhalb einer Matrix der Thematisierungsebenen und der funktionalen Nutzenaspekte Containment, Qualitätsentwicklung und Konfliktfähigkeit im Sinne des Diversity-Managements darstellen (vgl. Abbildung 1):

Funktionsmatrix Teamsupervision

	Thematisierungsebenen			
Fallarbeit		z. B. Spiegelung der Klientendynamik im Team? Sekundäre Traumatisierung?	z. B. Qualitätsentwicklung aus der Fallarbeit heruas?	z. B. Passung von Kundenbedürfnissen und Teamressourcen
Organisations- und Institutionsanalyse		z. B. welche Ängste vermittelt die Institution? Gibt es professionelle Deformation?	z. B. Teamentwicklung als Organisationsentwicklung	z. B. Kulturentwicklung im Team und in der Organisation?
Selbstthematisierung		z. B. wie kann ich die Anforderungen im Job subjektiv bewältigen? Was macht Sinn?	z. B. Personalentwicklung im Team als Qualitätsentwicklung?	z. B. Management von Vielfalt und Konflikt im Team?
		Funktionsebenen		
		Containment	Qualitätsentwicklung	Diversitymanagement

Abbildung 1: Funktionsmatrix

2.2 Gesundheitsvorsorge als eine Aufgabe von Teamsupervision

Von Gesundheitsvorsorge zu sprechen angesichts der erschreckenden Dimension der Belastungen, ist fast ein wenig zynisch. Unser Kollege Erhard Tietel, Professor an der Akademie für Arbeit und Politik der Universität Bremen, hat sich auf der vorletzten Tagung unseres Instituts TRIANGEL (»Beratung im Wandel«) u. a. dem Thema gewidmet und zitiert aus einer repräsentativen Umfrage aus dem Jahr 2006 aus dem Dienstleistungssektor folgende Beschwerdebilder: »So klagt jeder Zweite über ›Erschöpfung‹, 46 % gaben an, nicht ›abschalten‹ zu können und 43 % klagen über ›Nervosität und Reizbarkeit‹. Das Bild der psychologischen Belastungen wird schließlich von ›Wut und Verärgerung‹ (42 %) und von ›Lustlosigkeit und Ausgebranntsein‹ (40 %) abgerundet, mehr als ein Viertel geben ›Niedergeschlagenheit‹ an« (Tietel, 2009, S. 26 f.).

Mit diesen Arbeitsbelastungen werden wir in fast jeder Teamberatung mehr oder weniger direkt oder indirekt konfrontiert. Manchmal liegt dies wie schwerer, undurchdringlicher Mehltau über den Teammitgliedern. Später in diesem Buch (Kapitel 8) konstatieren wir etwas dreist, dass aus einer »Opferhaltung« heraus keine Veränderung möglich ist und Jammern den Graben der Frustration stetig vertieft. Wir wollen dies nicht als zynischen Appell zum »Positive Thinking« verstanden wissen. Uns geht es vielmehr darum, das Thema ganzheitliche Gesundheit und nachhaltige Leistungsfähigkeit als stete Herausforderung in der Beratung zu sehen und wo immer möglich auf wirksame Handlungsoptionen der Betroffenen selbst zu fokussieren (vgl. auch Becker-Kontio u. Schwennbeck, 2014).

Als sehr einfache Formel und Orientierung für relativ optimale Arbeitsbedingungen zählen drei Voraussetzungen:
- relativ autonome Gestaltung der Arbeitsorganisation,
- guter Teamzusammenhalt,
- klare, orientierende Führung.

Etwas schematisch können wir festhalten, dass eine möglichst ausgeglichene Balance dieser Faktoren die größten Chancen für eine gesundheitsförderliche Arbeitssituation im Team bietet.

Wir erleben immer wieder, dass das Management den Ergebnisdruck, der auf ihm lastet, vor allem in Initiativen zur Formalisierung und Straffung von Arbeitsprozessen einspeist. Konkret: Scheinbar verzichtbare Arbeitsgänge oder Aufgaben sollen eingespart und Nischen geschlossen werden. Bleiben wir zunächst bei den sogenannten Nischen: Sie sind es, deren Verlust die Mitarbeiter bei jedem Veränderungsprozess zuerst befürchten. Aus Leitungsperspektive liegt es sicherlich auf der Hand, zuerst nach »Überflüssigem« zu forschen. Zweifelsfrei ist nicht jede Nische ein Hort der Erholung, ein Aussteigen aus dem gleichförmigen Arbeitsablauf, manche nehmen eher den Charakter kleiner Fürstentümer an, die mit aller Vehemenz verteidigt werden, um somit jede Veränderung zu blockieren.

Doch es gibt auch die kleinen Ressourcen-Nischen. Das können privilegierte Aufgaben sein, bestimmte Unterbrechungen im Arbeitsfluss wie ein Plausch in der Teeküche und das gemeinsame Frühstück am Montagmorgen oder der Kaffee zum Wochenausklang mit allen Kollegen. Diese zum Teil sehr individuellen Privilegien sind Teil des je spezifischen Identitätsreservoirs.

Herr X ist Trainer in einem großen Industriebetrieb und hat vor vielen Jahren unter massivem Widerstand der Leitung ein bestimmtes Führungsmodul ausgearbeitet, das er bis heute erfolgreich anbietet. In die neuen Fortbildungsleitlinien passt das Angebot nicht mehr exakt hinein und steht von daher auf der Streichungsliste, um für andere Angebote Ressourcen freizumachen. Für Herrn X bedeutet gerade dieses Angebot, das im Übrigen immer noch erfolgreich nachgefragt wird, große persönliche Befriedigung, hier kann er seine Kompetenzen am stärksten einbringen und bekommt durch die positiven Rückmeldungen die Kraft, die er braucht, um auch die ungeliebten Module engagiert durchzuführen.

Immer wird es bei Arbeitsbelastungen darum gehen, das Gesundheitsrisiko zu minimieren. Wenn »die Decke zu kurz ist«, die Ressourcen nicht ausreichen, um die Arbeit im gewohnten Ablauf fortzusetzen und gleichzeitig Neues zu integrieren, muss ausgelotet werden, was geht und was nicht mehr geht. Dazu gehört die Fähigkeit, zwischen externen und internen Belastungsfaktoren zu differenzieren. Wenn eine Mitarbeiterin sich ständig unfähig fühlt, ihre Arbeit zu schaffen und mit Scham und Schuldgefühlen reagiert, ist sie in akuter Gefahr, sich ungesunden Arbeitsbedingungen unterzuordnen. Hier ist auch ein gewisses Maß an Selbstverantwortung gefordert, selbst für sich zu sorgen und nicht nur auf die Fürsorgepflicht des Arbeitgebers zu hoffen, die es zweifellos gibt. Die Notwendigkeit einer gesundheitserhaltenden Arbeitsgestaltung illustriert, dass der Funktionsaspekt »Containment« (wie bereits erwähnt) in der Teamsupervision kein Selbstzweck ist. Containment zielt darauf, das Team grundsätzlich in seiner Arbeitsfähigkeit zu stärken und

Angstdynamiken nicht überwertig werden zu lassen. Gleichzeitig ist Containment eine Chance, die Gesundheitsrisiken für Einzelne zu begrenzen und die im Arbeitskontext zu bewältigenden Spannungen, Paradoxien und sekundären Traumatisierungen (vgl. Pross, 2009) weniger toxisch werden zu lassen. Teamsupervisionen können helfen, diese Belastungsmomente im psychologischen und physiologischen Sinn zu verstoffwechseln.

Oft sind es ja die kleinen Dinge, die manchmal eine ungeahnt große Wirkung entfalten können. Dieses Phänomen beobachten wir regelmäßig beim Anfangsblitzlicht (vgl. Kapitel 7.1) bei der schlichten Frage »Wie geht's, wie steht's?« Es sind nur Bruchteile von Sekunden, in denen die Teilnehmerinnen und Teilnehmer eine kurze Reise in ihren mentalen und psychosomatischen Grundzustand vornehmen. Diese Sekunden entfalten geradezu eine meditative Wirkung. Durch die Innenschau wird das Hamsterrad des beruflichen Alltags für einen kleinen, aber entscheidenden Moment angehalten und markiert dadurch eine symbolische Grenze zwischen Arbeit und Beratung. Selbstreflexiv werden Überlastungen somatischer und arbeitsbezogener Art bewusst, verbunden mit der Chance, diese zur Sprache zu bringen und sich bewusst dazu zu verhalten. Selbstredend geht es im Eröffnungsblitzlicht nicht nur um die schweren, belastenden Seiten der Arbeit, sondern auch um die erfreulichen, wenn beispielsweise etwas erfolgreich abgeschlossen werden konnte. Diese kleinen, aber motivations- und energiespendenden Momente verschwinden in der Alltagsbelastung viel zu leicht, ohne im Wust des täglichen Einerleis ausreichende Würdigung zu erfahren.

Zurzeit hat die Diskussion um das Glück Konjunktur. Dies ist sicherlich ein Reflex auf die wachsende Unzufriedenheit trotz unseres höchsten Lebensstandards. Der Philosoph Wilhelm Schmid (2000) fragt, ob es sein könne, dass gerade die ständige Jagd nach Glück unglücklich mache. Schon Aristoteles soll empfohlen haben, die Glückssuche durch Vermeidung des Unglücks zu ersetzen. Wie auch immer, in der Glücksstatistik gehören wir nicht gerade zu den führenden Nationen. Gehört es zu den Aufgaben von Beratung und Supervision, die Mitarbeiter glücklich zu machen? – eine scheinbar absurde Frage. Der Kollege Ferdinand Buer (2009, S. 57) sieht »das Streben nach Glück als Motivator für gute Arbeit«. Neben der Ver-

richtung instrumenteller, zweckbezogener Tätigkeiten geht es dabei um folgende Faktoren:
- Ein intensives Interaktionsgeschehen, das Begegnungsdimensionen enthält,
- Spielelemente, weil es um die Kreation neuer Lösungen geht,
- eine stilvolle Gestaltung schwieriger Lebensphasen.

Dazu brauchen die Mitarbeiterinnen und Mitarbeiter aus Sicht des Autors »Phasen der Muße, der Kontemplation, der Betrachtung, in der das Beziehungsgeschehen in der Distanz sinnvoll vor Augen gestellt und mit Verstand (wir würden sagen auch mit ›Herz und Verstand‹) durchdacht wird« (Buer, 2009, S. 66).

Im Gegensatz zur Organisationsberatung bietet Supervision hier durch ihren selbstreflexiven, entschleunigten Charakter stimmige Voraussetzungen. In der Praxis zeigt sich allerdings häufig, dass die Supervisanden den instrumentellen Charakter ihrer Arbeit soweit verinnerlicht haben, dass ihnen das Umschalten auf Entschleunigung wie ein Verrat an Effizienz und Lösungsorientierung erscheint. Katharina Gröning äußert in diesem Zusammenhang die ambitionierte Hoffnung, die Blickwinkel »Glück« und »gutes Leben« könnten in Supervisionen »ein Gegengewicht zu jenen Dimensionen der Gouvernementalität sein, die den Menschen verfügbar machen und bewirken wollen, dass er seiner Unfreiheit selbst zustimmt« (Gröning, 2014, S. 90).

»Wie Beratung zur Besinnung auf beglückende, verantwortungsvolle Arbeit beitragen kann«, versucht Buer in fünf Punkten zu konkretisieren:
- »Sensibilisierung
  Da das Glücksstreben bei vielen Professionellen verschüttet ist, gilt es, dieses Streben wieder erfahrbar zu machen. Sie müssen wieder spüren, dass dieser Beruf Freude machen kann, und zulassen, dass er Freude machen darf, auch wenn es den Klienten – zumindest in bestimmter Hinsicht – nicht gut geht. Denn das ist eine unverzichtbare Voraussetzung für gute Arbeit.
- Motivierung
  Es geht um das eigene, wie um das Glück der Klienten. Das Ringen um ein glückendes und glückliches Leben vereint Professio-

nelle wie Klienten. Diese Perspektive kann beide Seiten motivieren zusammenzuarbeiten, auch wenn das konkrete Glück für jede Seite unterschiedlich aussieht. Der Glaube daran, dass dieses Glück in aller Bescheidenheit möglich ist, muss vom Berater als zentrale Anziehungskraft genutzt werden.

- Wissensgenerierung
Wie aber kann therapeutische, pflegerische, sozialpädagogische, erzieherische, pastorale, anwaltliche, humanwissenschaftliche Arbeit in ganz konkreten Fällen gelingen? Genau dazu müssen angemessene Vorstellungen entwickelt werden. Und dazu braucht es nicht nur Sachkenntnis, sondern auch ausreichendes Wissen um eine angemessene Ethik. Auch dazu muss der Berater beitragen können.

- Entscheidungsfindung
Erst vor diesem Hintergrund können in der Beratung Entscheidungen über das weitere professionelle Vorgehen getroffen werden, die jenseits von Kollusion und Verstrickung am erreichbaren Glück für alle Beteiligten und Betroffenen orientiert sind.

- Kompetenzerweiterung
Diese Orientierung am Glück verlangt von vielen Professionellen eine Verabschiedung von der Pflichtenethik. Sie müssen lernen, aus Mitgefühl nicht Mitleiden zu machen, sondern sich mit der Sehnsucht ihrer Klienten nach einem glücklich machenden Leben zu verbünden« (Buer, 2009, S. 64 f.).

Supervision scheint auch die Kunst zu sein, Professionelle in entfremdeten Arbeitsverhältnissen zu unterstützen, Sinn zu generieren, der Chancen für Zufriedenheit und Glück eröffnet.

Angesichts der allseits bekannten Arbeitsverhältnisse eines Großteils der Bevölkerung – mit den bereits beschriebenen gesundheitlichen Beschädigungen – mag die Glücksdebatte wie reiner Hohn erscheinen. Oft tritt das Unglücklichsein im Gewand psychosomatischer Beschwerden auf. Insbesondere Rücken- und Gelenkerkrankungen und depressive Erschöpfungszustände (Burnout) führen die Hitliste der Krankschreibungen an.

Der gesellschaftskritische, alles infrage stellende Diskurs der sechziger und siebziger Jahre sowie die folgende Human-Potenzial-Bewegung waren von einer breit geführten Entfremdungsdiskussion begleitet, die auf der Kritik an den Machtverhältnissen fokussierte (vgl. Israel, 1972). Buer hätte mit seinen Thesen damals vielleicht keine Chance gehabt, wahrgenommen zu werden, da die Dimension der subjektiven Sinnentfaltung noch nicht im Zentrum der Wahrnehmung stand. Dornes (2012, S. 392 ff.) gibt zu bedenken, dass gehäufte Stresssymptome auch in der Vergangenheit die Metamorphosen der Arbeitswelt begleiteten. Neu ist vor allem die hohe Wertigkeit subjektiver Befindlichkeit. Vielleicht steht eine wachsende Zahl Unzufriedener einer ebenso wachsenden Zahl Zufriedener gegenüber.

2.3 Glück und Entfremdung – zwei Seiten einer Medaille

Der Entfremdungsbegriff war für Marx zentral. Er maß der Arbeit generell einen hohen Stellenwert zu, weil sich der Einzelne in ihr vergegenständlicht, das heißt, Arbeit als sinnstiftend und als Teil seiner Selbst erlebt.[2] Ein Credo, das wir von Selbstständigen und Freischaffenden oft hören. Ihnen macht es oft auch nichts aus, viel zu arbeiten – sie scheinen trotzdem zufrieden und gesund.

Den Wesenszug der Entfremdung sahen Marx und Engels in der Tatsache, dass dem Arbeiter im Kapitalismus sowohl die Produktionsmittel als auch das Produkt seiner eigenen Arbeit als fremde, unabhängige Mächte gegenüberstehen. So erklärt sich, dass dem Arbeitenden die Arbeit selbst etwas Äußerliches bleibt, weil er sich »in seiner Arbeit nicht bejaht, sondern verneint, nicht wohl, sondern unglücklich fühlt, keine freie physische und geistige Energie entwickelt und seinen Geist ruiniert« (Marx, 1844/1974, S. 514). Für unser Thema relevant ist die Aussage, dass der Arbeitende auch von seinen Mitmenschen entfremdet ist, sich mit ihnen quasi in einem Zwangskontext befindet, in dem sich die Akteure gegenseitig instrumentalisieren. In Teamkontexten trösten wir häufig mit dem Satz »Sie

---

2 Marx sieht vier Ausprägungen der Entfremdung: 1. Der Arbeiter ist vom Produkt seiner Arbeit entfremdet; 2. von seiner eigenen Tätigkeit; 3. von sich als Gattungswesen und 4. von den anderen Menschen.

müssen sich nicht lieben, sondern nur zusammenarbeiten.« Damit bringen wir vielleicht, ohne es zu wollen, das Entfremdungsmoment auf den Punkt. Denn »lieben« bedeutet ja nichts anders als echtes Interesse am Anderen zu haben und sich als soziales Wesen zu verwirklichen. Wie schwer dies in der vergegenständlichten Welt ist, zeigen die vielen Projekte der Selbstorganisierung in den 70er-Jahren: »Im Kollektiv geht nichts schief!« Wir können nicht verhehlen, für diese Unternehmungen nach wie vor Sympathien zu haben. Die gern und häufig kolportierte Ansicht, dass die zu beobachtenden Schwierigkeiten in der Zusammenarbeit auf unklare bzw. verdeckte Leitungs- und Machtstrukturen zurückzuführen seien, mag ebenso richtig wie irreführend sein, denn im Umkehrschluss erleben wir in hierarchischen Organisationen ebenso mühsame Bewegungen, um die angemessene Struktur zu finden, ohne den lebendigen Prozess zu ersticken. Heute sehen wir durchaus kollektiv anmutende Strukturen zum Beispiel in unseren Beratungen von Start-up-Unternehmen, die gewachsen sind und sich Regeln und Rollendifferenzierungen stellen müssen. Inklusive all der Kränkungen über den Verlust direkter Beziehungen. Für unsere Beraterhaltung haben wir uns zum Leitspruch gemacht, dass es keine fertigen Universalrezepte gibt, sondern dass es die Kunst ist, sich auf die jeweils zu bewältigenden Anforderungen unter Berücksichtigung der gewachsenen Organisationskultur einzustellen und entsprechende Lösungen für Führung und Struktur gemeinsam zu erarbeiten.

Erhard Tietel (2009) hat auf der bereits erwähnten Tagung seinen Fokus auf »Ambivalenzen und Paradoxien der subjektivierten Arbeit« gelegt.[3] »Subjektivität bezeichnet zum einen die wachsende Chance, Subjektivität in den Arbeitsprozess einzubringen, zum anderen aber auch einen doppelten Zwang, mit ›subjektiven‹ Beiträgen den Arbeitsprozess auch unter ›entgrenzten‹ Bedingungen im Sinne der Unternehmensziele aufrecht zuerhalten; und zweitens, die eigene Arbeit deutlich mehr als bisher aktiv zu strukturieren, selbst zu rationalisieren und zu ›verwerten‹« (Moldaschl u. Voß, 2002,

---

3   Erich Fromm (1988) und David Riesman (1961) haben schon sehr früh argumentiert, dass die zunehmende persönliche Freiheit vielfach auf Kosten der inneren Freiheit erkauft wurde.

S. 12). Konkret bedeutet dies, dass von den Mitarbeitern zunehmend sogenannte Softskills wie Emotionalität, Konfliktfähigkeit, Teambereitschaft etc. gefordert werden, die sie in die Lage bringen, ihre Arbeit stärker motiviert selbstverantwortlich zu organisieren und zu verantworten. Fremdanforderungen werden zu einem (selbst-) ausbeuterischen Eigenbedürfnis. Oder wie Marx sagen würde, vollzieht sich dieser Prozess hinter dem Rücken der Produzenten, ganz unmerklich wird das Äußere zum Inneren. »Ein Effekt der Subjektivierung und des damit einhergehenden massiven Ansteigens der Eigenverantwortung der Beschäftigten besteht darin, dass die subjektiv erfahrenen Widersprüche, Konflikte und Ambivalenzen wiederum subjektiviert werden. Der Widerspruch wird internalisiert« (Tietel, 2009, S. 23).

Der amerikanische Soziologe Richard Sennett kommt zu ähnlich nachdenklichen Aussagen, wenn er der Teamarbeit eine zentrale Rolle bei der Flexibilität der heutigen Ökonomie zumisst. Er sieht sie kritisch als »Gruppenerfahrung der erniedrigenden Oberflächlichkeit« (Sennett, 2012, S. 133). Damit meint er, dass die hochgelobte reflexive Kompetenz über weite Strecken nur angelernte Schauspielerei sei. Gegenseitiges Zuhören, Diskutieren, gemeinsam Entscheidungen treffen usw. finden einzig unter dem Postulat der Effektivität statt. Die Grenzen der Offenheit und Kritik seien begrenzt und jedem Beteiligten bewusst, denn wer nicht mitmache, fiele über kurz oder lang aus dem Team heraus. Kontroll- und Sanktionsdruck seien von der Hierarchie- auf die Teamebene verschoben worden. Die Kontrolle finde gegenseitig statt und der Druck entstehe durch den Vergleich mit anderen Teams. Institutionelle Veränderungen legitimieren sich durch gesellschaftlichen Wandel. Damit »verschwindet die Autorität, denn niemand kann verantwortlich gemacht werden – gewiss nicht dieser Manager für seine Entlassungen. Stattdessen soll der Druck der Kollegen die Arbeit des Managers tun« (S. 153). Im modernen Kapitalismus gibt es nur noch Opfer, schlussfolgert Sennett.

Der einseitigen Opferhaltung können wir uns wie bereits angedeutet nicht anschließen, denn das hieße, sich willenlos den Verhältnissen auszuliefern. Sennett übersieht unserer Einschätzung nach, dass Geschichte immer die Geschichte von Widersprüchen ist (Marx). Konkret erleben wir das täglich in den Berichten über die Situation in der Pflege, bei der Rente – von der Krise der Finanzmärkte ganz zu schweigen. Das periodisch krisenhafte Aufbrechen der Widersprüche bietet immer wieder Chancen der Diskussion, des Nachdenkens und damit potenziell auch der Veränderung.

Was heißt das für die Supervision und Beratung von Teams? Erhard Tietel kommt ähnlich wie Ferdinand Buer zu dem Ergebnis, dass die Mitarbeiter beginnen sollten, stärker über ihre Vorstellungen von »guter Arbeit« nachzudenken. Genau das ist der Anspruch gelingender Supervision und reflexiver Beratung: Nachdenken über die Arbeit in ihrer ganzen Komplexität unter Einbeziehung des sogenannten Persönlichen.

Rahel Jaeggi (2005) geht in ihrem Buch »Entfremdung« der Frage nach, was sich hinter Äußerungen wie »sich selbst fremd sein« oder »sein eigenes Leben leben« verbergen könnte. Wir kennen solche Äußerungen unserer Supervisanden durchaus, in der Teamsupervision zum Beispiel nach einer Burnout-Krise, vermehrt aber im Einzel-Coaching. Hier ist die Frage nach dem guten Leben oftmals sogar Anlass für die Beratung. Nach unseren Erfahrungen besonders bei Personen, die auf das 50. Lebensjahr zusteuern und sich nach dem »Wie weiter?« fragen, innehalten wollen auf der Suche nach einem für sie subjektiv gelingenden Leben. Nun geht es Jaeggi darum, diese Äußerungen ernst zu nehmen, ohne deshalb gleich wie einst Adorno von einem »wahren Selbst« zu sprechen, das auf den »wahren Bedürfnissen« im Verborgenen gründet. Sie schlägt stattdessen den Begriff »Selbstentfremdung« vor: Ein »Zustand, in dem man sich in entscheidender Hinsicht das Leben, das man führt, nicht *aneignen* kann, und in dem, was man tut, nicht über sich *verfügt*« (S. 68). Nicht die Spezifik der Bedürfnisse und deren Bewertung steht hier im Mittelpunkt, sondern der handelnde Vollzug der Bedürfnisbefriedigung. Dieser ist gestört, wenn der Betreffende »nicht über sich, seine eigenen Wünsche und Handlungen verfügen kann bzw. darin nicht mit sich eins« sein kann (S. 69).

Eine Sozialpädagogin schildert in der Fallsupervision ihre Unzufriedenheit mit ihrem Klienten in einer Wohngemeinschaft für psychisch Kranke. Verkürzt gesagt geht es um Folgendes: Sie möchte, dass er endlich morgens aufsteht und sich um eine Arbeit bemüht, stattdessen verweigert er sich aus ihrer Sicht und arbeitet abends schwarz in einer Kneipe – bei gleichzeitigem Bezug von staatlicher Unterstützung. Auf meine (HP) Frage, ob sie denn vom Finanzamt sei, schaut sie mich verwirrt an und meint, dass es doch nicht ginge, die Gesellschaft auf diese Art zu betrügen. Es entspinnt sich im Team eine dichte Diskussion darüber, was denn ihr Betreuungsauftrag sei, wer diesen formuliert und wie viel durch eigene – angemessen oder nicht blieb offen – Moralvorstellungen hinzugefügt wird.

Letztlich könnte es sich hier auch um eine verborgene Frage des Betreuten nach einem besseren Leben unter vielleicht schlechten Lebensbedingungen handeln. Die Kollusion zwischen Helferin und Klient bliebe in diesen Positionen verfestigt, wenn sie nicht einer kollektiven Reflexion zugänglich wäre.

Zusammenfassend können wir festhalten: Teamsupervision bietet ein Beratungssetting an, in dem die Supervisanden ihre Arbeitswelt gemeinsam beforschen. Wesentliche Funktionsaspekte sind Containment, Qualitätsentwicklung und Konfliktmanagement. Die Beratungsarbeit zielt auf die Stabilisierung und Entwicklung ganzheitlich gesundheitsförderlicher Arbeitserfahrungen, in dem die Klienten in der Beratung bei ihrer Suche nach möglichst weitgehender Verfügungsmacht über den Arbeitsprozess unterstützt werden. Es geht knapp gesprochen um Subjektwerdung. Dies ist immer nur graduell möglich. Es werden allerdings vorhandene Spielräume genutzt, um Erfahrungen des Ausgeliefertseins und der Entfremdung zu relativieren.

»Mit schwankendem Urteil
Ich verstehe nicht
Das eine nicht mehr als das andere
Neige mich keiner Seite zu
Ich begreife nicht
Ich bin aufmerksam
Ich bedenke
Mit der Gewohnheit und den Sinnen als Führern«
Sextus Empiricus (etwa 160–200 n. Chr.)[4]

3 Auftragsklärung und Dreieckskontrakt – Jedem Anfang wohnt ein Zauber inne

3.1 Über den holprigen Weg des Zusammenfindens

Die Kontaktaufnahme zwischen Berater und Team bzw. dem Teamverantwortlichen gestaltet sich auf verschiedene Weise. Am liebsten sind uns Anfragen mit klarer Referenz. Etwa wenn wir jemanden aus dem Team schon durch eine Fortbildung oder Ähnliches kennengelernt haben oder auf Empfehlung ehemaliger Kunden. In solchen Fällen können wir ziemlich sicher sein, dass einer von uns für die Teamberatung gewollt ist. Entsprechend leichter lassen sich notwendige Absprachen treffen, beispielsweise wie der erste Kontakt aussehen kann, die Höhe des Honorars, um welche Themen es vermutlich gehen könnte und wie der Vorgesetzte – falls er nicht selbst der Nachfrager ist – einbezogen wird.

Daneben hat sich in der Szene die fragwürdige Praxis durchgesetzt, sogenannte Probestunden oder kostenlose Vorgespräche zu führen. Ein Erbe aus der Therapieszene. Wir reagieren manchmal etwas trotzig, wenn verlangt wird, ohne Bezahlung zu einer Organisation zu fahren und sich dort vorzustellen. Manchmal gelingt es, den aufkommenden Trotz dergestalt zu mindern, dass man sich vergegenwärtigt, dass auch Handwerker oftmals Kostenvoranschläge machen müssen, ohne dass ihnen dies honoriert wird. Neulich erzählte ein Kollege, dass ein Team sich sieben (!) Supervisoren zu Vorgesprächen eingeladen hat. Er lehnte dankend ab.

---

4   Zitiert nach Frampton (2013, S. 100).

Nach Möglichkeit nehmen wir für das erste Kontaktgespräch ein Honorar. Auch ein wenig als Schmerzensgeld, falls der Auftrag nicht zustande kommt. Und andernfalls ist das erste Treffen bereits der erste Baustein der zu gestaltenden Zusammenarbeit. Der erste persönliche Kontakt ist immer von besonderer Brisanz. Als Supervisor haben wir uns vorher im Internet über den möglichen neuen Kunden und seine Organisation kundig gemacht. Vielleicht haben wir auch schon in unserer Intervisionsgruppe[5] über den ersten telefonischen Kontakt gesprochen und mögliche Hypothesen gebildet und unsere erste Resonanz beforscht. Wie gesagt, jedem Anfang liegt ein Zauber inne. Wie komme ich an, was erwartet mich, mag ich die potenziellen Kunden? Diesen geht es meist auch nicht anders – auch wenn dies so nicht kommuniziert werden kann: Wie sieht mich der Berater, werde ich Wert geschätzt, auch wenn ich etwas vorlaut bin oder nichts sage? Auch wenn es dramatisch klingt: Jeder Beginn ist ein Identitätstest. Aufseiten der Kunden: Werde ich so gesehen, wie ich wahrgenommen werden möchte? Und aufseiten des Beraters: Werde ich in meiner Kompetenz gesehen bzw. finde ich überhaupt die Möglichkeit, meine Kompetenz zu zeigen? Ein Beispiel, wo dies nicht gelang:

Auf Empfehlung einer Beratungsstelle, für die ich (HP) eine Organisationsberatung durchgeführt habe, fragt eine ähnliche Einrichtung in einem anderen Stadtteil nach. Sie wünschen auch eine solche Beratung, da sich ihr Bereich in den letzten Jahren vergrößert habe und man nun nach neuen Strukturen suchen müsse. Sie würden mich gern in einem persönlichen Gespräch kennenlernen. Als ich ankomme, werde ich freundlich von einem Mitarbeiter an der Tür empfangen und in den Raum mit den wartenden Kolleginnen und Kollegen geführt. In einem engen, dunklen Zimmer sitzen zwölf Menschen. Die Atmosphäre ist wie der Raum: dunkel, beengt und bedrückend. Ich stelle mich kurz vor, dann meldet sich der Geschäftsführer zu Wort. Man habe an dem Tag noch weitere Berater eingeladen und jeweils eine halbe Stunde Zeit eingeplant. Ich bin irritiert, denn an solchen Bewerbungsrunden

---

5 Dies ist eine kollegiale selbst organisierte Gruppe von Beratern, die sich in regelmäßigen Abständen ihre Praxisfälle vorstellen.

nehme ich nur noch in Ausnahmefällen teil. In diesem Falle wurde ich von einem alten Kunden empfohlen, mit dem ich mehrere Jahre erfolgreich zusammengearbeitet habe. Selbstredend ging ich davon aus, dass zwischen beiden Einrichtungen Kontakt besteht – beide arbeiteten mit demselben Klientel und sind über ein gemeinsames Netzwerk verbunden – und man sich ausgetauscht habe. Dies schien nicht der Fall zu sein. Also versuchte ich mich auf die Situation einzustellen, spürte dabei aber einen rumorenden Ärger. Nacheinander stellen sich zehn Therapeutinnen und Therapeuten vor, der Geschäftsführer, ein Betriebswirt, und die Sekretärin. Über ihre Anliegen war nicht mehr zu erfahren als im vorab geführten Telefongespräch. Man suche nach einer neuen Struktur, die es erlaube, mit dem vergrößerten Team reibungslos zu arbeiten. Auf meine Frage, welche Reibungspunkte es denn gebe, kam nur vereinzeltes Murmeln. Schließlich fragte die Sekretärin nach meiner Methode. Meine patzig-trotzige Antwort: »Die Methode ist Organisationsentwicklung.«

Die Frage kam so unvermittelt, dass mein Impuls diesen dunklen Raum schnell zu verlassen neue Nahrung bekam. Die abgelaufene Zeit kam dem entgegen. Wieder an der frischen Luft angekommen, konnte ich erst mal wieder durchatmen und spürte die Enge auf Brust und Bauch. Auf der Fahrt nach Hause überkam mich der unterdrückte Ärger wieder. Warum habe ich mich nicht getraut, meiner Stimmung Luft zu machen und zu fragen, wie sie eigentlich mit mir und mit sich umgehen? Wie wollten sie in diesem zusammengepferchten Sitz- und Zeitarrangement etwas klären, warum durfte kein Kontakt entstehen? Ich dachte, hier habe ich eine Chance aus der Hand gegeben, vielleicht wäre es mir besser gegangen, ich hätte das thematisiert, anstatt brav ihre Fragen zu beantworten wie ein Schüler, der sich den Geboten unwidersprochen unterwirft. Vielleicht hätten sie ihrerseits die Chance gehabt, sich darüber bewusst zu werden, was sie eigentlich erwarten. Mir war schnell klar, dass ich hier so nicht arbeiten kann. Was mag sich wohl in den Herzen und Köpfen der Mitarbeiter während dieses Marathon-Vorstellungs-Entscheidungs-Vormittags abgespielt haben? Ich konnte mir nicht vorstellen, dass sich das jemand freiwillig antut. Wer hatte die größte Not, die Einrichtung zu lenken und zusammenzuhalten und wer trug dafür die Verantwortung? Vielleicht war es der Betriebswirt, der hier im Kreise von Therapeuten eine Anstellung gefunden hatte und wie mag es ihm mit seiner Aufgabe ergangen sein? Fragen über Fragen sausten mir durch den Kopf. Die Therapeuten arbeiteten nur bedingt als Team zusammen, nach außen traten sie als Einrichtung auf, die für ihre Arbeit mit Kindern und Jugendlichen Geld vom Staat erhielt. Von den ausgehandelten Stundensätzen gaben sie einen festen Prozentsatz an die Einrichtung – in Form eines Vereins – ab. Sie waren beides: selbstständige Psychotherapeuten in »eigener Praxis« und gleichzeitig Mitglieder einer Organisation – aber was davon überwog? Sie saßen so geduckt und teilnahmslos in der zusammengequetschten Runde, dass man sich vorstellen konnte, sie würden jetzt auch lieber etwas anderes machen. Vielleicht beneideten sie mich sogar, dass ich nach einer halben Stunde gehen konnte, während sie noch weitere Vorstellungen absolvieren mussten. Die einzige Steilvorlage kam von der Sekretärin. Sie stellte mir die Frage nach der Methode und zeigte damit als einzige ihre wohlbegründete Skepsis gegenüber dem ganzen Unterfangen. Sie signalisierte mir am deutlichsten, dass die Idee zu einer Organisationsberatung noch gar nicht ausgereift war. Im Nachhinein vermute ich, dass die Therapeuten von der geplanten Maßnahme auch noch nicht überzeugt waren. Eine Steilvorlage bot die Sekretärin insofern, als ich den Ball hätte aufnehmen können, um dies zum Thema zu machen. Die alte Beraterweisheit, dass ohne Kontakt kein Kontrakt zu schließen ist, fand hier erneute Bestätigung. In diesem Falle wäre es sicherlich für alle Beteiligten sinnvoller gewesen, vorab ein Klärungsgespräch mit dem Geschäftsführer zu vereinbaren, um zu sondieren, welche Themen die Einrichtung zur Zeit und in Zukunft beschäftigen werden. So aber saßen die Mitarbeiter wie die Hühner hilflos auf der Stange im dunklen Stall, konnten und wollten sich nicht trennen, schließlich standen ihre Honoraranteile bei der geplanten Maßnahme zur Disposition. In der Gegenübertragung verhielt ich mich ähnlich hilflos, indem ich nicht meine Irritation zum Thema machte und so eventuell ins Gespräch gekommen wäre, sondern eine wenig hilfreiche Gegenaggression zum Besten gab, die in der Regel zum Kontaktabbruch führt.

Die im Fall gestellte Frage nach der Methode hat sich im Laufe der letzten Jahre, man möchte sagen, entdramatisiert. Noch in den 1970er und 1980er-Jahren galt die »Gestalttherapie« als sicherer Türöffner, gefolgt vom »Systemischen«. Manchmal hatten wir den

Eindruck, dass das Wort »systemisch« wie der Code zum »Sesam öffne dich« war. Kurioserweise wurden wir in den Erstkontakten auf unsere Nachfrage, wie die Kunden denn auf uns gekommen seien, mal als Systemiker und mal als psychodynamisch-orientiert bezeichnet. Die Methodenfrage als Glaubensbekenntnis hat zum Glück in der letzten Zeit an Dramatik verloren. Uns hat diese Frage lange Unbehagen bereitet, weil die falsche Antwort oft das Ende des Kontaktes bedeutete und eine Erklärung des eigenen Vorgehens nur Missverständnisse erzeugte, die kaum mehr einzufangen waren. Heute fallen uns Erstgespräche vielleicht auch deshalb leichter, weil wir mehr Sicherheit darin erlangt haben, unseren eigenen Arbeitsansatz zu beschreiben und plausibel zu machen.

3.2 Szenisches Verstehen in der ersten Begegnung

Nun ist es freilich nicht so, dass die Bühne, auf der der Erstkontakt stattfindet, immer die gleiche ist. Auch der äußere Kontext hat Einfluss auf die Beraterhaltung. Findet das Erstgespräch in der Kundenorganisation oder – mit Heimvorteil – beim Berater statt. Es ist immer spannend zu erleben, wie frei oder gehemmt – wie im obigen Beispiel – wir uns als Berater fühlen. Wir vermuten es ist das kollektive Angstniveau, das den Pegel der Freiheit begrenzt. Auf jeden Fall sind die Momente der ersten Begegnung szenisch oft besonders reichhaltig.

Angefragt war ich (HP) von einer Beratungsstelle, in der ausschließlich Frauen arbeiten. Ich fragte mich, ob ich als Mann die Supervision – es ging um Teamentwicklung im Rahmen eines Organisationsentwicklungsprozesses – überhaupt machen sollte. Irgendetwas reizte mich und ich verabredete ein Erstgespräch in der Beratungsstelle. Um einen großen ovalen Tisch saßen zwölf Frauen. Mein frei gehaltener Platz war am Kopfende, eingequetscht zwischen Tisch und Wand, sodass ich mich kaum bewegen konnte. Die Frauen erzählten von ihren bisherigen – nicht immer positiven – Supervisionserfahrungen und was sie alles von mir erwarten. Ich spürte zunehmenden Druck und vor allem die Enge, mich nicht bewegen zu können. Nicht einmal Fluchtgedanken waren möglich: Ich war ihr Gefangener, fernab der Tür, wie gefesselt an meinen Platz. Was hatten sie mit mir vor? Als ich den Druck, den ich spürte und auch meinen eingeengten Platz ansprach, entspannte sich die Situation beidseitig zusehends. Ich konnte etwas rücken, um mir Luft zu verschaffen, die Frauen mussten lachen. Eine Mitarbeiterin meinte, ich müsse aufpassen, dass ich mich nicht von ihnen verführen lasse. Auf meine Frage, was denn damit gemeint sei, meinte sie, dass ich die Spannung halten müsse. Der Leiterin fiel zu dem Bild des »eingequetschten Mannes« ein, dass sie eigentlich schon seit mehreren Jahren versuchen würden, ihr Team durch Männer zu erweitern. Aber immer kam es dazu, dass sie sich stattdessen für Frauen entschieden, obwohl sie konzeptionell eigentlich den Anspruch haben, als Beratungsstelle für Familien und Paare zweigeschlechtlich organisiert zu sein. Wenn sie nun sehe, wie die Beratungsstelle mit Männern umgehe, wundere sie sich nicht, dass die Umsetzung des Vorhabens immer gescheitert sei.

3.3 Team, Berater und Leitung – ein schwieriges Kapitel

In der Klärungsphase zu Beginn einer Teamberatung ist die Frage zu beantworten, welchen Platz die Teamverantwortliche und die Leitung bzw. Geschäftsführung der Organisation im Beratungssystem einnehmen sollte oder muss.

Auch dies ist nicht selten ein Stein des Anstoßes. Inzwischen können wir auch diesbezüglich sehr klar feststellen, dass unsere innere Haltung als Berater ausschlaggebend dafür ist, wie sich der Kontakt zur Leitung gestaltet bzw. welche Unsicherheiten, Ambivalenzen etc. auch durch uns Berater in die Organisation transportiert werden. Wolfgang Weigand (2012, S. 117) hat kürzlich noch einmal sehr dafür sensibilisiert, wie sehr Berater bei ihrem »Gang ins Zentrum der Macht« mit ihrem oft gebrochenen Verhältnis zur Macht und Machtausübung in Berührung kommen. Teamberatung in Organisationen macht es erforderlich, diese Muster zu reflektieren, um einen nicht parteilichen aber unvoreingenommenen Zugang zu den Auftraggebern in Leitungspositionen zu finden.

Als erste orientierende Formel für die Frage nach der Teilnahme von Leitern an Teamsupervisionen hat sich die Differenzierung in die Programme *Fallsupervision* und *Teamentwicklung* bewährt. In der Fallsupervision geht es in erster Linie um die Verbesserung und das Verständnis für die Helfer-Klient-Beziehung in sozialen Organisationen bzw. die Mitarbeiter-Kunden-Beziehung in Profit- und Dienstleistungsunternehmen (vgl. Kapitel 6). Teamentwicklung hat den Fokus auf Veränderung, Überprüfung, Optimierung der Teamstrukturen und der daraus erwachsenen Kooperationsnotwendigkeit sowohl innerhalb des Teams als auch innerhalb der Gesamtorganisation.

Diese Differenzierung hat eine sehr praktische Relevanz für die Frage nach der Teilnahme des Teamverantwortlichen. Heißt die Vereinbarung »Fallsupervision« kann es hilfreich sein, wenn der Leiter nicht teilnimmt, denn hier sollte der Raum für die Mitarbeiter sein, sich relativ frei über ihre Arbeit zu äußern und über vermeintliche Fehler, Ärger und all die Dinge, die sie bewegen, zu sprechen, ohne die Angst haben zu müssen, dass tatsächliche oder fantasierte Sanktionen durch den Vorgesetzten drohen.

Nun kennen wir die Situation, dass der Teamleiter nur ein »halber« ist, da er mit dem anderen Teil seiner Arbeit selbst mit Klienten arbeitet. In diesen Einrichtungen ist das gegenseitige Vertrauen im günstigen Fall so ausreichend, dass der Teamverantwortliche, wenn er sich auch selbst mit seiner Arbeit zur Disposition stellt, an Fallberatungen teilnehmen kann, ohne allzu große Bewertungsängste auszulösen.

Liegt der Fokus auf Teamentwicklung, also auf Überprüfung oder der Veränderung der Strukturen, neuer Leitsätze, vielleicht sogar um die angedachte Fusion mit einem anderen Team, ist der Teamverantwortliche unverzichtbarer Teilnehmer. Das muss in der Praxis nicht unbedingt heißen, dass er oder sie in jeder Phase des Prozesses physisch teilnimmt. Unverzichtbar ist es aber, dass der Arbeitsauftrag zur Teamentwicklung direkt von der Teamleitung kommt und er oder sie in jeder Phase dicht an den Prozess angebunden ist. Konkret: Arbeitsergebnisse müssen zeitnah rückgekoppelt, Auswertungen gemeinsam vorgenommen und eine Modifikation des Arbeitsauftrages vom Teamleiter mitgetragen werden.

3.4 Teamberatung als Schutzraum?

In diesem Kontext stellt sich immer wieder die Frage, wie geschützt der Rahmen hinsichtlich persönlicher Offenbarungen der Teilnehmenden ist, bzw. inwieweit die Teamberatung insgesamt als »Schutzraum« anzusehen ist – um eine überaus verbreitete Redeweise aufzugreifen. Die einfachste Antwort könnte lauten: überhaupt nicht!

Bleiben wir bei der vorgenommenen Differenzierung, so können wir annehmen, dass die Mitarbeiter bei Fallbesprechungen eine Verabredung untereinander treffen, dass Informationen, welche die persönliche Sphäre der Fallbeteiligten betreffen, vertraulich behandelt werden sollen oder auch müssen. In der Team-Fallsupervision geht es vorrangig darum, die Beziehung zu den Klienten zu klären und ihre Dynamik im Sinne von Diagnostik und Behandlung zu besprechen. Da die Institution dies mit ihren eigenen Ressourcen nicht vollständig machen kann oder möchte, bezahlt sie dafür einen externen Fachmann, den Supervisor. Im Sinne von Outsourcing erbringt der externe Fachmann über einen Honorarvertrag Leistungen, die von der Institution verwertet werden. Damit übernimmt der Externe aufgrund seiner Fachkenntnisse auch die Verantwortung gegenüber dem Auftraggeber und muss sich gegebenenfalls für sein Handeln erklären. Da die Supervisanden in einer Fallsupervision naturgemäß im Alltag auch jenseits der Supervisionsgrenzen weiter im Fall kooperieren müssen und zudem oft auch strukturelle Aspekte der Zusammenarbeit berührt sind, entpuppt sich die Vorstellung einer wasserdichten Verschwiegenheit auch bei Fallberatungen als illusionäre Überforderung der Arbeitswirklichkeit.

Da bei Teamentwicklungsprozessen die Leitung stärker eingebunden ist, liegt die Vorstellung vom »Schutzraum« noch deutlich ferner. Dennoch gibt es die weitverbreitete Vorstellung von Teammitgliedern wie von Beratern, Teams als geschlossene Systeme zu sehen und zu behandeln. Das Team wird dann als Schonraum mit Verschwiegenheitsverpflichtung nach außen gesehen, um nach innen eine größtmögliche Offenheit zu ermöglichen. Dies ist bei hierarchisch eingebundenen Teams mit Leitungs- und Kontrollstruktur – wie man sich vorstellen kann – nicht unproblematisch.

Um den Mitarbeitern in dieser Hinsicht keine falschen Illusionen zu machen, fragen wir zu Beginn einer neuen Teamsupervision die Mitarbeiter immer, wie sie mit den geäußerten Dingen umgehen möchten. Wir weisen dann auf die beschriebene Durchlässigkeit der Diskretionsgrenzen hin und schlagen vor, einen »respekt- und verantwortungsvollen Umgang« mit den geteilten Informationen zu vereinbaren. Diese Lesart ist uns wichtig, weil dadurch die Verantwortung für den Umgang mit Informationen bei den Mitarbeitern bleibt. Gleichzeitig wird ein Signal in die Richtung gesetzt »Sei dir bewusst, was du hier in der Beratung sagst!« Eine gewisse Vorsicht halten wir in Arbeitskontexten für ausgesprochen angebracht. Es verstört unter Umständen auch den naheliegenden unbewussten Wunsch, das Team quasi als Familie zu sehen.

Wir plädieren dafür, Teams generell als teiloffene Systeme zu sehen. Sie bestehen nur in Interdependenz zu den anderen organisatorischen Subgruppen und bilden zusammen mit ihnen ein Ganzes. Strukturelle Veränderungen der Gesamtorganisation wirken selbstredend in jedes Team zurück und umgekehrt arbeitet die Gesamtorganisation nur dann optimal, wenn wesentliche Daten an die Teamverantwortlichen zurückgekoppelt werden, damit auch sie ihrer Veränderungsverantwortung nachkommen können. Unter dieser Prämisse, der Rückkopplung wesentlicher institutioneller Daten, kann es der Teamsupervision keine Schweigepflicht geben. Gebe es von Team und Supervisor zu den hierarchisch Verantwortlichen eine Schweigepflicht über wesentliche institutionelle Belange, würde das Team als wichtiges Subsystem von der institutionellen Gesamtdynamik abgekoppelt.

Unsere Formel für die Beratung lautet: Vertraulichkeit in persönlichen Dingen – Offenheit in strukturellen Dingen.

Zu klären ist auch, wie wir als Berater mit den uns anvertrauten Einblicken umgehen. Dafür machen wir gleich zu Beginn eines neuen Kontraktes mit den Beteiligten deutlich, dass uns Transparenz wichtig ist. Das heißt, dass entsprechend der bereits erwähnten Formel strukturelle Belange, nach Absprache, veröffentlicht werden können. Bei Rückkoppelungsgesprächen zwischen Team und Leitung ist es uns am liebsten, wenn bei den Gesprächen jeweils auch ein Mitarbeiter teilnimmt.

Sehr plastisch habe ich (HP) die Wirkung der Transparenzformel in einer neu eröffneten Suchtklinik erlebt. Der Chefarzt war Absolvent unserer Supervisionsausbildung und fragte mich, ob ich die Team-supervision seiner drei Stationen übernehmen könne, und zwar zum Zwecke der Verbesserung der Leitungsstruktur und der Rollenfindung der Mitarbeiter. Es handelte sich um eine verordnete Supervision. Der Auftrag war ebenso vorab mit den Teamleitern abgesprochen, dennoch bat ich den Chefarzt, jeweils in die erste Sitzung mitzukommen, um sowohl den Auftrag noch mal zu veröffentlichen als auch unsere alte Arbeitsbeziehung zu benennen. Wir versicherten den Beteiligten, dass persönliche Dinge im Team bleiben und strukturelle Rückmeldungen und Auswertungen vorher besprochen werden.

Es entwickelte sich im Laufe der Zeit das Ritual, dass ich in den Pausen auf einen Kaffee zum Chefarzt ging, und zwar für alle sichtbar über eine Glaswendeltreppe. Das erste Mal war mir das noch etwas unheimlich. Es sollte aber erwähnt werden, dass mich der Auftraggeber niemals in Loyalitätskonflikte brachte, indem er mich ins »Vertrauen« zog und über Mitarbeiter berichtete. Unsere Gespräche kreisten um Urlaub, Filme, aber auch über seinen Stress mit den Rententrägern und über die Konzernpolitik. Letzteres war durchaus hilfreich, um die Schwingungen im Hause besser zu verstehen.

Obwohl diese Teamsupervisionen mit zwei möglichen Stolperstei-nen begannen, zum einen verordnet zu sein und zum anderen die Bekanntschaft des Supervisors mit dem Chefarzt, gab es in den Jahren der Zusammenarbeit nicht einmal Misstrauensäußerungen seitens der Teammitarbeiter und auch keine sogenannten Widerstände.

Besonders in therapeutischen Kulturen sozialisierte Supervisoren stehen in der Gefahr, ihr Setting auf die institutionelle Beratung zu übertragen und empfehlen ihren Supervisanden dann möglicher-weise Schweige- oder Verschwiegenheitsverpflichtungen, die geeig-net sind, verdeckte Bündnisse zu provozieren. Sie wirken sich auf die Gesamtinstitution entwicklungshemmend oder im Extremfall sogar konfliktverschärfend aus. Einmal davon abgesehen, dass sie sich in der Praxis sowieso nicht einhalten lassen, da unter dem Mantel der Vertraulichkeit immer Informationen aus Teamsupervisionen nach außen dringen können und auf ihre Weise wirksam werden. Um hier Missverständnissen vorzubeugen: Es geht uns nicht darum zu unterbinden, wenn Mitarbeiter unter sich eine Schweigepflicht vereinbaren – aber nur sie sind es, die die Verantwortung für deren Einhaltung übernehmen können.

Eine Erfahrung, die ich (HP) als Teilzeitleiter eines Therapeutischen Teams der ambulanten Psychiatrie machen konnte, illustriert das Selbstverständnis einiger Supervisionskolleginnen sehr plastisch:

Da alle unsere Teams neben intensiver interner Fallarbeit auch externe Supervision hatten, lag es auf der Hand, nicht sämtliche Auswertungsgespräche einzeln zu führen, sondern als Gruppe. Wir informierten die Teams davon und sicherten Vertrauensschutz zu und um dies strukturell sicherzustellen, sollte von jedem Team ein Mitarbeiter an dem Gespräch beteiligt werden. Hier gab es zu unserer Überraschung keinerlei Bedenken. Diese kamen vielmehr von den Supervisoren. Da regelmäßige Auswertungsgespräche kontraktiert waren, mussten alle teilnehmen, was nicht ohne vorher geäußerte Bedenken geschah. Die erste Sitzung in dieser Formation (Supervisoren, Teamleiter, Geschäftsführer, Verwaltungsleiter und Mitarbeiter) war gekennzeichnet von beeindruckender Zurückhaltung. Erstmals sahen die Supervisoren ihre Kollegen, die ebenfalls in der Organisation arbeiten, die auf dem Markt natürlich auch ihre Konkurrenten waren.

Ich glaube, das war aber nicht der Grund der verhaltenen Vorsicht, sondern eher die subtile Kränkung, nicht der alleinige Hirsch auf dem Platz zu sein. Supervisioren sehen sich doch zu gern als Fürsten ihrer kleinen Reiche und nun müssen sie feststellen, dass sie nur ein Teil des Ganzen sind.

Es brauchte einige Jahre, bis die Veranstaltung rund lief. Hier informierte der Geschäftsführer über die Situation in der Organisation, über neue Projekte, Veränderungen und Befürchtungen. Die Supervisoren schilderten ihre prägnanten Wahrnehmungen aus den Teams. Eine Situation war für mich besonders eindrucksvoll. Da der Verein befürchtete, dass sich die Zuwendungen zu ihrem Nachteil verändern könnten, wurden Arbeitsverträge nur noch befristet ausgestellt. Nun berichteten die Supervisoren über die dadurch ausgelöste Unsicherheit in den Teams: Wer kann bleiben, wer muss gehen und was bedeutet das für die zu betreuenden Klienten? Geschäftsführer und Verwaltungsleiter suchten umgehend nach einer Lösung mit dem Betriebsrat und veränderten die befristeten Arbeitsverträge. Fünfzig Prozent der Arbeitszeit konnten zumindest als unbefristete Stellen angeboten werden. Die weitere Arbeitszeit wurde flexibel vergütet. So war den Mitarbeitern und ihren Teams geholfen und der Verein war nicht in Sorge, Verluste zu erleiden.

3.5 Kontaktaufnahme und Infogespräch

Ein weiterer kritischer Punkt in der ersten Beratungsphase ist die Frage, wie viel Zeit sich beide Seiten nehmen, um den Auftrag zu klären. Es gilt, die oft widersprüchlichen Wünsche zusammenzubringen. Der Kunde hat es in der Regel eilig. Wenn es um Teamthemen geht, ist meistens schon einiges aufgelaufen, was die Zusammenarbeit erschwert. Der Berater versucht das Tempo abzumildern, um nicht vorschnell nach dem erstbesten Thema zu greifen, das sich vielleicht als Sackgasse erweist und in der Folge nur zu Frustrationen führt. Unser Motto »Lass dir Zeit, wenn du es eilig hast« (vgl. Hallier, 2014) ist nicht immer vermittelbar. Früher sprachen wir davon, fünf Sitzungen für die Auftragsklärung zu planen, um das Anliegen zu fokussieren, um zu überprüfen, ob wir die systemrelevanten Personen am Tisch haben und ob Supervision die geeignete Methode für die Bearbeitung des Anliegens ist. Das war gut gemeint, ließ sich aber nicht vermitteln, da die Kunden den Eindruck gewannen, dass sie fünf Sitzungen nicht richtig arbeiten, außer auf den Beginn zu warten. Um unserem Grundsatz treu zu bleiben, schlagen wir nun im Erstgespräch – in der von uns als »Infogespräch« bezeichneten ersten Sitzung – erst mal einen überschaubaren Kontrakt von etwa fünf Sitzungen vor. Am Ende einer solchen ersten Serie von Arbeitstreffen steht dann eine erste (Zwischen-)Bilanz, um gemeinsam abzuwägen, ob und wie wir gegebenenfalls weiterarbeiten. Dazu geben wir noch den Hinweis, dass diese erste Terminserie auch die Chance bietet, gemeinsam zu erleben, ob eine befriedigende Zusammenarbeit entsteht. Ferner kann man dann gemeinsam hinsichtlich Auftrag und Setting nachjustieren und, falls noch nicht geschehen, den Kontakt zur Leitung aufnehmen.

Ein solcher Prozess sieht idealtypisch folgendermaßen aus:

Kontaktaufnahme: Ein Teammitglied oder der Teamverantwort-

liche, seltener der Geschäftsführer, wendet sich telefonisch oder per Mail an den Supervisor. Erkundigt wird sich nach freier Kapazität, Honorar etc. Stimmen die ersten Rahmenbedingungen schlägt der Supervisor ein Infogespräch vor. Im Vorfeld ist zu klären:
- Wo findet das Gespräch statt und wie lange soll es dauern?
- Wer nimmt teil?
- Wird dieser Kontakt honoriert?

Infogespräch: Ziel dieses ersten konkreten Kontaktes ist es, dass sich Supervisor und Teammitglieder gegenseitig vorstellen. Der Supervisor berichtet von seinem beruflichen Hintergrund, seinen Erfahrungen und seinem Beratungsprozedere. Dabei weist er ausdrücklich darauf hin, dass er – wenn es zu einer Vereinbarung kommt – zuerst etwa fünf Sitzungen à 90 Minuten (oder drei Sitzungen à drei Stunden) vorschlägt, um gemeinsam zu schauen, welches die vorrangig zu bearbeitenden Themen und Ziele des Teams sind.

Dann stellt sich das Team vor, berichtet, warum zu diesem Zeitpunkt eine Supervision hilfreich scheint, was ihre Erfahrungen und Vorstellungen sind. Beide Seiten haben nun eine Entscheidungsgrundlage, ob sie sich auf einen Beratungsprozess einlassen wollen.

Leitlinien für die Gestaltung von Infogesprächen im Vorfeld von Teamberatungen:
- Die Beraterin ist sensibel für die szenischen Aspekte des ersten Treffens. Welchen Eindruck vermittelt die räumliche Situation? Welche Atmosphäre entsteht? Wie wird die Beraterin aufgenommen und begrüßt? Welche Empfindungen, Impulse, Fantasien entstehen bei der Beraterin? Um die Atmosphäre in der Institution aufnehmen zu können, macht es Sinn, ein paar Minuten vor dem verabredeten Termin in der Einrichtung zu sein.
- Die Beraterin ist schon im Infogespräch Wächterin des Verfahrens, übernimmt die Leitung und deutlich strukturierende Funktion. Es macht Sinn, die Sache spürbar »in die Hand zu nehmen«.

    Die Beraterin hat im Vorfeld die Intention und den Rahmen für das Infogespräch geklärt (wie bereits erwähnt). Das »Wie ist der Kontakt zustande gekommen und worum geht es heute hier in diesem Treffen?« wird auch zu Beginn des Infogesprächs durch die Supervisorin explizit angesprochen.

Die Beraterin gibt nach der Klärung des Rahmens für das Gespräch zu Beginn des Treffens eine knappe Information zu ihrer Person (berufliche Entwicklung, supervisorische Erfahrungen, knappe Informationen zum eigenen Beratungskonzept).

- Die Suchbewegung der Beraterin geht im weiteren Verlauf des Infogesprächs vor allem in folgende Richtung: positive Erwartungen und mögliche Skepsis/Befürchtungen bezüglich der ins Auge gefassten Supervision. Dies vor allem entlang folgender Dimensionen:
  • Ziele und Inhalte der Supervision
  • Methoden und Arbeitsweise
  • Person der Beraterin (Erfahrungen, Kompetenzen, persönliche Eigenschaften).

- Die Beraterin interessiert sich im Gespräch für den strukturellen Rahmen, in dem das Team arbeitet (Hierarchieebenen, Aufgabenbereiche, Marktposition, Zäsuren in der Entwicklung des Teams).

- Die Beraterin achtet darauf, im Laufe des Gesprächs zu jedem Mitglied im Team einen Kontakt aufzubauen und die Aufmerksamkeit möglichst gleichmäßig zu verteilen.

- Gegen Ende des Infogesprächs gibt die Beraterin eine erste zusammenfassende Einschätzung. Was könnte passen? Was vielleicht nicht? Welche Spannungsfelder sind angesprochen? Wie könnten die nächsten Arbeitsschritte gegebenenfalls aussehen (Sondierungsphase, Beratung über Beratung etc.).

- Zum Schluss gibt es eine Klärung des weiteren Verfahrens im Entscheidungsprozess. Bis wann wollen sich beide Seiten entscheiden? Wie wird dies kommuniziert etc.?

3.6 Arbeitsbündnis: Auftragsklärung und -vereinbarung

Ziel der Anfangsphase ist es, dass sich die Beteiligten untereinander auf relevante zu bearbeitende Themen und Ziele verständigen. Ed Schein (2000, S. 57) weist auf Folgendes hin: »Die Problemdarstellung am Anfang fungiert dabei oft als Test, um die Reaktion des Helfers (Beraters) zu sehen. Das wirkliche Problem taucht erst später auf, wenn gegenseitiges Vertrauen aufgebaut ist.« Deshalb wird das Setting noch offen gehalten, das heißt, es besteht immer die Chance nachzujustieren: Die Zeiten anzupassen, den Teilnehmerkreis zu verändern oder ganz grundsätzlich zu überprüfen, ob Teamsupervision wirklich das passende Verfahren ist, oder evtl. Organisationsberatung oder Mediation geeigneter sind.

Klärungsthemen im Rahmen von »Beratung über Beratung«:

– Was ist das Anliegen?
– Wer sind die dafür relevanten Klienten?
– Welches Verfahren erscheint am sinnvollsten?
– Wie verhalten sich unterschiedliche Beratungsprozesse in der Organisation zueinander?
– Wie können die beteiligten Beraterinnen gegebenenfalls miteinander kooperieren?

Methodisch lassen wir dazu in der ersten Sitzung gelegentlich ein Bild auf dem Flipchart malen. Thema: »Wir machen uns ein Bild unserer Institution« (s. u.). Daraus lassen sich in aller Regel relevante Themen generieren. In dieser Phase wird auch vereinbart, auf welche Weise der Teamverantwortliche einbezogen werden soll, ebenso das Prozedere der Auswertung und Rückkoppelung an die Leitung (falls sie nicht teilnimmt).

Den ersten (formalen) Arbeitskontrakt verstehen wir im Sinne einer Kompromissbildung. Das heißt: Nicht nur die vom Supervisanden angebotenen (manifesten) Themen können als Ausdruck eines Symptoms mit tiefer gehenden Anliegen und Problemen verstanden und untersucht werden, sondern das Setting, das Berater und Team vereinbaren, drückt ebenfalls das derzeit bearbeitbare Angstniveau aus. Beide, Team und Berater, werden sich in dieser ersten Kontraktphase überlegen müssen, ob sie sich auf diesen zunächst vorhandenen Spielraum mit seinen thematischen Grenzen einlassen wollen.

Die Supervisanden sind mit der Frage beschäftigt, ob der »Fremde« sie in ihren Anliegen verstehen wird, wie er vermeintliche Schwächen und Probleme einschätzt, ob er sie so annehmen kann wie sie sind. Deshalb ist jeder Supervisionsbeginn von beidseitiger Ambivalenz und beträchtlicher Angstdynamik begleitet. So werden sich beide – Beraterin und Team – mit der gebotenen Vorsicht und Skepsis begegnen, werden austesten, ob sie Vertrauen in die andere Seite haben können. Sie werden bewusst oder unbewusst ausprobieren, wie weit sie gehen können und beobachten, wie auf die wechselseitigen Aktionen reagiert wird, ob sie positiv oder negativ bewertet werden.

Teamsupervision mit oder ohne Leiter?

Das Team einer ambulanten psychiatrischen Einrichtung fragt bei mir (HP) telefonisch wegen einer Fallsupervision an. Fünf Kolleginnen arbeiten in einem gemeinnützigen Verein in einem Stadtteil. Dort bieten sie einen offenen Treffpunkt, Gruppen, Einzelgespräche und Therapien an. Schon im ersten Telefongespräch wird darauf hingewiesen, dass man sich im Team uneinig sei, ob der Leiter an der Fallsupervision teilnehmen solle. Eine Hälfte sei dafür, die andere dagegen. Ich schlage daraufhin ein Informationsgespräch mit allen Beteiligten einschließlich des Leiters vor, um hier mehr zu erfahren und um meine Supervisionsvorstellungen erläutern zu können.

Der Wunsch nach Fallsupervision entspringt der oft schwierigen Arbeit mit den psychiatrischen Klienten. Dabei sträuben sich einige Mitarbeiterinnen gegen die Teilnahme des Leiters, da er dann auch persönliche Dinge über sie erfahren könnte und man nicht wisse, was das für Folgen habe und außerdem betreue er aufgrund seiner Leitertätigkeit kaum noch Klienten und sei oft gar nicht da. Der Leiter möchte gern teilnehmen, da er den Kontakt zur Basis nicht verlieren wolle und auch sonst keinen Ort der Reflexion habe.

Es wurde einvernehmlich vereinbart, die ersten fünf Sitzungen gemeinsam mit dem Leiter durchzuführen. Allen schien es plausibel, in dieser begrenzten Phase herauszuarbeiten, was sich hinter dem Konflikt »Teilnahme des Leiters an der Fallsupervision« verbirgt. Ohne diesen Prozess hier im Einzelnen nachzuzeichnen, stellte sich sehr bald heraus, dass es um eine relevante organisationelle Thematik ging. Dies wurde sehr deutlich, als ich die Teilnehmerinnen ein Bild ihrer Organisation malen ließ, um mir im wahrsten Sinne des Wortes ein Bild davon machen zu können, wen ich eigentlich vor mir habe. Denn in der Regel ist es ja so, dass immer nur eine Subgruppe der Organisation (Team oder Leitung) Beratung in Anspruch nimmt. Um diese Teilorganisation in ihrem Gesamtkontext verorten zu können, hilft es allen Beteiligten – einschließlich des Beraters – sich die Beziehung zum Ganzen zu vergegenwärtigen.

In diesem Falle machte das Bild – und die dadurch ausgelösten Einfälle und Fantasien – sehr bald verständlich, warum der Leiter so an diesem Team hing, ein Teil des Teams ihn aber lieber außerhalb sehen wollte. Institutionsgeschichtlich bildete dieses Team nämlich die Urzelle des Vereins. Von hier aus wurden weitere Projekte ins Leben gerufen, die zu einer enormen Vergrößerung der Organisation beigetragen hatten. Der Leiter fühlte sich dieser Urzelle und einigen alten Mitbegründern noch sehr verbunden, außerdem befand sich die Verwaltung der Gesamtorganisation ebenfalls in diesen Räumen.

Bei mir entstand die Fantasie, der Leiter habe sein Bett immer noch im Kinderzimmer stehen, obwohl er eigentlich längst daraus entwachsen war. Die Trennung schien ihm aber schwerzufallen, da er sich jetzt eigentlich eine andere Bezugsgruppe suchen müsste. Er konnte die Bilder gut verstehen und es wurde nach Wegen gesucht, welche neue Organisationsform der Verein jetzt eigentlich brauche, um seinen gewachsenen Aufgaben gerecht werden zu können. Ein vernünftiger Weg schien zu sein, dass die Verantwortlichen der verschiedenen Projekte zusammen mit dem Leiter ein eigenes Gremium bilden. Dadurch hätte er die Möglichkeit, in diesem Kreis über seine Arbeit zu sprechen und brauchte nicht mehr die Kollegen der Urzelle mit seinen Fragen und Problemen von ihrer eigentlichen Betreuungsarbeit abzuhalten. Es wurde nämlich verständlich, dass der Wunsch nach Fallsupervision davon mitgetragen war, sich mehr auf die pädagogisch-therapeutische Arbeit begrenzen zu können und nicht ständig durch die organisatorischen Veränderungsprozesse abgelenkt zu werden. Damit war auch der Wunsch der Mitarbeiterinnen verbunden, selbst mehr Verantwortung für ihre Arbeit zu übernehmen oder um im Bild zu bleiben: Auch das Kinderzimmer zu verlassen und erwachsen zu werden. So konnten wir die anfängliche Frage, ob mit oder ohne Leiter, auch als gemeinsame Ambivalenz verstehen. In der Anfangsfrage war sie noch gespalten im Dafür und Dagegen. In der Analyse konnte die gemeinsame Angst und der gleichzeitige Wunsch deutlich werden, für die jeweilige Arbeit ein Mehr an Verantwortung zu übernehmen bei gleichzeitig notwendigem schmerzlichen Abschied von der schützenden Urzelle.

Damit hatte sich das anfängliche Problem der Leiterteilnahme für alle verändert. Wir vereinbarten für die Zukunft Fallsupervision ohne den Leiter und eine gemeinsame Auswertung dieser Entscheidung mit ihm nach einigen Sitzungen. Das Ergebnis dieser Auswertung war, dass das Vorgehen den Organisationsbedürfnissen entsprach. Der Leiter überlegte seinerseits, für das Leitungsgremium eine eigene Supervision zu suchen, um die Strukturveränderung des Vereins voranzutreiben.

Ich glaube, erst der Rückgriff auf den organisatorischen Kontext machte es möglich, die Frage der Leiterteilnahme nicht auf eine unterschwellige Beziehungsklärung zu reduzieren, nach dem Motto: Warum willst du mich nicht dabei haben? Der Leiter betrauerte seinen Weggang zwar, konnte ihn für sich aber gut nachvollziehen. Seine Trauer hing in erster Linie damit zusammen, dass er sich aufgrund der Größe des Vereins nicht mehr seiner ursprünglichen Arbeit als Therapeut widmen konnte, sondern seine Identität als Leiter mit entsprechend anderen Aufgaben suchen musste. Der Schritt war auch für die übrigen Mitarbeiterinnen nicht ambivalenzfrei, denn jetzt mussten sie sich auf eine neue Weise zusammenfinden. Die bis dahin eher leiterzentrierte Orientierung der Einzelnen verschob sich hin zu einer offeneren, durchaus auch konkurrierenden Beziehung.

In der gemeinsamen Erkundungsphase der ersten Sitzungen haben das Team und der Supervisor ausgelotet, ob und wie die Themen bearbeitet werden. Wenn noch Themen offen sind (was für die Teamentwicklung immer zutrifft) und sich ein ausreichend stabiles Arbeitsbündnis etabliert hat, kann eine neue Vereinbarung für die nächste Etappe geschlossen werden.

3.7 Ohne Institutionsanalyse keine Teamsupervision – zur Nachfrageanalyse

Wenn eine Organisation oder ein Teil einer Organisation (Team) einen externen Berater um Supervision oder Beratung nachfragt, entsteht an dieser Schnittstelle ein bedeutsames Wechselspiel zwischen Supervisor und Organisation. Dieses Beziehungsgeschehen wird in der Praxis in seiner Bedeutung oft nicht gesehen. Dadurch gehen wertvolle Informationen zum Verständnis der organisationellen Konfliktdynamik verloren. Im Folgenden werden wir vertiefen, dass bereits in der Form des Zustandekommens eines Beratungsabkommens ein Schlüssel zum Verstehen der verborgenen organisationellen Konfliktdynamik liegen kann.

Die permanente Analyse der Supervisionsnachfrage ist inzwischen zu einem Grundpfeiler des Vorgehens in der Supervision geworden. Hier sind – unabhängig von der methodischen Orientierung des Beraters – zentrale Fragen des supervisorischen Handwerks aufgeworfen. Franz Wellendorf (1991) hat dafür den Begriff der »Nachfrageanalyse« geprägt, die sich durch drei scheinbar sehr einfache Fragen auszeichnet:

1. Was ist das Ziel der Beratung und welches ist das angemessene Setting seiner Erarbeitung?
2. Wer müsste – mit Blick auf das Beratungsziel – der »eigentliche« Klient des Supervisors sein?
3. Wer ist der Supervisor?

Die Fragen mögen erst einmal Verwunderung auslösen, zum Beispiel: »Wer ist der Klient der Beratung?« Da denkt man doch zuerst derjenige oder diejenigen, die vor einem sitzen wie in dem geschilderten Fall. Besonders in großen Organisationen fallen aber Auftraggeber und die unmittelbaren Teilnehmerinnen der Beratung häufig auseinander. Oft kommen im Laufe der Zeit sogar noch zahlreiche weitere Beratungsklienten hinzu. Ed Schein (2000, S. 49) merkt zutreffend an, dass sich im Laufe eines Beratungsprozesses »die Klientengemeinde auf unvorhersehbare Weise zu vermehren« beginnt.

Auftraggeber und Beratungsnehmer haben bei genauerem Hinsehen oft sehr unterschiedliche Vorstellungen über die in der Beratung zu erreichenden Ziele. Die gemeinsame Untersuchung dieser Frage ist wichtig, weil es aufgrund der organisationellen *Verschiebungsprozesse* sehr leicht passieren kann, dass der vor uns sitzende Klient, ein uns untergeschobener ist, wie Wellendorf (1991) es so schön ausdrückt. Damit ist gemeint, dass wir mit diesem Klienten oder Beratungssystem ein Problem bearbeiten, dass weder hier entstanden ist, noch hier gelöst werden kann. In der Auffassung darüber, wer der »richtige« Klient der Beratung ist, können Berater und

Organisation durchaus zu sehr unterschiedlichen Einschätzungen kommen, die sie dann gemeinsam verhandeln müssen. Ein gängiger Verschiebungsprozess ist es, wenn ein Leitungskonflikt auf die Teamebene verlagert wird. Egal, ob das Team oder die Leitung nach Teamsupervision fragt, meistens haben wir es von Beginn unserer Beratung an mit mehreren Instanzen zu tun. Fragt das Team mit Zustimmung der Leitung nach, ist es zwar unser direkter Ansprechpartner, die Organisation und ihr Leitungspersonal bleiben aber unsere formalen Auftraggeber. Dies wird nicht zuletzt auch durch die Bezahlung der Beratung durch die Organisation materialisiert. Bekannt ist, dass jemand, der Geld für etwas bezahlt, auch Erwartungen an den Gegenwert hat – und wenn es manchmal nur der ist, in Ruhe gelassen zu werden. Gerade in großen Organisationen ist es sehr schwer, die Verantwortlichen für die Teamberatung ausfindig zu machen. Das kann in einer Klinik der Verwaltungsleiter sein oder die Fortbildungsabteilung oder der Chefarzt oder der Oberarzt oder die Pflegedienstleitung. Wir beginnen also mit der Suche nach den Auftraggebern in der Organisation und ihren – meist diffusen – Aufträgen. Und damit befinden wir uns in aller Regel schon inmitten der organisationellen Dynamik. Ein ebenso spannender wie steiniger Weg, den wir letztlich gehen, um die Verantwortungsstrukturen klären zu helfen.

Bereits an dieser Nahtstelle zwischen der ersten vorsichtigen Supervisionsanfrage bis zur direkten Kontaktaufnahme entfaltet sich das organisationelle Szenario. Auf der direkten Bühne stehen meist nur einige der Mitwirkenden. Ein Großteil der Mitspieler bleibt hinter der Bühne, beobachtend, abwartend, die Mitwirkenden auf der Bühne betrachtend, sich gelangweilt abwendend oder auf das Spiel Einfluss nehmend. So ist es häufig bei Supervisionen in Organisationen: Der Berater ist nicht wie im Theater der Regisseur. Der Berater kennt nicht mal das Stück, das gespielt wird. Kennen es die Mitwirkenden auf der Bühne oder die hinter dem Bühnenvorhang? Der externe Supervisor ist in erster Linie Gast der Organisation, er kann, so wie er eingeladen wurde, auch sehr schnell wieder ausgeladen werden.

Diese Bilder sollen helfen, ein Verständnis für die Organisationsmatrix zu vermitteln, in der die organisationelle Beratung einen bedeutsamen Platz einnimmt. Zur Organisationsmatrix gehören neben der Organisationsgeschichte und ihren Mythen (vgl. Kapitel 7.3) alle Rollenträger der Organisation, die potenziell bei der Realisierung der Arbeitsaufgabe von Bedeutung sind. Die verborgenen organisatorischen Konflikte konstellieren sich in der Art der Kontaktaufnahme zum Berater und im gemeinsamen Zusammenspiel. Der Begriff der Organisationsmatrix fasst dieses Geschehen sehr gut, und zwar einerseits die formale Struktur und die Arbeitsaufgabe und andererseits die schwerer fassbaren Bindungs- und Abhängigkeitsaspekte. Matrix meint im übertragenen Sinne »das, worin etwas erzeugt oder hergestellt wird«. Es geht auf das lateinische Wort »matrics« zurück und bedeutet »Muttertier, Gebärmutter, Stammmutter«. Die Organisationsmatrix stellen wir uns als ein feines Geflecht sichtbarer und unsichtbarer Strukturen vor, wobei sich diese Strukturen gegenseitig bedingen. Die Veränderung eines Strukturelements beeinflusst die anderen Strukturelemente.

Wellendorfs Frage, wer denn der eigentliche Supervisand sei, erweist sich bei genauer Analyse oft als komplizierter, als es der Supervisor auf den ersten Blick annimmt.

Im vorigen Beispiel zeigte sich, dass sich hinter der ersten Anfrage nach Fallsupervision noch andere Themen verbargen. Sie entzündeten sich an der Frage nach der Teilnahme bzw. Nichtteilnahme des Leiters. Die genaue Analyse führte schließlich zu einem dahinterliegenden organisatorischen Konflikt. Häufig kristallisieren sich zwei Supervisanden mit unterschiedlichen Bedürfnissen heraus: das Team der pädagogisch-therapeutischen Mitarbeiter und der Leiter. Beide suchten für sich einen Ort der Klärung und formulierten dies auch als Wunsch an den Supervisor, der das Gefühl hatte, sich entscheiden zu müssen: entweder mit dem Team an ihren Themen zu arbeiten oder mit dem Leiter ein Coaching zu beginnen. Auch der Supervisor musste hier durch seinen Verzicht Trauerarbeit über die Begrenzung seines Supervisionsauftrages leisten. Wir hoffen, dass die ersten nachfrageanalytischen Fragen, hinsichtlich des Ziels und des angemessenen Settings der Supervision, durch das Beispiel verständlich geworden sind. Hinzuzufügen bleibt, dass man sich trotz aller oft diffusen Vielschichtigkeit immer auf eine Frage einigen sollte, die zum gegenwärtigen Zeitpunkt im Prozess bearbeitet werden soll.

Dies hält die Kontraktebene explizit und transparent. Andernfalls – also sozusagen im kontraktfreien Raum – kann auch die Bedeutung und Relevanz, die in der Änderung des Arbeitsfokus liegt, von den Supervisanden nicht transparent nachvollzogen werden. Grundsätzlich sollte man als Berater nicht zulassen, dass das vereinbarte Thema geändert wird, ohne dass vorher besprochen wird, was die Gründe dafür sind.

Auch die dritte Frage Wellendorfs mag verwundern. Sie lautet »Wer ist der Supervisor?« Zuerst wird der Supervisor selbstverständlich davon ausgehen, er sei der Berater. Bei genauer Analyse kann sich aber herausstellen, dass es in der Organisation noch andere wichtige Berater gibt. Das kann zum Beispiel der Leiter sein. In Kliniken gehört es in der Regel zum Konzept, dass der Oberarzt oder ein anderer erfahrener Kollege mit den Mitarbeitern Fallbesprechungen durchführt. Dann stellt sich für den externen Supervisor mit einem Auftrag zur Fallsupervision die Frage, welches sein Part ist und warum bestimmte Fälle bei ihm und nicht mit dem Oberarzt besprochen werden und umgekehrt. Die Mitarbeiter kommen dann oft in Loyalitätskonflikte, weil sie nicht wissen, wo sie welchen Fall einbringen sollen. Wenn sie ihn in beiden Besprechungen einbringen und die Berater aufgrund ihrer Stellung und Profession sehr unterschiedliche Blickwinkel bevorzugen, kann dies im Arbeitsalltag desorientierend wirken.

Noch komplizierter ist es, wenn in einer Organisation verschiedene externe und interne Berater tätig sind. Dies ist nach unseren Beobachtungen häufig der Fall. Interessanterweise ist das Thema in der Literatur bisher kaum behandelt worden und findet erst in jüngster Zeit vermehrte Aufmerksamkeit. Vermutlich hat dies damit zu tun, dass es für Supervisoren eine Kränkung bedeutet, wenn sie sich bewusst machen, nicht die einzigen Berater in der Organisation zu sein. Deshalb blenden sie für sich diesen Teil der organisatorischen Realität gern aus und thematisieren die Kooperation verschiedener Berater nicht (zum Stellenwert der Kooperation unter Beraterinnen siehe auch Kapitel 5). Das ist unserer Einschätzung nach in hohem Maße kontraproduktiv, da es in der Organisation immer um die Kooperation einzelner Subsysteme geht – und ein Teil davon sind die Supervisoren selbst. Unsere Kollegin Angela Gotthardt-Lorenz

(2014) spricht in diesem Zusammenhang von der »kooperativen Gestalt und Gestaltung der Organisationssupervision«.

In dem Fall der kurz geschilderten Vereinssupervision war es so, dass es dort noch einen anderen langjährigen Supervisor gab. Er hatte den Verein seit seiner Gründung beim Aufbau begleitet und supervidierte das Gesamtprojekt in großen Abständen. Meine Frage (HP) war, warum er jetzt nicht weiterhin die Supervision übernehmen würde. Es gab äußere Gründe, die dies erschwerten, denn er war inzwischen in eine andere Stadt gezogen und konnte nur sporadisch kommen. Es gab aber auch innere Gründe. So war die Einschätzung aller, dass der Kollege bisher eine ausgezeichnete Arbeit gemacht habe, die organisatorischen Aspekte aber in der Form bisher nicht angesprochen habe. Die Vermutung wurde geäußert, dass er wohl »zu dicht dran« sei. Er hatte eher die Rolle eines Coachs inne, der den Aufbau des Projekts väterlich begleitet hat. Nun sei der Zeitpunkt gekommen, zu fragen, ob man sich nicht auch von ihm lösen müsse.

Zuerst war ich etwas überrascht, dass es noch einen Kollegen im Hintergrund gab, weil die Supervisanden sich mir als »Neulinge« präsentierten. Zum anderen ging mir die Ablösung etwas schnell, obwohl es thematisch an die Situation des Teams anschloss. Da der Kollege in seinen sporadischen Sitzungen sowohl in der Fallarbeit als auch an der Organisationsdynamik arbeitete, schlug ich ein gemeinsames Treffen mit ihm vor, damit wir unsere Bereiche abgrenzen können und nicht der eine hinter dem Rücken des anderen in eine versteckte Konkurrenzbeziehung kommt. Nachdem wir uns einige Zeit mit dem Thema »Doppelsupervision« beschäftigt hatten, entschieden Mitarbeiter und Leiter, sich in einem absehbaren Prozess von ihrem bisherigen Supervisor zu trennen.

Wellendorf (1991) fokussiert abschließend mit seiner dritten Frage »Wer ist der Supervisor?« auf die notwendige Klärung der Identität des Beraters. Dies umfasst seine spezifische Rolle in Abgrenzung zu anderen Akteuren in der Organisation und die Klärung des Arbeitsbündnisses im Spannungsfeld zwischen den Erwartungen und Zuschreibungen der Beratungskunden einerseits und des Rollenverständnisses und der spezifischen Verwicklung der Beraterin im jeweiligen Beratungsprozess andererseits. Man könnte in diesem Sinn auch fragen »Für wen wird der Berater von den Ratsuchenden gehalten?« und »Für wen hält sich der Berater selbst?«

4 Das Dreieck halten – Die innere Arbeit der Teamberaterin

4.1 Der triadische Raum als Metamodell für Teamberatung

In unserem Verständnis findet Prozessberatung knapp gesagt dann statt, wenn es Beraterinnen gelingt, dazu beizutragen, triadische Räume zu eröffnen, die ihren Kunden und Klienten erweiterte, entwicklungsförderliche Spielräume schaffen.

Im Kontext von Teamberatung geht es darum, äußere (organisationale) und innere (psychische) Triaden gleichermaßen im Blick zu halten und sie in ihrer aufeinander bezogenen Resonanz zu verstehen.[6]

Die innere Triade steht für die Qualität der sozioemotionalen Beziehung zwischen Beraterin, Team und Organisation. Die äußere Triade kennzeichnet die Qualität der Kontraktierung und Verankerung der Supervision und ihrer Ergebnisse innerhalb der Strukturen der Organisation.

Zur äußeren Triade haben wir im vorangegangenen Kapitel argumentiert. Teamberatung wird ihre Kraft nicht entfalten, wenn die Beraterin es versäumt, das Beratungssetting im Hinblick auf die Professionellen, die Teamleitung und die Arbeitsaufgabe des Teams triadisch zu begründen. Die potenzielle Kraft dieses organisationalen Dreieckskontraktes kann sich umso besser entfalten, je mehr es den

---

6 Die schematische Aufteilung eines inneren und äußeren Prozessaspekts ist komplexitätsreduzierend. Tatsächlich ist beides eng aufeinander bezogen. Der innere Prozess ist nie ohne Weltbezug. Er kann nur aus der Welt heraus und in seinen Verwicklungen mit der äußeren Wirklichkeit verstanden werden.

Akteuren im Beratungssystem – und dabei zuallererst den Beratern – gelingt, die dafür notwendige Mehrdimensionalität des Erlebens und Verstehens innerlich zu leisten und auszuhalten. Diese innere Triangulierung ist vor allem ein psychischer Prozess. Es hängt sicherlich mit der psychodynamischen Lebendigkeit der inneren Triaden zusammen, wenn wir im Folgenden vor allem auf Denkfiguren aus der Psychoanalyse Bezug nehmen. Es geht uns unter diesem spezifischen Blickwinkel um die psychodynamische Selbstreflexion der Berater. Die Bedeutung der arbeits- und organisationssoziologischen Seite der Teamberatung soll damit in keiner Weise relativiert werden. Genauso wenig geht es uns um eine Verabsolutierung der Beraterintrospektion. Am Ende dieser Gasse läuft man Gefahr, bei der Illusion zu landen, es bräuchte nur ausreichend Eigenreflexion der Berater und schon sei der Erfolg der Beratung sicher. Auch das wäre eine grandiose Überhöhung unserer Bedeutung. Es geht uns um die Würdigung der Beratersubjektivität als wichtigem Mosaikstein in der Dynamik von Beratungsprozessen. Nicht mehr und nicht weniger.

Ein triadischer Raum entsteht – räumlich-modellhaft gesprochen –, wenn sich die innere und äußere Dreieckskonstellation in der Beratung ins Dreidimensionale verschiebt – und damit einen quasi pyramidalen Raum aufzieht. Die Idee der Räumlichkeit ist uns wichtig, da sie die Vorstellung eines *Spielraums* erleichtert, in dem Bewegung möglich ist.

Die folgende Abbildung 2 soll dies veranschaulichen. Der Berater setzt sich ins Verhältnis zu der für die Teamberatung grundlegenden Triade: Dem Team, dessen Klienten und der Organisation innerhalb derer sich das Team bewegt. Der gestrichelte Pfeil veranschaulicht die Pendelbewegung der Beraterin im Spektrum zwischen Eintauchen ins System und erneuter Distanzierung, die den Beratungsraum konstituiert.

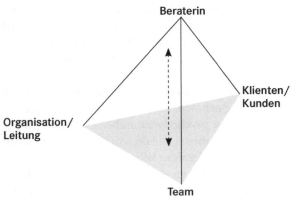

Abbildung 2: Triadischer Raum

Beraterinnen tragen in ihrer Arbeit dazu bei, diese Räume auszudehnen und zu weiten. Der triadische Raum ist anfällig für Irritationen. Selbst wenn er sich ein Stück weit geöffnet hat, kann er sich jederzeit wieder verengen oder in Krisen auch wieder weitgehend zusammenbrechen. Zu diesen Krisen später mehr.

Die äußere Triade bezieht sich in der Regel auf gut symbolisierbare Dimensionen. Beispielsweise den explizit formulierten Beratungskontrakt oder die Frage, ob das Ergebnis einer Supervisionssitzung – etwa eine Fallberatung – von vielen Beteiligten als hilfreich und förderlich erlebt wird. Die innere Triade kreist eher um sozioemotionale Beziehungsphänomene in der Zusammenarbeit. Also beispielsweise die Frage, ob die Zusammenarbeit als angstarm, relativ frei und unbefangen oder eben blockiert und widerständig erlebt wird.

Um den triadischen Spielraum zu erschließen, sind schematisch gesprochen zwei Bewegungen notwendig: Es geht zunächst um eine Annäherung. Kontakt muss hergestellt werden. Wenn wir nicht in Kontakt sind, gibt es nichts, wovon wir uns distanzieren können. In einem zweiten Schritt versuchen wir, wieder eine distanziertere Perspektive einzunehmen – wohlweislich ohne den Kontakt dabei völlig aufzugeben. Berater sind »institutionell Betroffene und sich wieder Distanzierende« (Gotthardt-Lorenz, 2014, S. 35).

Die mitunter turbulenten psychischen Anforderungen in der

Triade können gut durch Dynamiken der frühkindlichen Entwicklung veranschaulicht werden:

Jessica Benjamin (2010) beispielsweise hat im Rahmen ihrer interaktionell-psychoanalytischen Entwicklungstheorie zwei Aspekte frühkindlicher Dreiecksverhältnisse beschrieben: Sie spricht von der »Gemeinschaft im Dritten« (S. 76) und vom »Dritten in der Gemeinschaft« (S. 75), die eng miteinander verwoben und dennoch verschieden sind.

Benjamin geht von zwei unterschiedlichen Funktionen der Triangulierung aus: »auf der einen Seite eine harmonische Einstimmung (die ›Gemeinschaft im Dritten‹), auf der anderen Seite Differenzierung und Containing[7] (das ›Dritte in der Gemeinschaft‹)« (S. 76).

Die Gemeinschaft im Dritten – also der aufeinander eingestimmte bzw. synergetische Teil der Beziehung – gründet auf dem »Prinzip der Affektresonanz, das Mutter und Kind miteinander verbindet und sich buchstäblich in der symbiotischen Einheit (vorsprachlich) konstituiert« (S. 76).

Gemeint ist also die grundlegende Fähigkeit, miteinander anschlussfähig zu werden und sich resonant aneinander anzupassen. Bemerkenswert für unseren Zusammenhang ist, dass diese sehr frühe, vorsprachliche Zweierbeziehung zwischen Mutter und Kind durchaus bereits triadisch gedacht wird. Mutter und Kind sind dabei noch nicht auf ein äußerlich erfahrbares oder symbolisiertes Drittes bezogen, wie es beispielsweise der Vater oder Aspekte der gegenständlichen Welt repräsentieren könnten. Benjamin begreift vielmehr den Zustand der Verbundenheit selbst als dritte Instanz, auf die sowohl Mutter als auch Säugling aktiv gestaltend bezogen sind. Die Gemeinschaft im Dritten beschreibt also einen Zustand, in dem zwei Subjekte insofern in einem Dreiecksverhältnis stehen, dass sie

---

7   Der Begriff geht auf den englischen Psychoanalytiker Bion zurück, der darunter Folgendes versteht: Der Berater bzw. Supervisor ist der Container, der zuerst alles Unverstandene, Unverdaute des Supervisanden aufnimmt, bevor der Berater es ihm in einer verdaubaren und verträglichen Weise in seinen Interventionen zurückgibt.

beide auf die Vorstellung eines einhüllenden Kokons des sensorisch aufeinander eingeschwungen Seins bezogen sind.[8]

Dem stellt Benjamin einen anderen – entwicklungspsychologisch später ausreifenden – Aspekt der Triangulierung zur Seite: das Dritte in der Gemeinschaft. Hier geht es um den eher differenzierenden, abgegrenzten Teil, der den triadischen Raum deutlicher ins Dreidimensionale weitet. Die Psychotherapeutin Benjamin bezeichnet damit die »Fähigkeit, innerlich seiner selbst gewahr zu bleiben und die Spannung auszuhalten, die sich daraus ergibt, dass sich die eigenen Bedürfnisse von denen des Patienten unterscheiden, während man auf ihn eingestimmt bleibt – diese Fähigkeit bildet die Grundlage für das, was ich […] das ›Dritte in der Gemeinschaft‹ nenne« (Benjamin, 2010, S. 75).

Als Beispiel führt Benjamin eine Mutter an, welche die Gewissheit behält, dass der kindliche Schmerz vorübergeht, obwohl sie mit ihm identifiziert ist. Sie erschöpft sich nicht nur nächtelang in ihrer Hinwendung zu den Bedürfnissen des Säuglings, sondern sorgt auch für ihre eigenen, vom Säugling verschiedenen Bedürfnisse.

Der verbindende erste Pol der *Gemeinschaft im Dritten* fordert die Kompetenzen der Beteiligten in Hinsicht auf die gegenseitige Identifizierung und Anerkennung. Gleichzeitig strapaziert er die immer auch vorhandenen schizoiden Ängste vor dem Verschlungenwerden und der Selbstaufgabe.

Der differenzierende Pol des *Dritten in der Gemeinschaft* fordert die Kompetenzen zu bezogener Abgrenzung und rührt an die Angst vor dem Ausgeschlossenwerden und die Differenzierungsängste, sich schuldig zu machen, bzw. böse und verletzend zu sein.

Hier scheint das von Rey (1994) beschriebene »agoraphob-klaustrophobe Dilemma« (S. 194) auf, in dem wir uns unausweichlich befinden. Der Berater oszilliert fortlaufend zwischen dem ausgeschlossenen und eingeschlossenen Pol und ist gleichermaßen mit seiner Isolationstoleranz und seiner Bereitschaft, sich wirklich einzulassen, gefordert. Diese vielschichtige Triangulierung ist inso-

---

8   Ogden (2006, S. 30 ff.) spricht hinsichtlich dieses ersten Dreiecksverhältnisses nach der Geburt vom »autistisch-berührenden Modus der Erfahrungsbildung«.

fern paradox, als sie gleichzeitig verbindet und trennt. Es geht um eine Gleichzeitigkeit von Trennung und Bindung (vgl. Tietel, 2002, S. 62).

Die enge Verwobenheit – aber auch den gewissen Vorrang der Gemeinschaft im Dritten beschreibt Benjamin – in Hinblick auf die Psychoanalyse folgendermaßen:

»Ich behaupte, dass wir das ›Dritte in der Gemeinschaft‹ mit dem Patienten brauchen (denn uns mit ihm eins zu fühlen, wenn das Dritte fehlt, ist gefährlich), ich behaupte aber auch, dass diese Form der Triangulierung ohne ihre Kehrseite, die ›Gemeinschaft im Dritten‹, nicht richtig funktioniert. Damit sich die positiven Aspekte des beobachtenden Dritten entfalten können, müssen wir mit dem Patienten zutiefst identifiziert sein. […] Wenn sich der Patient in der Innenwelt des Analytikers nicht sicher aufgehoben fühlt, wird er das Dritte in Gestalt der analytischen Beobachterposition als eine Schranke erleben, die ihm den Zugang zu dieser Welt versperrt – eine Erfahrung, die in ihm Gefühle der Unterwürfigkeit, Hoffnungslosigkeit und Niedergeschlagenheit auslöst oder zu narzisstischer Kränkung und Wut führt« (Benjamin, 2010, S. 85).

Die Entfaltung des triadischen Raumes wird durch die Kombination von Anschlussfähigkeit und Isolationstoleranz der Beteiligten – nicht nur der Beraterin – unterstützt. Gelingt sie, so entsteht ein *Möglichkeitsraum* im Sinne Donald Winnicotts. Winnicott spricht auch vom Übergangsraum, intermediären Raum, Zwischenraum oder Spielraum. Heltzel weist auf eine Stelle hin, in der Winnicott den triadischen Raum zwischen Mutter und Kind sinnbildlich als »intermediären Spielplatz« bezeichnet (Heltzel, 2012, S. 106). Tatsächlich haben triadische Räume im Gelingensfall eine spielerische sozio-emotionale Qualität. Es sind die Räume jenseits von Richtig und Falsch, des *Sowohl-als-auch* anstelle des *Entweder-oder,* der vielschichtigen Uneindeutigkeit in Abgrenzung zu eindimensional verkürzender Klarheit. Heltzel beschreibt diesen Zustand auch als Raum zwischen Realität und Fantasie, zwischen Innen und Außen, zwischen Ich und Nicht-Ich (vgl. Heltzel, 2012, S. 106). Triadische Räume unterstützen Zustände angstarmer Beweglichkeit, in der sich Standpunkte und Positionen lockern und Entwicklung möglich wird.

Im entfalteten triadischen Raum dominieren Bewegungsfreiheit, gelassenes Gewahrsein von Ambivalenz und die Erfahrung des Getrenntseins bei gleichzeitiger Verbundenheit.

Wenn der triadische Raum nachhaltig gestört wird und zusammenfällt, liegt Stagnation und – unter Druck – auch Eskalation nahe. Dann dominieren unter Umständen »Spaltungen, Verfolgungsängste und Vernichtungswünsche, Verletzungen bis ins Mark- und Schuldvorwürfe« (Heltzel, zitiert in Tietel, 2002, S. 50). Spaltungsprozesse werden aktiv als Abwehrfunktion eingesetzt. Einmal als böse und bedrohlich erlebte Objekte werden anhaltend als böse und bedrohlich festgeschrieben.

Ist der triadische Raum eher an seinem eingeschlossen-verbindenden Pol – also der *sozialen Haut* in Tietels Verständnis – gestört, so kann das bei den Betroffenen im System starke diffuse Angst und passiv erlebte Hilflosigkeit auslösen (vgl. Tietel, 2002, S. 55).[9]

4.2 Intersubjektivität und Verwicklung gehören dazu

Will man diese in der Sphäre der Psychoanalyse entwickelten Denkfiguren für das Feld der Teamberatung nutzbar machen, so ergeben sich aus unserer Sicht wertvolle Anregungen:

– Arbeitsbeziehungen in der Beratung sind grundlegend interaktionell zu verstehen. Sie sind kokreative Prozesse in gemeinsamer Verantwortung. Die Verantwortung und Kompetenz der Supervisorin liegt vor allem in der selbstreflexiven Bearbeitung der eigenen Anteile. Störungen in der Arbeitsbeziehung gründen mit hoher Wahrscheinlichkeit auch auf einer widerständigen Verwicklung des Beraters. Darauf hat Thea Bauriedl (1994) bereits vor Langem hingewiesen, als sie den Stellenwert von Beraterwiderständen hervorhob. Die Subjektivität von Beraterinnen ist unhintergehbar an allem beteiligt, was im Beratungsprozess geschieht. Dabei greift es zu kurz, die subjektive Beteiligung des Beraters einseitig als Spiegel- bzw. Resonanzphänomen oder als

---

9   Tietel verweist auf die Analogie zu den von Ogden (2006) in der Tradition Melanie Kleins beschriebenen frühkindlichen Entwicklungsstufen eines autistisch-berührenden, paranoid-schizoiden, und depressiven Erfahrungsmodus in Beziehungen.

Gegenübertragung zu werten. Tatsächlich überträgt der Berater auch auf seine Klienten, und die inneren Prozesse der Beraterin spiegeln sich im Klientensystem. Diese Dinge werden nicht weniger herausfordernd, wenn wir in Rechnung stellen, dass sie auch dem Berater über weite Strecken unbewusst sind. Absolute Voraussetzung für deren Entschlüsselung ist es allerdings, die damit verbundenen ängstlichen, ärgerlichen, gelangweilten oder schamhaften Affekte oder auch des übertriebenen bzw. besonders zurückgenommenen Engagements in sich wahrzunehmen und nicht technisch abzuwehren.

Wir haben in der Vergangenheit einen Schwerpunkt auf die Beachtung organisationsstruktureller und den äußeren Kontrakt betreffender Aspekte triadischer Arbeitsbündnisse gelegt. Der Fokus lag sozusagen auf der Kundenseite. Vielleicht ist es an der Zeit, den subjektiven Beitrag der Berater zukünftig genauer zu untersuchen und zu beachten. Auf jeden Fall laden sowohl die Tendenz zur Subjektivierung von Arbeit – der sich ja auch die Beraterinnen nicht entziehen können – als auch ein interaktionell verstandenes Konzept der Triangulierung zu einer Höhergewichtung der Beratersubjektivität ein. Den »Winkel zu halten« (Bauriedl) ist schwere innere Arbeit. Es wird darum gehen, die damit verbundenen Ängste und Konflikte mehr als bisher im fachlichen und kollegialen Gespräch zur Sprache zu bringen – bzw. erst mal eine Sprache für diese Prozesse zu finden.

– Alle am Beratungssystem einer Teamsupervision beteiligten Akteure oszillieren zwischen einer ausgeschlossenen und eingeschlossenen Position. Sie stehen anhaltend im »agoraphob-klaustrophoben Dilemma« (Rey, 1994). Die »triadische Grundangst« (Pühl, 1997) erschöpft sich nicht in der Angst ausgeschlossen zu sein. Gleichwertig steht ihr die Angst, absorbiert bzw. »verschlungen« zu werden, gegenüber. Zumindest bei uns wirken die schizoiden Ängste uns überhaupt einzulassen, häufig stärker als die Not, die Isolationsangst zu ertragen. Es könnte sein, dass die Angst sich einzulassen im bisherigen Diskurs unterschätzt wurde.

– Krisen und unbewusste Verwicklungen in Beratungen sind unvermeidbare Begleiterscheinungen im Prozess des sich Einlassens. Das Auftreten von Krisen, Verwicklungen und Unsicherheiten im Beratungsprozess ist keine Fehlentwicklung, sondern unvermeidliches Prozesselement entwicklungsorientierter Beratung. Zwiebel bezeichnet derartige Krisen und Verwicklungen für die psychoanalytische Arbeit als »problematische Situationen« (Zwiebel, 2007, S. 89 ff.), die als Herausforderungen zu verstehen sind, den triadischen Raum zu schützen und weiterzuentwickeln. Zugespitzt kann gesagt werden, Beratung beschreibt den Bogen von der Kontaktaufnahme, über die verwickelte Bedrohung und Gefährdung eines stabilen triadischen Raumes, und dann – im Gelingensfall – dessen Wiederherstellung und Stabilisierung. Die Eröffnung und gegebenenfalls erneute Stabilisierung des triadischen Raumes nach schwierigen Phasen und problematischen Situationen ist gleichbedeutend mit dem Gelingen des Arbeitsbündnisses. Verwicklung des Beraters ist keine kunstfehlerhafte Ausnahme in der Teamberatung, sondern der Normalfall, mit dem verantwortlich umgegangen werden muss. Die Frage ist nicht mehr, ob sich der Berater verwickelt, sondern wie genau er dies tut. Es geht darum, den technisch-intervenierenden Teil der Rolle mit deren selbstreflexiv-beziehungssensiblen Teil fortlaufend zu balancieren.

4.3 Beraterängste

Berater können sich in diesem Verständnis von jeder Hybris des souveränen Funktionierens verabschieden. Sie sind am interaktionellen Prozess mit ihren bewussten und unbewussten Beiträgen und auch als verletzliche und angstbedrohte Subjekte beteiligt. Georges Devereux (1992) hat in einem bereits 1967 erstmals erschienenen grundlegenden Werk »Angst und Methode in den Verhaltenswissenschaften« zur Rolle der Angst in sozialwissenschaftlichen Erkenntnisprozessen argumentiert. Anknüpfend an Devereux gehen wir davon aus, dass auch die Wahrnehmung und Interventionsneigung von Beratern durch ihre Angststruktur ausgelenkt ist.

Die Angst, die Beraterinnen in ihrer Arbeit erleben, ist hochbegründet, sind sie doch fortlaufend in ihrem persönlichen Spielraum und ihrer professionellen Identität bedroht und infrage gestellt. Die innere Verarbeitung der im Beratungsprozess beim Berater entstehenden Ängste, Hemmungen und Identitätskrisen ist grundlegend für das Gelingen des Arbeitsbündnisses. Berater sind zwangsläufig auch gehemmt, gekränkt, korrumpiert. Ralf Zwiebel (2007, S. 130 ff.) hat für die Psychoanalyse beschrieben, wie der Analytiker mit allen Ebenen seines Selbst im analytischen Prozess beteiligt und auf all diesen Ebenen störbar und in seiner Kompetenz, innere Triaden zu halten, bedroht ist.

Zwiebel differenziert dabei den Analytiker mit seinem konfliktdynamischen, seinem persönlichkeitsstrukturellen und seinem professionellen Identitätshintergrund und spricht dann jeweils vom konfliktdynamisch »gehemmten«, vom strukturell »verletzten« oder in seiner Identität »vom Verschwinden bedrohten« Analytiker (S. 130).

Diese Denkfiguren sind weitgehend auf Beratung in Arbeitskontexten übertragbar. Gerade Teamsupervisionen fordern uns mit Haut und Haaren. Berater erleben im Beratungsprozess Einengungen, die mit ihrer persönlichen Konfliktdynamik korrespondieren. Sie erleben teilweise massive Kränkungen und Verletzungen, die ihre psychische Integrität und Unversehrtheit bedrohen. Last not least geraten sie hinsichtlich ihrer beruflichen Identität ins Schwimmen oder sind in ihrer Zugehörigkeit zur professionellen Community verunsichert. Dies umso mehr, als die Rollenidentität von Beratern in Arbeitskontexten – mehr noch als bei Psychoanalytikern – eine eher »weiche Identität« (Zwiebel, 2007, S. 193) ist, die nicht immer klar zu bestimmen ist.

Die innere Arbeit der Beraterin umfasst also auch den Umgang mit der Einengung ihres Spielraums und Freiheitserlebens durch im Beratungsprozess aktualisierte Kränkungen und Hemmungen sowie die selbstreflexive Stabilisierung des professionellen Identitätserlebens. Dies berührt einerseits psychologische Charakterstrukturen, die in jedem konkreten Beratungsprozess erneut strapaziert werden. Andererseits sind immer auch Aspekte der Berateridentität und der Vernetzung des Beraters in der professionellen Community berührt, die sich gedeihlich oder einschränkend auf die innere Stabilität und den Spielraum des Supervisors auswirken.

In Anlehnung an Ralf Zwiebel (2007, S. 156 ff.) sprechen wir in den folgenden Abschnitten vom gehemmten, verletzten und vom Verschwinden bedrohten Berater, um mögliche Angstdynamiken auf

einer Konfliktebene, einer strukturellen Ebene und auf der Ebene
der Berufsidentität zu veranschaulichen. Diese Angstdynamiken
sind keineswegs reine Innerlichkeitskategorien. Sie entfalten sich –
beim Eintritt des Beraters in das organisationale Feld der Teamsupervision – als Wechselspiel von organisationaler Dynamik und
Psychodynamik.

Der gehemmte Berater: Im konfliktdynamischen Fokus wird akzentuiert, dass Berater in ihrer Arbeit mit ihren persönlichen (neurotischen) Konflikten in Kontakt kommen. Diese beeinflussen ihre
Wahrnehmungs- und Interventionsneigung. Die zentralen Konflikt-
felder sind vor allem die guten alten Bekannten unter den Ambivalenzen des Lebens: Selbstwertkonflikte, Konflikte um Autarkie und
Versorgung, um Autonomie und Abhängigkeit, bzw. um Kontrolle
und Unterwerfung (vgl. etwa Arbeitskreis OPD, 2006, S. 95 ff.). Die
Aktualisierung dieser Konflikte macht sich auch in der beraterischen
Arbeit als »Hemmung« bemerkbar, die einer Kompromissbildung
dient. Besonders hilfreich an Zwiebels Arbeit ist sein Hinweis, dass
die psychodynamischen Konflikte eng mit dem »technischen Pol«
(Zwiebel, 2007, S. 157) – also der handwerklichen Seite der professionellen Arbeit interagieren. »Ich postuliere damit also eine enge
Verzahnung zwischen persönlichen und technischen Konflikten,
die üblicherweise kompromisshaft ausbalanciert werden und nicht
notwendigerweise zu länger andauernden Störungen der inneren
Arbeitsweise führen müssen« (S. 157).

Die Beratung eines Vertriebsteams eines mittelständischen produzie-
renden Unternehmens der Elektroindustrie war auf Empfehlung einer
befreundeten Kollegin des Beraters (KO) zustande gekommen – die
wiederum mit einem Mitglied des zu beratenden Teams befreundet
war. Diese Konstellation setzte mich als Supervisor von Anfang an unter
beträchtlichen Bewährungs- und Selbstwertstress. Unglücklicherweise
zeigte sich das in den Empfehlungskontext freundschaftlich verwickelte
Teammitglied mir gegenüber von Anfang an als durchaus kratzbürstig
und streitlustig – vielleicht um seinerseits kompromissbildend mit dem
Verantwortungsstress der von ihm zu verantwortenden Empfehlung
umzugehen. Das Gerangel offenbarte sich an anhaltenden Differenzen

um den äußeren Rahmen der Beratung (Zeitfenster, Teilnehmerkreis etc.). Der bei mir aufsteigende Ärger wurde von mir geflissentlich unterdrückt, vordergründig um die Beziehung nicht weiter zu belasten. Stattdessen entfaltete ich ein mir persönlich durchaus bekanntes Muster, aufsteigenden Ärger reaktionsbildend in besondere Freundlichkeit zu verwandeln. Dabei verletzte ich eine Reihe mir ansonsten wertvoller technisch-handwerklicher Grundsätze, den Rahmen der Beratung aber auch eine annähernd gleiche Verteilung meiner Aufmerksamkeit im Team betreffend. Was aus der retrospektiven Distanz betrachtet nicht überraschen mag: Ärger und Feindseligkeit des von mir in meiner Versagensangst so herausgehobenen Kollegen besänftigten sich dadurch keineswegs. Im Gegenteil: Die Beziehung schien zunehmend zu eskalieren, je mehr ich in versagensängstlichen Aktionismus geriet. Auf der Konfliktebene waren also Selbstwertkonflikte und ein schon nach kurzer Zeit entfalteter Bindungs-Autonomiekonflikt wirksam, unter deren Druck ich mich in meiner handwerklichen Bewegungsfreiheit rigoros einschränkte. Eine Verbesserung der Arbeitsatmosphäre in der Beratung trat erst ein, nachdem ich die Kraft gefunden hatte, die privilegierte Beziehung zu dem betreffenden Kollegen offen anzusprechen. Spannenderweise wurde in einer späteren Phase dieser Beratung die Beziehung des betreffenden Kollegen zum Teamleiter als scheinbar privilegierte Beziehung bearbeitet. So gesehen kann man die Verwicklung des Beraters auch als frühe Spiegelung der Teamdynamik verstehen.

Das Beispiel ist in vielerlei Hinsicht ein Klassiker: Der Wunsch, ›besonders gut sein zu wollen‹, ist ein ziemlich sicheres Indiz für eine Verwicklung des Beraters. Dieser Wunsch will analysiert und besänftigt sein, um nicht ins Gegenteil des Intendierten – nämlich in Unfreiheit und daraus resultierenden Qualitätsmängeln umzuschlagen. Unbewusstes Agieren von Beratern stellt sich immer dann ein, wenn professionelle Wünsche – die auf die Qualität der beraterischen Arbeit bezogen sind – unbemerkt von einer Dominanz persönlicher Wünsche überwuchert werden. Um das Ausmaß neurotischer Hemmung in ihrer Arbeit überschaubar zu halten, sollten Beraterinnen ihre lebensgeschichtlich erworbenen Präferenzen im Umgang mit Selbstwertkonflikten, Autonomie-Abhängigkeits-Konflikten, Autarkie-Versorgungskonflikten und Kontrollkonflikten kennen. Die emo-

tionalen Indikatoren für deren Aktualisierung – vor allem Ärger,
Scham und Schuldgefühle sollten weder spontan agiert noch unterdrückt, sondern zur Analyse der aktuellen Situation genutzt werden,
was deren reflektierte Wahrnehmung voraussetzt.

Der verletzte Berater: Bei diesem Aspekt geht es um die naheliegende Angst, in der Beratungsarbeit in Situationen zu geraten, die
den Berater emotional überfluten und damit in seiner Bewegungsfreiheit beeinträchtigen. Wir stellen unseren Klienten im Sinne des
Containment einen inneren Raum zur Verfügung, der empfindsam
und verletzlich ist. Auch Zwiebel hebt hervor, dass die gelungene Entfaltung dieses intersubjektiven Raums als größerer »Spiel- und Frei-
raum« (Zwiebel, 2007, S. 177) erlebt wird. Gleichzeitig werden wir als
Berater damit auch zum Behälter schwer verdaulicher Inhalte. Wir
kommen dann mit Erlebensräumen in Kontakt, die wir bisher vielleicht – lebensgeschichtlich oder auch in der Geschichte des jeweiligen Beratungsprozesses – unzureichend verarbeitet haben. Dies kann
uns zumindest zeitweilig aus der Rolle werfen und in unserer Kapazität einschränken, unsere Arbeit zu tun. Die Quellen für solch tiefe
emotionale Verunsicherungen können nicht immer klar ausgemacht
werden. Am wahrscheinlichsten ist, dass sie von bestimmten Aspekten der Klientendynamik oder aber auch durch eine Anrührung der
verletzlichen Seiten des Persönlichkeitskerns des Beraters herrühren.
Zwiebel ordnet diese Angstebene der Strukturebene der Persönlichkeit zu.[10] Hier »werden stärker die innere Welt mit ihren inneren
Objekten in ihrer Beziehung untereinander, die Bedeutung der intrapsychischen unbewussten Phantasien, vor allem aber auch die Rolle
der unbewussten, affektiven Kommunikation, wie sie vor allem in
Form der normalen und pathologischen projektiven Identifizierung
beschrieben wird, beachtet und konzipiert« (Zwiebel, 2007, S. 171).

In der Supervision des Teams einer stationären Rehabilitationseinrich-
tung für drogenabhängige Menschen kommt es zu einer lähmenden
Versackung der Atmosphäre, von der auch ich (KO) als Supervisor
gepackt werde. Mir und dem Team fällt es schwer, überhaupt zu spre-

---

10 Zum Strukturbegriff vgl. beispielsweise Rudolf (2004)

chen. Es dominiert ein Gefühl der Lähmung ohne besondere affektive Färbung. Ich stecke in einem Gefühl der Ausweglosigkeit verbunden mit der aufkeimenden Angst, die supervisorische Arbeit nicht weiter ausüben zu können. Ich bin mit dem Gedanken beschäftigt, die Sitzung vorzeitig zu beenden und zu fliehen. Diesem Impuls nachzugehen, verbietet ein Pflichtgefühl, die Situation jetzt aushalten zu müssen. Das Gefühl der Unbeweglichkeit und Inkompetenz bleibt bis zum Ende der Sitzung bei mir. Als das Ende der Sitzung erreicht ist, erlebe ich dies in einer Mischung aus Befreiung und Scham darüber, jedwede professionelle Sicherheit verloren zu haben. Im ersten Teil dieser bemerkenswerten Sitzung hatte das Team berichtet, es habe in der Patientengruppe – mit der seit Wochen kein gutes Arbeitsbündnis bestanden habe – eine Serie von Drogenrückfällen gegeben. Als es den Patienten nicht mehr möglich gewesen sei, den im Kontext der Einrichtung untersagten Drogenkonsum zu verheimlichen, sei das Team mit einer bisher unbekannten Schärfe gegen die Patienten vorgegangen. Man habe inquisitorische Befragungen durchgeführt und rigorose Entlassungen aus der Behandlung veranlasst. Das Team fühle sich entlastet, sei aber erschrocken über die aggressiven Strafimpulse, die mit ihnen durchgegangen seien. Erst mit der vierwöchentlichen Distanz bis zur nächsten Sitzung – die ich für eigene Kontrollsupervision nutze – konnten ich und das Team die Sprache zurückgewinnen. Das Phänomen der Lähmung erschien im Gespräch plausibel als Folge eines (selbst-)zerstörerischen Anteils, der von der Patientengruppe im Sinne der projektiven Identifizierung an das Team verschoben wurde. Das Team scheint diesen Impuls quasi fremdgesteuert agiert zu haben und fühlte sich entsprechend entfremdet und schuldig. Dazu kommen Facetten, die eher dem organisationalen Kontext zuzuordnen sind: Das anhaltende, betriebswirtschaftlich notwendige Ringen um die Gewinnung von Patienten, und die Anstrengung diese auch zu halten, konstelliert eine Zwickmühle, wenn es darum geht, sich von Patienten konflikthaft abzugrenzen. Schon in den davorliegenden Wochen hatte das Team die konflikthafte Auseinandersetzung mit den Patienten vermieden, um keine Behandlungsabbrüche zu provozieren. Schließlich hatte sich die Szene dennoch in einer Weise entwickelt, in der sich die Aggression der Behandler vielleicht verspätet Bahn brach – zum Preis diverser Entlassungen und der dazugehörigen wirtschaftlichen

Einbußen. In diesen und anderen Perspektiven konnte die stattgehabte Lähmung in der Supervision für das Team doch noch eine gewisse klärende und perspektivisch handlungsleitende Evidenz entwickeln. Aber was hatte mich so aus der Rolle geworfen, mich stumm und in gewisser Weise verrückt werden lassen? Zum einen gab es sicherlich einige konfliktdynamische Verwicklungen im Sinne des vorhergehenden Abschnitts. Ich hatte – spiegelbildlich zur Dynamik zwischen Team und Patienten – in den vorhergehenden Sitzungen einen gewissen Ärger über einige Zurückgenommenheiten des Teams bei mir übergangen. Jetzt wo das Konflikthafte zwischen Team und Patienten so offen lag, hinkte ich dem Prozess in gewisser Weise etwas hinterher. Darüber hinaus waren aber vermutlich auch empfindsame Teile aus meiner persönlichen Kernsphäre verletzt. Meine Überlegungen gingen zumindest in Richtung von Sphären frühkindlicher Aggression – die in meiner Lebensgeschichte nicht immer ausreichend Halt gefunden haben. Einer Unwucht also, die es mir in der beschriebenen Szene schwer gemacht haben könnte, die Aggression, die mit dem Team durchgegangen war, ausreichend zu halten. Ich musste zunächst meinen Widerstand überwinden, mich dieser Aggression unbefangen zuzuwenden, um wieder hilfreicher Gesprächspartner werden zu können.

In unserem Verständnis ist ein derartiges zeitweises Versagen der klärenden Kraft der Supervision kein Beinbruch, solange es gelingt, Lähmungen wieder gemeinsam zu überwinden. Solche Erfahrungen können die Wucht der Dynamiken, die in Arbeitskontexten wirken, gut veranschaulichen. Das in einen solchen Strudel hineingeraten und sich wieder herausarbeiten wird – so auch in dem skizzierten Fall – von Teams nicht immer als schön, aber doch als nachhaltig lehrreich erlebt. Die beschriebene Teamsupervision stand in der Folge zumindest noch längere Zeit unter dem durchaus gedeihlichen Motto: »Wohin mit der Aggression?«

Es ist naheliegend, dass Supervisorinnen besonders anfällig für potenziell überflutende Ängste sind, wenn sie in der Gefahr stehen, ihre Grenze im Kontinuum von sich einlassen und sich abgrenzen nicht flexibel handhaben zu können, und damit die Fähigkeit zum Containment einzubüßen. Zwiebel dazu in Hinblick auf die Psychoanalyse:

»Es ist meine These, dass es aufgrund der eigenen persönlichen und analytischen Entwicklung eine Angst vor dem Versagen der für die seelische Arbeit des Analytikers so wichtigen Containerfunktion gibt, die sich entweder mehr als Angst vor einer zu großen Durchlässigkeit der notwendigen psychischen Grenzen des eigenen inneren Raums darstellt (bis hin zum ›Aufweichen‹ oder dem Verlust der psychischen Grenzen) oder aber als Angst vor einer zu massiven, rigiden Panzerung und Verdickung der seelischen Grenzen, sodass ein hermetischer innerer Raum entstünde, von dem der Analysand ausgeschlossen bliebe, allerdings nur auf Kosten der eigenen, inneren Lebendigkeit des Analytikers. In beiden Fällen entwickelt sich kein intersubjektiver Raum, vorherrschend sind die bedrohlichen affektiven Vorstellungen der Vereinnahmungen oder aber des Ausgeschlossenseins und der Verlassenheit, und Nicht-Verstehen dominiert« (Zwiebel, 2007, S. 177).

Diese These ist ohne Abstriche für die Teamberatung zu übernehmen. Die entsprechenden Ängste der Beraterinnen können »eine Art Signalfunktion bekommen« (S. 177), wenn es darum geht, Gefährdungen der Arbeitsfähigkeit in der Beratung oder in der Arbeit des zu supervidierenden Teams zu registrieren und im Weiteren zu verstehen und einzuordnen.

Der vom Verschwinden bedrohte Berater: Diese ebenfalls bei Zwiebel (2007, S. 188 ff.) entlehnte Formulierung mag etwas theatralisch klingen. Was mit ihr zuspitzend auf den Punkt gebracht werden soll, ist die Angst des professionellen Beziehungsarbeiters, gegen grundlegende Basics seiner Profession zu verstoßen und damit sozusagen aus dem haltgebenden Nest zu fallen. Dies ist zum einen bedrohlich, weil sich die Beraterin außerhalb der Community ihrer Profession wähnt und unter Umständen nicht mehr in der gewohnten und notwendigen Weise auf deren Schutz und Unterstützung zurückzugreifen können glaubt. Die Beraterin scheint dann vor professionellen Ansprüchen zu versagen und kommt mit sich selbst ins Unreine. Um diese Angst zu vermeiden, liegt es für Berater gelegentlich nahe, mit einer gewissen rigiden Starrheit an sogenannten Standards festzuhalten, selbst wenn dies zu Lasten des Kontakts zum Kunden und der eigenen Kreativität geht. Zwiebel spricht »von einer basalen Angst

vor einer Veränderung des eigenen professionellen Selbstverständnisses [...] – von einer Versagensangst, den eigenen professionellen
Ansprüchen nicht genügen zu können, und einer damit verbundenen Angst vor einer beschämenden Selbstkonfrontation, die mit
der eigenen Verletzlichkeit und einem abgewehrten Mangelgefühl
verbunden ist« (Zwiebel, 2007, S. 189). Dies kann in Beratern einen
»Identitätswiderstand« (S. 190) mobilisieren, der den Kontakt zu den
Klienten irritiert. Für den Bereich der Psychoanalyse haben diverse
Autoren darauf hingewiesen, wie orthodoxe Strenge in den Berufs-
verbänden oder auch gewisse infantilisierende Rituale in den Aus-
bildungsgängen die Lust und den Mut zum kreativen Experimentie-
ren nachhaltig austreiben können (Fäh, 2012; Jaenicke, 2010). Nun
ist die Profession der Supervisorinnen vermutlich deutlich weniger kohärent entwickelt als die der Psychoanalytiker. Aber gerade
das kann ja verunsichern und den Druck erhöhen, an den wenigen
Standards, die den State of the Art markieren, schematisch festzuhalten. In unserem Verständnis haben Supervisoren auch in ihrem
Verhältnis zu ihrem Berufsstand eine grundsätzliche Ambivalenz
zu bewältigen: Die Vernetzung in kollegialen Zusammenhängen ist
überlebensnotwendig und im Zweifelsfall dennoch schwer genug
ins Werk zu setzen (Sanz, 2014). Gleichzeitig benötigt Supervision
den Spielraum des individuellen Kunsthandwerks und des individuellen Stils der jeweils einzigartigen Supervisorin. Rudolf Heltzel
(2012a, S. 173 ff.) hat im Übrigen sehr bewegend geschildert, welchen Mut es braucht, um mit vermeintlichen ehernen Grundsätzen
der Gemeinde zu brechen und welche Ängste damit verbunden sein
können. Die supervisorische Identität bleibt eine schwache Identität. Sie geht sinnvollerweise mit einer gewissen »Diffusität, Fragili-
tät, Unbestimmtheit« (Zwiebel, 2007, S. 200) einher. Es gehört zur
angstbewältigenden inneren Arbeit von Supervisoren, das professionelle Identitätsgefühl ohne Rückgriff auf dogmatische Verhärtung
in sich zu verteidigen, um nicht als Supervisor »zu verschwinden«.

In der Anfangsphase einer Teamsupervision in einem Jugendamt kann
ich (KO) mich dabei beobachten, wie ich mit einer deutlichen Ent-
schiedenheit für eine frühzeitige Einbeziehung des Teamleiters in den
operativen Supervisionsprozess werbe. Dies obwohl mir gerade die-

ser Leiter vorgeschlagen hatte, die Supervision zunächst ohne seine direkte Beteiligung durchzuführen. Die Teammitglieder zeigen sich durch mein missionarisches Werben für die Beteiligung des Leiters irritiert. Das Team erlebt innerhalb von drei Jahren die dritte Person auf der Leitungsstelle und auch der jetzige Leiter habe gerade angekündigt, das Team innerhalb von drei Monaten wieder verlassen zu wollen. Dennoch bleibe ich zunächst bei meiner fixen Idee und versuche meinen Standpunkt, durch akademische Erläuterungen zum professionellen Grundsatz des Dreieckskontrakts plausibel zu machen, was auf wenig Begeisterung stößt. Ich kann diesen Identitätswiderstand erst aufgeben, nachdem mir klar wurde, wie sehr ich selbst die Anwesenheit des Leiters – mit dem ich in einem anderen Kontext in der Vergangenheit gut kooperiert hatte – herbeisehnte und wie sehr ich mich jetzt von ihm sitzen gelassen fühlte. Auf dieser Grundlage wird es mir schließlich möglich, mich mit den Verlassenheitsgefühlen im Team zu verbinden und Empathie zu entwickeln und dennoch einen inneren sowie einen modifizierten äußeren Dreieckskontrakt zu halten.

Als Teamberater sollten wir in fürsorglichem und akzeptierendem Kontakt mit unseren Identitätsängsten und Identitätswiderständen bleiben. Auch unsere Kunden haben in Zeiten des beschleunigten Wandels, mit vielfältigen Verunsicherungen ihrer professionellen Identität zu tun, die dann zum Gegenstand der supervisorischen Arbeit werden. Vielleicht ist die Reflexion des Wandels der jeweiligen professionellen Rollenverständnisse in Organisationen heute eines der zentralen Herausforderungen an Teamberatung (vgl. Gotthardt-Lorenz, 2012, S. 9). Dies ist beispielsweise der Fall, wenn Sozialpädagoginnen in Teams der sozialen Arbeit ihr Rollenverständnis nicht mit den Anforderungen der Ökonomisierung und der damit neu erlebten Abhängigkeit von der Klientel in Einklang bringen können, oder wenn Mitglieder von Vertriebsteams in Handelsunternehmen ihr bisheriges Professionsverständnis als Beziehungsarbeiter im Interesse der Kundenbindung unter Druck sehen, wenn Vertriebswege zunehmend ins Internet verlagert und damit entpersönlicht werden.

Identitätsängste können – das sei hier angemerkt – natürlich aus anderen Ebenen gespeist werden. Sie liegen auch nahe, wenn wir in Organisationskulturen beraten, die sich deutlich von den Kulturen unterscheiden, in denen wir selbst sozialisiert sind. Katharina Gröning (2013) schlägt vor, das Bourdieu'sche Habitus-Konzept zu nutzen, um die Auswirkungen solcher Kulturdifferenzen zu reflektieren. »Jedes soziale Feld produziert, so Bourdieu, Unbewusstheit, die quasi gerinnt und zu Handlungsmustern, Rollen, Traditionen und Kulturen wird, die in den festen Sinnstrukturen des jeweiligen Feldes festgeschrieben sind und hier eine Art symbolischer Gewalt ausüben« (Gröning, 2013, S. 69). Für Bourdieu ist der Körper Träger des Habitus als sozusagen inkorporierter Kultur. Die Verunsicherung, die bei Supervisoren auftreten kann, wenn sie in Feldern arbeiten, die ihrer habituellen Selbstverständlichkeit fremd sind, kann beträchtlich sein. Und auch hier ist die Verunsicherung in aller Regel intersubjektiv.

Als in Kontexten der sozialen Arbeit sozialisierter Supervisor werde ich (KO) zu einer Teamsupervision in einem international tätigen Unternehmen der Finanzwirtschaft eingeladen. Ich ziehe mir meinen besten Anzug an und versuche, die habituelle Verunsicherung so gut es geht zu überspielen, was mir einiges an Spontaneität und Unbefangenheit raubt. Erst viel später im Prozess kommt zur Sprache, dass sich das Team sehr auf einige »kulturfremde Impulse« gefreut habe und diesbezüglich bisher eher enttäuscht sei …

Ein weiteres kurzes Beispiel illustriert habituelle Identitätsängste in einer anderen Dynamik:

Die Supervision in einer psychiatrischen Krankenhausstation vermittelt mir (KO) hinsichtlich der Kultur ein durchaus heimeliges Gefühl. Später im Prozess werden Themen relevant, die meine – aus der Perspektive des Teams – doch beträchtliche kulturelle Fremdheit berühren. Dazu gehören einiger Neid auf die berufliche Situation des Supervisors, der nach jeder Sitzung wieder das Weite suchen kann, eine auskömmliche Einkommenssituation zu haben und seine Arbeit mit Freude zu erledigen scheint …

Wieder mit Bezug auf Bourdieu macht Gröning deutlich, dass Reflexion immer die Bereitschaft zum riskanten sich zur Disposition stellen – eben auch mit der eigenen professionellen und kulturellen

Identität – voraussetzt. Dies betrifft Supervisoren und Supervisanden gleichermaßen. »Reflexivität heißt bei Bourdieu vor allem die Bereitschaft zum Bruch – vor allem zum Bruch mit sich selbst und auch zum Bruch mit jenen Institutionen, in denen man sozialisiert worden ist und denen man zugehört« (Gröning, 2013, S. 68).

Fassen wir vorläufig zusammen: Gerade in der Teamberatung, in der Supervisoren mit multiplen Übertragungen der Teammitglieder und der lebendigen Organisationsdynamik des ratsuchenden Systems konfrontiert sind, gibt es keine Chance, die Unschuld einer neutralen externen Position zu verteidigen. Um zur Entfaltung eines triadischen Möglichkeitsraumes beizutragen, brauchen Berater einen durchgängig zweifachen Blick: Es gilt, das Team und dessen Organisation wahrzunehmen und gleichzeitig den eigenen inneren Prozess zu beobachten. Das innere Erleben der Berater ist – ebenso zweifach – einerseits als Resonanzphänomen bzw. Gegenübertragung auf das ratsuchende System zu entschlüsseln. Andererseits bringt die Beraterin ihre eigene Subjektivität in den Beratungsprozess ein, die den Prozess der Beratung beeinflusst. Auch Spiegelphänomene sind keine Einbahnstraße. Subjektivität und Unbewusstes der Berater spiegeln sich im jeweiligen Beratungssystem. Oder anders ausgedrückt: Wenn Beraterinnen Veränderungen wünschen, so werden sie sich in jedem einzelnen Beratungsprozess selbst verändern müssen. Die Bearbeitung des Entwicklungswiderstands des Beraters ist ein lohnender Weg zur Überwindung von Stagnation in Teamberatungen.

4.4 Verwicklung oder Verstrickung?

Die subjektive Verwicklung des Beraters ist wie beschrieben unvermeidlich. Chance und Gefahr liegen hier nah beieinander. Das unbewusste Mitagieren führt Berater und damit auch das Beratungssystem näher an die Dynamik der Organisation heran. Gleichzeitig bedroht es das Arbeitsbündnis. »Das Mitagieren macht den Berater dem System vertraut (Reduktion von Fremdheit) und lässt ihn die Spielregeln (Do's and Dont's) des Kundensystems am eigenen Leib […] erleben« (Lohmer, 2012, S. 63). Mathias Lohmer plädiert deshalb für »ein mittleres Maß an Mitagieren […] – zu wenig ist Zeichen eines ängstlichen Sich-heraus-Haltens, zu viel Ausdruck von Verwicklung und Verstrickung« (S. 64). Wobei auch Letzteres durchaus förderlich sein könne, wenn es rechtzeitig erkannt und für die Weiterentwicklung des Beratungsprozesses genutzt werden kann. In diesem Zusammenhang plädiert Lohmer dafür, zwischen Verwicklung und Verstrickung zu differenzieren. Verwicklung beschreibe den unvermeidlichen und im Interesse eines guten Kontakts zum System auch wünschenswerten Grad des Angehörigwerdens. Die Beraterin lasse sich ins System ziehen und schaue sich sozusagen dabei zu, um die Verwicklung zu verstehen und die unbewusste Dynamik zu erahnen. »Verstrickung bezeichnet eine massivere Form des Mitagierens: Man beginnt handelnd, aber der eigenen Verstrickung nicht bewusst, auf das System Einfluss zu nehmen« (S. 64). Dies können durchaus einmalige Handlungen sein, die eine eindeutige Verletzung der Neutralität signalisieren, wie zum Beispiel eine unreflektierte persönliche Indiskretion des Supervisors gegenüber der Teamleitung. Viel häufiger zeigt sich Verstrickung allerdings in einer Vielzahl kleiner und kleinster Interventionen des Supervisors, in seiner Körpersprache, seiner Präferenz oder Abwehr bzgl. bestimmter Themen oder Personen. Diese Kleinstinterventionen spiegeln den unbewussten Prozess des Beraters im Kontakt mit der Organisation und können ganz allmählich und für die Beteiligten unmerklich zu Verstrickungen führen.

4.5 Kollusion und kolludierende Erfahrungswelten – eine mögliche Quelle für Krisen im supervisorischen Arbeitsbündnis

Gerade starke, lange Zeit unbemerkte Verstrickungen im Sinne Lohmers können in Teamberatungen zu massiven Krisen und zu anhaltender Stagnation führen. In Situationen, in denen scheinbar nichts mehr geht und sich Teams und Supervisorinnen gleichermaßen »schachmatt« gesetzt erleben.

Der Schweizer Psychoanalytiker Jürg Willi hat in seinem Konzept der Kollusion bereits 1975 sorgfältig herausgearbeitet, wie Liebespaare dazu neigen, sich vor dem Hintergrund eigener unerfüllter und unbewusster Wünsche miteinander zu verstricken. Werden diese Verstrickungen nicht aufgearbeitet, so kann dies durchaus zu unerwünschten Verläufen der Paarbeziehung führen, die in Trennung oder langem Unglück münden. Thea Bauriedl hat später in ihrem Konzept der Beziehungsanalyse auf Willis Gedanken zur Kollusion aufgebaut (Bauriedl, 1980, 1994). Uns erscheinen diese Konzepte immer noch hilfreich, um auch Verstrickungen in Beratungsbeziehungen besser zu verstehen.

Willi (2012) bezeichnet die Verstrickungen, um die es ihm geht, als Kollusionen. Sie sind durch folgende Aspekte gekennzeichnet:

– Kollusion ist das unbewusste Zusammenspiel von Partnern aufgrund eines gleichartigen, unbewältigten Grundkonflikts.
– Der gemeinsame Grundkonflikt wird in polarisierenden Varianten ausgestaltet.
– Kollusion begünstigt beim einen progressives, beim anderen regressives Abwehrverhalten, das als Selbstheilungsversuch verstanden werden muss.
– Das polarisierende Abwehrverhalten bewirkt Anziehung und dyadische Verklammerung in der beiderseitigen Hoffnung, vom Partner aus dem eigenen Grundkonflikt erlöst zu werden.
– Im Verlauf scheitert der kollusive Selbstheilungsversuch wegen der Wiederkehr der verdrängten, delegierten, externalisierten eigenen Anteile.

Für Teamberatungen erscheinen uns vor allem zwei der von Willi (2012)[11] beschriebenen Kollusionsmuster relevant:

Narzisstische Kollusion: Das gemeinsame unbewusste Thema in der narzisstischen Paarbildung liegt in der »den Partnern gemeinsamen Sehnsucht nach einer absoluten, idealen und durch nichts getrübten Symbiose« (S. 210). Die Idealvorstellung von Beziehung, die sich damit verbindet, mündet in der Formel: Lieben heißt Einssein. Dies hält die Partner nicht davon ab, sich die Unerreichbarkeit dieses Zustands durch fortwährende gegenseitige Enttäuschungen immer wieder deutlich zu machen. Grundlegend bleibt dennoch das Phantasma der widerspruchsfreien Verbundenheit als Abwehr der mit der Trennung und Verschiedenheit verbundenen Ängste. Der

---

11 Willi (2012) schildert darüber hinaus diverse andere Kollusionsmuster.

aktiv-progressive Narzisst liefert ein grandioses Ideal-Selbst. Der passiv-regressive, komplementärnarzisstische Teil der Beziehung steuert schwärmerische Bewunderung bei. Die Schwierigkeiten kommen zurück, wenn der schwärmerische Teil den Partner plötzlich doch als makelbehaftet, böse und rücksichtslos erleben muss. Der grandios-narzisstische Teil kommt in Konflikt, wenn er sich anhaltend auf das Durchhalten der Starposition eingeengt und verpflichtet fühlt.

Orale Kollusion: Die Partner sind in diesem Modus durch die unbewusste Leitlinie verbunden, dass sich »Liebe als pflegende Mutter-Kind-Beziehung ereignen sollte« (S. 211). Der Prototyp gelingender Liebe ist hier das Umsorgen und Umsorgtwerden. Komplementär können sich die Partner in einen konsequent versorgenden elterlichen Teil und einen regressiv bedürftigen Pflegling aufteilen. Das Drama nimmt seinen kollusiven Gang, wenn der versorgende Teil die zurückgedrängten eigenen Versorgungssehnsüchte nicht mehr verdrängen kann und den Partner als unersättlich und undankbar erlebt. Der regressive Teil hingegen wird seinen Versorger zunehmend auch als vorwurfsvoll und abweisend erleben. Beide beteiligten Seiten werden in der Kollusion in die alte Grundangst bezüglich eigener Unersättlichkeit und Unversorgtheit zurückgeworfen.

Wir machen die Erfahrung, dass sich auch im Feld der Teamberatung Kollusionen ergeben können, in denen von Berater und Kl"ntenteam gemeinschaftlich verdrängte Wünsche und Sehnsüchte in Pattsituationen führen, die das Arbeitsbündnis massiv bedrohen. Willi spricht selbst – mit Verweis auf Bion – von »kollusiven Gruppenprozessen« (S. 238). Die große Chance liegt bei Gruppen und Beratungssystemen im Erkennen und Durcharbeiten der Kollusion. Wo Polarisierung vorherrschte, können dann Aspekte des gemeinschaftlichen Unbewussten erahnt und damit die Grundlagen für ein verbindendes Arbeitsbündnis gestärkt werden.

Willis Kollusionsmodell gründet unmittelbar auf der psychoanalytischen Neurosenlehre und fokussiert deshalb auf die psychoneurotische Verstrickung in Beziehungen. Jaenicke spricht später in Bezug auf stark krisenhafte Verläufe in Psychotherapien von »kolludierenden Erfahrungswelten« zwischen Therapeuten und ihren Patienten (Jaenicke, 2010, S. 96 ff.). Jaenickes Herangehen liegt ein weiter gefasstes Verständnis von Kollusionen zugrunde. Neben der psychoneurotischen Verwicklung hebt er die Bedeutung von individuellen Lebenserfahrungen, Kulturen und Organisationsprinzipien des Selbst hervor. Die Beteiligten gehen von unterschiedlichen, erworbenen Bedeutungsmustern aus, die zu grundlegend unterschiedlichen Auslegungen von Situationen führen. Ein zum Beispiel in der interkulturellen Arbeit grundlegender Gedanke. Dieses Denken erinnert an Bourdieus Habitusbegriff (vgl. Bourdieu, 2012). »Die Kollusion ereignet sich zwischen zwei unterschiedlichen Erfahrungswelten und den aus den individuellen Erfahrungen gewonnenen Bedeutungen.« (Buirski, zitiert nach Jaenicke, 2010, S. 99) »Nicht mentale Inhalte liegen im Widerstreit, sondern unterschiedliche Erfahrungen und Bedeutungen« (Jaenicke, 2010, S. 99). Da diese Erfahrungsmuster in der Regel in der Hitze prägender Erfahrungen herausgebildet wurden und zeitweilig überlebensnotwendig waren oder schienen, ist es nicht verwunderlich, wenn es eine starke Tendenz gibt, an diesen Erfahrungen festzuhalten. Werden subjektive Erfahrungswelten infrage gestellt, so kann dies zu großer Verunsicherung und ängstlicher Einengung der Kontaktbereitschaft führen. Die Negation der möglichen Auswirkungen unterschiedlicher Erfahrungswelten (zum Beispiel zwischen Supervisoren und Supervisanden) kann zu einer defensiven Dynamik führen, in der das Gewahrwerden dieser Unterschiede ängstlich bis schamhaft vermieden wird. Eine Dynamik, in der sich die gegenseitige Schamangst nicht selten in lichte Höhen schaukelt.

Fallbeispiele Kollusion: Um diese intersubjektiven Prozesse zu veranschaulichen, seien hier zwei Fallbeispiele umrissen. Das erste, ausführlichere, gibt Einblick in eine Verstrickung, die nicht aufgelöst werden konnte. Eine Geschichte des Scheiterns also. Das zweite Beispiel illustriert die andere Seite: Die in der Regel gegebene Chance, trotz oder gerade aus der Verwicklung heraus gedeihliche Teamberatung zu gestalten.

Meine (KO) Verstrickung im Rahmen einer Teamsupervision in einer psychotherapeutischen Fachklinik durchlief eine längere Entwicklung, bis sie zur unerfreulichen Reife gelangte. Ich war eingeladen, eine Supervision mit dem therapeutischen Team der Klinikabteilung für psychosomatische Rehabilitation zu gestalten. Meine ersten Empfindungen waren Kleinheitsgefühle. Ein prächtig anmutendes Gebäude mit Hotelstandard.

Ein Team hochqualifizierter Therapeutinnen, die teilweise über einiges wissenschaftliches Renommee verfügten und einen hohen fachlichen Anspruch ausstrahlten. Wie sollte ich – als psychotherapeutisch wenig profilierter Supervisor – ein angemessener Gesprächspartner für diese Kolleginnen sein? So näherte ich mich dieser Welt mit einigem Respekt und beträchtlicher Ehrfurcht. Dies wird dazu beigetragen haben, dass ich mich schon in den Anfängen akzentuiert wertschätzend und achtungsvoll positioniert habe, was von den Teammitgliedern dankbar aufgenommen wurde. Ich erinnere mich noch, wie überrascht und erfreut Leitung und Team waren, als ich in der Anfangsphase schmeichelnd zu erkennen gab, dass ich die eine oder andere Fachpublikation des Hauses zur Kenntnis genommen hatte. So entwickelte sich aus vermutlich beiderseitigen Selbstwertnöten relativ schnell narzisstischer Nährstoff, der zur Beruhigung der Anfangsangst und der Grundlegung einer eher idealisierenden Beziehungsbasis taugte. Ich sei so etwas wie der »Onkel aus Amerika« wurde mir mitgeteilt – der ja bekanntlich mit attraktiven Geschenken in das Land des Mangels kommt. Die inhaltlichen Themen der Supervision kreisten derweil um die Klassiker der Rehabehandlung: Dem hohen und inspirierten psychotherapeutischen Anspruch der Behandler standen die Mühen der Ebene gegenüber. Ein durchaus brachialer ökonomischer Leistungsdruck, der – verkörpert durch die Geschäftsführung – auf Schlagzahl drängte. Prekäre Arbeitsverhältnisse und eine stattliche Anzahl von Patienten mit teils ausgeprägten Berentungswünschen, die der Behandlung hochambivalent begegneten. Nicht wenige fanden sich in einem für sie unerfreulichen Zwangskontext einer vom Kostenträger verordneten Reha-vor-Rente-Prozedur. Die psychotherapeutische Identität der Teammitglieder wird in diesen Welten deutlich von Rollenaspekten überlagert, in denen es vor allem um die sozialmedizinische Begutachtung der Patienten geht. Das Supervisionssetting war damit eingetaucht in eine Welt der Verunsicherung des professionellen Selbstwert- und Kompetenzerlebens, das die Patienten, die Teammitglieder und den Supervisor gleichermaßen erfasst hatte. Dennoch entwickelte sich der supervisorische Arbeitsprozess über zwei Jahre zwar mühsam, aber produktiv. Die Krise verdichtete sich, als die Befreiung nahe schien. Es war der Geschäftsführung gelungen, die Ermächtigung für die Eröffnung einer psychosomatischen Akutstation zu erlangen. Damit war die Verheißung eines weniger rigiden Kostenträgers und die

Hoffnung auf Patienten verbunden, die zur Psychotherapie motiviert und ohne sozialmedizinisches Beiwerk von der psychotherapeutischen Kompetenz des Teams profitieren konnten. Diese neue Station erschien wie das Gelobte Land. Ein Kreis von Auserwählten aus dem bisherigen Team bildete das neue »Akutteam« und ich war glücklich, als Supervisor auch für dieses neue Team auserwählt zu sein, das rasch eine Aura des Elitären innerhalb der Klinik verströmte. Die Ernüchterung folgte auf dem Fuße. Die Patienten der neuen Abteilung erwiesen sich als keineswegs unkompliziert. Im neu entstandenen Team entwickelten sich rasch polarisierend Konflikte zwischen Therapeutinnen unterschiedlicher Schulen. Das ersehnte Erfolgs- und Kompetenzerleben ließ auf sich warten. Schon nach wenigen Sitzungen entwickelte sich eine eindrucksvolle Stagnation der supervisorischen Arbeit. Meine Kleinheitsgefühle feierten fröhliche Urstände. Nachdem es nicht gelang, die zwischen den Teammitgliedern entstandenen Konkurrenzkonflikte – die in eine Kündigung und einen Fall von Langzeiterkrankung gemündet hatten – angemessen zu bearbeiten, zogen sich die Teammitglieder auch im Rahmen der Supervision zunehmend defensiv zurück. Sinn und Zweck der Supervision wurden entlang der Polarisierungslinien im Team von den einen infrage gestellt und von den anderen ebenso vehement wie abstrakt beschworen. Konfrontiert mit der neuen Qualität aggressiv getönter Lähmung erlebte ich zunehmende Angst vor jedem neuen Treffen mit dem Team, die mich teilweise schon Tage vorher erfüllte. Meine innere Haltung als Supervisor war quasi »verschwunden«. Aufgelöst in der Angst, nicht hilfreich sein zu können und nicht zu verstehen. Das Ganze mit einer Vehemenz, von der ich mich beim besten Willen nicht dezentrieren konnte. In den Sitzungen schwankte ich zwischen dem Impuls, wie in der Vergangenheit eine wertschätzend-akzeptierende Beziehung zum Team zu suchen und dem Impuls, alles bockig hinzuschmeißen. Letzteres habe ich lange nicht gewagt. Aber auch meine freundlichen Wiederannäherungsversuche an das Team blieben jetzt in ihrer Ambivalenz ohne Resonanz. Es war eine Situation entstanden, in der scheinbar nichts mehr ging. Der triadische Möglichkeitsraum hatte sich in dieser Supervision nie wirklich entfaltet und war nun gänzlich kollabiert. Nach etwa eineinhalb Jahren fühlte ich mich mit meiner Kraft am Ende und entschloss mich dazu, den Supervisionsprozess von meiner Seite zu beenden. Auch in der gemeinsamen Bilanz des Prozesses ist es nicht gelungen, ein gemeinsames Verständnis davon zu entwickeln, was passiert war. Auch meine Kündigung stieß auf polarisiertes Terrain. Die einen nahmen sie bitter-zustimmend zur Kenntnis, die anderen – insbesondere jene, die mich lange Zeit idealisiert hatten – empfanden den Schritt eher als Verrat, als ein schäbiges Alleinlassen des Teams in großer Not.

Betrachten wir diesen durchaus frustrierenden Prozess unter dem Aspekt von Kollusion und innerer Arbeit des Supervisors, so scheinen mir folgende Aspekte bemerkenswert:

Das Fallbeispiel trägt, was die Verstrickung des Supervisors angeht, durchaus narzisstische Züge. Meine Annäherung an die Organisation baute vor allem auf schwärmerische Bewunderung, auf die Absicherung des Ideal-Selbst der Organisation. Diesen Zugang wählte ich vor dem Hintergrund einer eigenen narzisstischen Schlagseite. Nach zwei Jahren Supervision in dem anderen Team (Reha-Team) war meine Kraft zur Bewunderung deutlich aufgebraucht. Allerdings gelang es dort die Themen, die der Irritation des Selbstwerts zugrunde lagen (Frustration des therapeutischen Anspruchs beim Team und Frustration der Fantasie vom Retter in der Not beim Supervisor), ganz passabel zu bearbeiten. Supervisor und Team waren in der Zusammenarbeit schon trauernd und ernüchternd auf Lebensgröße geschrumpft, was eine supervisorische Kooperation mit Realitätsbezug ermöglichte. Die Gründung des Akut-Teams brachte die narzisstischen Größenthemen wie eine verführerische Droge zurück und der rasch eintretende Absturz in die Katerstimmung der Ernüchterung schien in seiner unerwarteten Wucht, weder der Supervisor noch das Team zu verkraften. Der Frust und der Ärger über die Lähmung des einst idealisierenden Supervisors muss für das Team gerade in dieser schwierigen Phase der Enttäuschung über das Ausbleiben der erhofften neuen Arbeitszufriedenheit massiv gewesen sein.

Diese narzisstischen Kollusionsaspekte waren in meinem Erleben bewusstseinsnah. Ich konnte sie durchaus wahrnehmen und in der supervisorischen Arbeit auch thematisieren und in Ausschnitten bearbeiten. Diesbezüglich hatten wir ja bereits in der Supervision des Rehateams ein wenig miteinander trainiert.

Nun hat schon Jürg Willi betont, dass die von ihm beschriebenen Kollusions-Choreografien nicht reinrassig auftreten. Vermutlich war

die in der Rückschau nicht von der Hand zu weisende orale Kollusions-
dynamik von noch größerer Bedeutung für das Zustandekommen der
scheinbar ausweglosen Stagnation: Unsere Verstrickung folgte auch
dem Drama um Versorgen und Versorgtwerden. So wie es meinen
Supervisanden nicht gelang, ihre Patienten zufriedenstellend zu versorgen, so wenig gelang es mir, meine Supervisanden zu versorgen.
Je mehr ich mich abrackerte, desto passiver wurde das Team. Und je
mehr ich mich vergeblich abrackerte, desto mehr musste das Team
mit Ärger und Frust auf meine fruchtlosen Bemühungen antworten.
Dieses Spiel der Vergeblichkeit rührt an meine eigenen Erfahrungen des
Unversorgtseins und des Mangels, vielleicht auch der Unersättlichkeit.
Diese Dimension meines eigenen Erlebens als Supervisor blieb mir –
was zu mir passt – lange Zeit unbewusst. Zu groß wäre meine Angst
gewesen, mich in dieser organisationalen Welt – in der ich ohnehin so
angestrengt um meinen Selbstwert rang – in Kontakt mit eigenen Man-
gelerfahrungen, mit der Qualität des schutzlos Ausgesetztseins ohne
Fürsorge zu bringen. In meiner Angst vor den Sitzungen, im unruhigen
Schlaf in den davorliegenden Nächten war diese Qualität lebendig.
Auch in dem Gefühl, im ganz konkreten Sinn nicht über die körperliche
Kraft für Interventionen zu verfügen, das mich in den Sitzungen packte.
    Die Not des Unversorgtseins war von mir ausgeblendet und so
musste mein Wahrnehmungs- und Interventionsspektrum auch davor
zurückschrecken, auf den oral getönten Mangel zu fokussieren, der die
Teammitglieder und deren Patienten betraf. Im Nachhinein erscheint es
mir im grellen Licht sichtbar. Ich fühlte mich von meinen Supervisanden
nicht nur als professionelles Gegenüber entwertet, sondern auch allein
gelassen, zurückgewiesen, ausgesetzt, bei Wasser und Brot gehalten.
Und ich war nicht frei davon zu hoffen, meine Supervisanden mögen
mich von diesem Mangel heilen, indem sie einen progressiven Supervisionsprozess in Szene setzten. Die kollusive Zuspitzung war da: Der
einst als potenter Versorger erlebte Supervisor, der »Onkel aus Amerika«,
war zum verdrießlich, frustrierten Fanal seiner eigenen Versorgungsbe-
dürftigkeit geworden. Das Team hatte weite Teile seiner eigenen Versor-
gungswünsche und selbstfürsorglichen Ressourcen an den Supervisor
delegiert. Nun war es zusätzlich zur geplatzten Illusion, die es bezüglich
der neuen Aufgabe zu verkraften hatte, mit einer weiteren ernüchternden
Erfahrung konfrontiert: Der Supervisor konnte in keiner Weise wirkungs-

voll einlösen, was ihm das Team hoffnungsvoll zugeschrieben und dieser sich bereitwillig hatte zuschreiben lassen. Die entstandene Lähmung im Prozess gründet darauf, dass Supervisor und Team erfolgreich mit dem Ziel kooperieren, ein gemeinsames schmerzliches Thema aus der Wahrnehmung auszugrenzen. Es war auch der Widerstand des Supervisors, der den Prozess in der Stagnation hielt. Dabei ist es spannend zu beobachten, wie der psychische Beraterwiderstand, also die Angst- und Abwehrstruktur des Supervisors, in technische bzw. Interventionswiderstände übergeht. Der Supervisor vermeidet es, bestimmte psychische Qualitäten in sich zu bearbeiten und ist dadurch auch in seinem Interventionsrepertoire empfindlich eingeschränkt.

In dem hier skizzierten Beispiel zeigt sich dies besonders deutlich in der defensiven Weise, in der ich den im Team entstandenen Reibereien begegnet bin. Ich hatte diese Konflikte in der Rückschau nicht als Chance, sondern als auch mich ängstigende Störung der vermeintlich zu erwartenden progressiven neuen Zeit empfunden. Gerade diese Spannungen im Team, die eine Oberflächentextur von Konkurrenzkonflikten unter Vertreterinnen unterschiedlicher therapeutischer Schulen hatten, wären vielleicht eine Chance gewesen, zu dem vermiedenen Tiefenthema als gemeinsames Drittes von Team und Supervisor vorzudringen: Der bedrohlichen Angst nichts geben zu können und gleichzeitig nicht genügend Nährendes und Haltgebendes zu empfangen, um in dieser an professionellem Kompetenzerleben kargen Landschaft langfristig standhalten zu können. Im Gestrüpp der Verstrickung ist dies nicht gelungen. Stattdessen warfen zunächst einzelne Teammitglieder (Kündigungen, Erkrankungen) und schließlich auch der Supervisor erschöpft das Handtuch.

Das Beispiel macht vielleicht schmerzlich deutlich, dass sich Arbeitsbeziehungen in der Beratung, ähnlich wie kollegiale Beziehungen, Paarbeziehungen oder therapeutische Beziehungen an kritischen Punkten ohne Wiederkehr entwickeln können. Dann erscheint die Auflösung der Verstrickung nicht mehr möglich. In günstigeren Fällen wird die Verwicklung rechtzeitig wahrgenommen und durchgearbeitet, um sie für die Optimierung des Prozesses zu nutzen:

In der Supervision eines Teams der ambulanten Jugendhilfe ereignet sich folgende Szene.

Zu Beginn der Sitzung werden Veränderungen in der Organisation thematisiert. Der Leitung fehle es an Kraft, angemessen durch die Widersprüche zu steuern, mit denen man es zu tun habe. Der Personaleinsatz erfolge ungeschickt bis gedankenlos. Dies führe immer wieder zu Situationen von Überforderung. Fälle von Burnout häuften sich. Insgesamt gehe »alles den Bach runter«.

Ein jüngerer Kollege thematisiert eine konflikthafte Irritation in seiner Arbeitsbeziehung zu einer älteren, sehr erfahrenen Kollegin. Er erlebe sie als »immer sehr klar, eindeutig und direkt«. Er habe Zweifel, ob sie seine, gelegentlich von der ihren abweichende Position, respektieren und tolerieren könne. Die Kollegin wirkt angerührt und betroffen, verweist aber durchaus klar und eindeutig darauf, dass sie nicht auf ihren Positionen beharren wolle. Es sei ihr aber an einer direkten und engagierten Auseinandersetzung gelegen. Man könne sich durchaus mit ihr streiten, wozu sie den Kollegen herzlich einlade.

Das Team diskutiert engagiert über Kommunikationsstile und Erfahrungen aus der Vergangenheit mit eskalierten Arbeitsbeziehungen, die scheinbar nicht mehr zu überbrücken gewesen seien und in Trennungen von einzelnen Teammitgliedern endeten.

An dieser Stelle gebe ich (KO) als Supervisor eine Rückmeldung über meinen Eindruck vom kommunikativen Habitus des Teams, den ich vergleichsweise kühl und überwiegend rational gefärbt erlebe. Hier mischt sich meinerseits auch eine ordentliche Prise eigener Gekränktheit bei, da ich das Team hinsichtlich wertschätzender Rückmeldungen zu meiner Arbeit als sparsam erlebe. In meiner Intervention zeigt sich also meine eigene Bedürftigkeit. Sinngemäß gebe ich zu verstehen, dass das Team in meinen Augen scheinbar nicht allzu viel in eine verbindlich-wertschätzende Beziehungsgestaltung investiere.

Nur wenige Mitglieder des Teams können mit diesem ungebetenen Feedback etwas anfangen. Es überwiegen rechtfertigende Einlassungen, in denen die Supervisanden mir deutlich machen, wie sehr sie sich im Arbeitsalltag unterstützen und wie sehr man sich aufeinander verlassen könne. Meine Rückmeldung sei »interessant«, aber man fühle sich nicht angemessen gesehen.

An dieser Stelle geraten wir in eine klare Unterbrechung bzw. Disjunktion der intersubjektiven Verbundenheit, die von mir schmerzlich und mit Aspekten von Schuld und Scham erlebt wird. »Disjunktionen sind Machtkämpfe und Missverständnisse, die auftauchen, wenn zwei Menschen mit gegensätzlichen Organisationsprinzipien in Konflikt geraten« (Jaenicke, 2010, S. 101). Disjunktionen können Einstiege in Sackgassen der Verstrickung markieren. Gleichzeitig signalisieren sie Chancen für einen Fortschritt der Beratungsbeziehung durch ein tieferes szenisches Verständnis der Organisation und ihrer Protagonisten.

Der Prozess des gemeinsamen, intersubjektiven Fortschreibens einer gemeinsamen Geschichte zum Verständnis der in der Supervision untersuchten Phänomene wird in der Disjunktion unterbrochen. Und man kann wiederum in Anlehnung an Jaenicke (S. 101) sagen, dass der Berater seine Weltsicht verändern muss, um den gemeinsamen Verstehensfaden wieder aufnehmen zu können. Meine Intervention gründete auf Spuren eigener Bedürftigkeit und auf stereotypen Vorstellungen von wertschätzender Kommunikation im Team, die Ausdruck meiner subjektiven Erfahrungswelt sind. Im vorliegenden Fall konnte die entstandene Irritation des Arbeitsbündnisses genutzt werden, um weiterzukommen. In einer Rekonstruktion der jüngeren Geschichte des Teams, die von dynamischem Wachstum, von zunehmend diversifizierten Arbeitsbereichen mit der Erfordernis zur Verflüssigung der Teamstruktur und einer drastischen Ausweitung befristeter Arbeitsverhältnisse geprägt war. Dieser Prozess wurde als zunehmende Erosion der haltgebenden Kraft der Organisation, als fortschreitende Auflösung ihrer »sozialen Haut« (Tietel, 2002, S. 57) erfahren. Der mir eher zurückhaltend, schroff und auf Absicherung der individuellen Partialinteressen orientiert anmutende Kommunikationsstil erschien vor diesem Hintergrund überaus funktional. Ein späterer Team-Workshop zusammen mit dem Abteilungsleiter machte auch dessen oft vergebliches Bemühen deutlich, die Organisation trotz ihrer zunehmenden Zerklüftetheit haltgebend zusammenzuhalten. Der Prozess war dann von einer trauernden Auseinandersetzung mit den Realitäten getragen, die in der Konsequenz auch wieder den Blick für neue Möglichkeiten und Ressourcen eröffnete. Im Rahmen des Workshops fiel dann auch der Satz »Lass uns unserem Supervisor den Gefallen tun und etwas behutsamer miteinander umgehen«. In meinem Verständnis ein augenzwinkerndes Indiz für die erneute Stabilisierung des triadischen Raumes nach einer Turbulenz.

4.6 Ebenen des Arbeitsbündnisses in der Teamsupervision: Beziehungsgefühl

Wenn wir von der Qualität des triadischen Raumes in der Beratung sprechen, so ist dies in vielerlei Hinsicht synonym zur Qualität des Arbeitsbündnisses. Diese Qualität ist für den Berater spürbar. Die Wahrnehmung dieser Gefühlsdimensionen und deren Verarbeitung ist Teil seiner inneren Arbeit. Hier sei ein weiteres Mal auf Ralf Zwiebel Bezug genommen, der in Anlehnung an Arbeiten von Moser und von Zeppelin von unterschiedlichen Färbungen des Beziehungsgefühls spricht. »Das Beziehungsgefühl ist die affektive Repräsentanz einer Beziehung zu einem Objekt« (Moser u. von Zeppelin, zitiert nach Zwiebel, 2013, S. 200).

Moser unterscheidet dabei drei Beziehungsformen: a) die funktionale (narzisstische), b) die resonante (symbiotische) und c) die responsive (objektale) Relation, die jeweils mit anderen Beziehungsqualitäten und Affekten verbunden sind.

Im *funktionalen* Beziehungsgefühl »wird das Objekt funktional erlebt und zwar nur über Eigenschaften und Funktionen, die zur Stützung des eigenen Selbstwertgefühls und die Erfüllung der gewünschten Autonomie als notwendig erachtet werden [...]. Sie beinhaltet auch die Fähigkeit, Hilfe vom anderen anzunehmen. Die Affekte kreisen um das Gefühl der Sicherheit, der Beruhigung, der Entspannung; bei Enttäuschung entsteht vor allem narzisstische Wut« (Zwiebel, 2013, S. 201). Der funktionale Aspekt umreißt sozusagen den Kern einer supervisorischen Arbeitsbeziehung. Die Supervision soll nützlich und hilfreich im Sinne der Arbeitsbewältigung sein. Die Subjektivität der Supervisorin ist dabei für den Klienten zunächst nicht von Belang. Das Ganze soll »etwas bringen«.

Das *resonante* Beziehungsgefühl hat eine andere Färbung. Hier geht es um Gemeinsamkeit. »Im Grunde handelt es sich um die Beschreibung einer empathischen Objektbeziehung in früher Gegenseitigkeit« (S. 201). Die Anklänge an Jessicas Benjamins »Gemeinschaft im Dritten« (wie bereits erwähnt) sind deutlich. Diese Farbe des Beziehungsgefühls ist notwendig, um ein gewisses Vertrauensmaß zu ermöglichen. Das Fehlen resonanter Affekte geht vor allem unter Druck oft mit einem paranoischen Aufschaukeln der Angst einher. Gleichzeitig birgt Resonanz gerade in der Beratung das Risiko einer scheinbar unterschiedslosen Verschmelzung und spannungsarmer Stagnation. Die Beratersubjektivität hat großen Einfluss hinsichtlich des resonanten Beziehungsgefühls. Wir haben zu zeigen versucht, wie sehr Angst- und Identitätswiderstände der Supervisoren die Entwicklung resonanter Empathie beeinträchtigen können.

Responsive Beziehungsgefühle schließlich markieren »ein Affektsystem der Beziehung zwischen abgegrenzten Personen […]. In einer etwas anderen Terminologie könnte man von einer entwickelten Form von Gegenseitigkeit sprechen, in der sowohl Verbundenheit als auch Getrenntheit erlebt wird« (S. 202). Zum Gefühl der Zieldienlichkeit und der Verbundenheit gesellt sich hier ein Erleben von Freiheit und Beweglichkeit. Ich kann als Berater anders sein als meine Klienten und die Klienten können anders sein als die Beraterin, ohne der Angst vor Kontaktverlust zu erliegen. Die Subjektivität der Beraterin kann hier angstarm für den gemeinsamen Forschungsprozess zur Verfügung gestellt werden. Zwiebel akzentuiert, dass Trennungserfahrungen in responsiven Beziehungen Trauer auslösen. Der Abschied ist möglich unter Fortbestand der Wertschätzung. Das Gefühl des Fortschritts hinsichtlich der Arbeitsergebnisse ist nicht mehr an die leibhaftige Anwesenheit des Beraters gebunden, sondern ist nachhaltig beim Team verankert. Eine Konstellation, die oft auch das Ende gelungener Beratungsprozesse kennzeichnet.

Analog zu Zwiebel finden wir es nützlich, gelingende Beratung bzw. Supervision auch als eine stimmig ausgeglichene Balance der Beziehungsgefühle zu verstehen. Knapp gesprochen: Das Arbeitsbündnis sollte zweckdienlich, vertrauensvoll und frei sein. Die Irritation des Beziehungsgefühls ist für Berater bedrohlich und gerinnt in den dazugehörigen Affektzonen um Inkompetenz (ich bin nicht nützlich), der Unverbundenheit (ich verstehe nicht) und der Unfreiheit (ich kann mich nicht bewegen und muss mich verbergen). Das Ausbalancieren von Beziehungsgefühlen und die Wahrnehmung diesbezüglicher Irritationen gehört zu einer interaktionell begründeten Teamberatung. Auch dies erfordert Entwicklung auf beiden Seiten. Oder zugespitzt formuliert: Die Veränderung beginnt beim Berater.

> »Jeder von uns ist mehrere, ist viele,
> ein Übermaß an Selbsten.«
> Fernando Pessoa (zit. nach Mercier, 2013, S. 79)

5 Teamberatung als Prozessberatung in Organisationen

5.1 Zwischen Prozess- und Fachberatung

Von dem amerikanischen Organisationsberater Ed Schein stammt der Begriff der Prozessberatung, der auch unseren Arbeitsstil am ehesten charakterisiert. Nun wird sich zeigen, dass dies in der Praxis sehr unterschiedliche Gestalt annehmen kann. Als erste Groborientierung kann man sagen, dass die Beraterin mit dem »flow« geht, das heißt, immer bemüht ist, die aktuelle Dynamik und die Inhalte auszubalancieren.

Wir sprechen gelegentlich vom »Supervisor als Leiter und Pädagogen« (Pühl, 2012, S. 292), um einen Gegenpol zu den Therapieschulen anzudeuten und um zu signalisieren, dass Supervision mehr ist als Reflexion. Sie oszilliert als Beratungsverfahren zwischen Prozess- und Fachberatung (wie im Folgenden erwähnt wird).

Das Beratungssetting kann aber tatsächlich Lehrer-Schüler-Übertragungen mobilisieren, die nicht selten in schulsozialisierter Angst vor Fehlern und Kritik wurzeln. Kein Wunder, denn auch Supervision hat (Selbst-)Kontrollaspekte und so verwundert es nicht, wenn Kontroll- und Bewertungsängste ins Spiel kommen. Der Supervisor kann als Orientierungsmodell für richtiges und falsches Handeln gesehen werden und entsprechend groß sind die Erwartungen und Ängste. Erwartet wird er als Hoffnungsträger, der mit entsprechender Macht und Kompetenz ausgestattet ist. Je bedrängender die Situation erlebt wird, desto stärker wird nach einem Berater gesucht, der zum Träger dieser Idealisierung werden kann. Damit geht oft der Wunsch einher, einen gerechten Vater oder eine spendende Mutter oder beides zu finden. Je größer die eigene erlebte Ohnmacht, desto omnipotenter soll der Berater sein. Die Identifika-

tion dient der Stärkung des eigenen Ich-*Ideals*, erzeugt aber gleichzeitig Schuldgefühle, da die eigene Arbeit in dieser Dynamik tendenziell entwertet wird.

5.2 Team-Workshops

Entscheidet sich ein Team oder deren Leitung eine konzentrierte
Arbeitsphase von ein bis zwei Tagen durchzuführen, können dafür
sehr unterschiedliche Motive ausschlaggebend sein. Wir schlagen
fast immer vor, mit einer Auswahl der Beteiligten ein ausführliches
Vorgespräch zu führen:
- Was ist der Anlass?
- Was ist das Ziel und welche Ziele können realistischerweise in der
  zur Verfügung stehenden Zeit erreicht werden? (Da Teams der-
  artige Workshops oft aus guten Gründen als große Chance erle-
  ben, neigen Sie dazu, diese im Vorfeld mit überzogenen Erwar-
  tungen aufzuladen. Teilweise werden monatelang Themen für den
  Tag »gebunkert«. Eine bodenständige Klärung der erreichbaren
  Ziele kann allen Beteiligten viel Frust ersparen.)
- Was sollte geklärt werden, was lieber nicht?
- Wer nimmt teil?
- Wie könnten der Ablauf und die einzelnen Arbeitsschritte in etwa
  aussehen?

Nach unseren Erfahrungen ist es im Non-Profit-Bereich eher kein
Problem, zu einer tragfähigen Arbeitsabsprache in diesem Sinn zu
kommen. Teamsupervision ist hier kulturell verankert und die Beteiligten sind eher mit der Metareflexion ihrer Arbeit als Team vertraut.
    Anders sieht es oft im Dienstleistungs- und Profitbereich aus.
Teamberatungen finden hier eher selten statt und wenn, dann in
krisengeschüttelten Ausnahmesituationen. Hier hat sich ein großer Markt von Teamentwicklungsworkshops entwickelt, in dem die
unterschiedlichen Ansätze und Medien vom Hochseilgarten über
gruppendynamische Spiele bis zum Outdoor-Planspiel zum Einsatz kommen.

Beispiel »Team-Event«:
Die Personalverantwortliche und der Direktor einer großen Serviceein-
richtung einer internationalen Handelskette fragen nach der Begleitung
ihrer geplanten Teamtage mit allen zwölf Bereichsleitern an. Der Direktor schildert Schnittstellenprobleme zwischen einzelnen Abteilungen,
die optimiert werden müssten. Da dieser Standort mit seinem Ertrag
seit Jahren rote Zahlen schreibt, hat er großen Druck, die Abläufe zu
optimieren und die Kundenzufriedenheit zu verbessern. Mein (HP)
Kontaktgefühl am Telefon ist gut und offen. Kurze Zeit später kommt
von der Personalleiterin der vorgesehene Plan: In einem nahen Hotel
wurden bereits Räume und Übernachtungen angemietet. Für den ersten Vormittag wurde schon ein sogenanntes Geocaching bei einem
darauf spezialisierten Anbieter gebucht. Eine Art Schnitzeljagd für
Erwachsene mit GPS-Geräten. Der ganze Workshop war überschrieben
mit »Team-Event«. »Es soll ja auch entspannend sein.« Man wünsche
sich nun einen differenzierten Ablaufplan von mir für die übrige Zeit.
   Da ich mich unter dieser Prämisse zum einen nicht in der Lage sah,
einen Plan vorzulegen, ohne die genauen Themen zu kennen, und mich
zum anderen das »Event« abgeschreckt hat, habe ich meine Mitwirkung
zurückgezogen.[12]

Beispiel »Nach welcher Methode arbeiten Sie?«:
Die Mitarbeiterin einer Kommune (einige 100 Kilometer von meinem
Ort entfernt) ruft mich (HP) an und bittet um Hilfe. Ihre Einrichtung sei
mit einer anderen zusammengelegt worden. Grund seien Synergie-
effekte, wie sie ein bekanntes Beratungsunternehmen prognostiziert
habe. Nun kämen nicht nur die Kollegen aus einer anderen Kultur und
Tradition, auch ihr gemeinsamer Chef sei ihnen vorgesetzt worden und
finde aufgrund seiner Art zu führen keinen Rückhalt bei den Kollegen.
Sie wünschen sich eine Unterstützung, um den Konflikt zu klären. Da es
zentral um den Chef und eine Form von Teamentwicklung (oder sogar
Organisationsentwicklung) geht, bitte ich sie, dass der Leiter mich
anruft, damit ich mit ihm Weiteres besprechen kann. Dies geschieht

---

12 Verständlicher wird das vielleicht, wenn man weiß, dass ich (HP) zum The-
    ma »Eventkultur« ein kritisches Buch herausgegeben habe (Pühl u. Schmid-
    bauer, 2007).

wenige Tage später. Er erwähnt, dass ich ja schon mit einer Mitarbeiterin gesprochen und so vielleicht einen ersten Eindruck habe. Ich fasse kurz zusammen, was ich verstanden habe. Nun möchte er von mir am Telefon wissen, nach welcher Methode ich arbeite, wie lange eine Beratung dauert und was genau mein Vorgehen sein wird. Ich versuche ihm zu erläutern, dass ich bisher kaum etwas wisse und von daher nicht sagen könne, wie lange ein solcher Prozess in Anspruch nehmen wird. Als ersten Schritt zu einer entsprechenden Abschätzung schlage ich ihm einen Workshop von einem oder mindestens einem halben Tag vor. Dann hätten wir eine gewisse Grundlage, um Arbeitsthemen zu generieren und das weitere Vorgehen sinnvoll abzustimmen. Dem Anrufer reicht das nicht, er möchte jetzt wissen, wie die Beratung als Ganzes aussieht und was dabei herauskommt. Dazu muss gesagt werden, dass er am Telefon ziemlich genervt und gereizt wirkt (was aufgrund seiner von der Mitarbeiterin beschriebenen Position verständlich scheint). Ich spüre langsam meine Ungeduld und mir rutscht der Satz raus: »Wie sich Dinge entwickeln, wüsste man ja auch nicht, wenn man heiratet.« Damit war unser Telefonat beendet. Wen wundert's. Im Nachhinein habe ich mich natürlich geärgert über diesen Satz, der so unkontrolliert aus mir herausgesprudelt ist. Aber irgendwie fand ich ihn auch passend.

Es geht uns nicht darum, das Vorgehen dieser Kunden zu kritisieren oder ironisch abzuwerten, sondern zu verstehen, in welcher Kultur sich derartige Anfragen entwickeln. Wir beobachten in vielen Unternehmen eine ausgeprägte *Trainingskultur*. Diese zeichnet sich gelegentlich dadurch aus, dass die Trainer das Programm mit Übungen und Tools füllen, sodass für Prozesshaftes kaum Raum bleibt. Wir fremdeln skeptisch mit dieser Arbeitsweise, da wir befürchten, dass dieser Weg nicht ausreichend Raum für Reflexion, Verarbeitung und Transfer lässt.

Für die Teilnehmer und Trainer hat ein Vorgehen im Sinne eines Events sicherlich auch seinen Charme: Das durchgestylte Programm gibt eine klare Orientierung und schützt vor zu viel Nähe. Strukturen wirken allemal angstreduzierend. Wir stimmen dem Kollegen Wolfgang Weigand (2009) zu, wenn er zugespitzt von »Methodenfetischismus als Angstabwehr« spricht.

Die Kunst der Prozessberatung zeigt sich genau im Ausbalancieren von Prozess und Struktur.

Diese Haltung fordert viel: von den Teilnehmern den Verzicht auf ein Fertiggericht, das nur noch konsumiert werden muss. Stattdessen aktive Mitarbeit, Pausen, evtl. Irrwege, Schweigen und vor allem einen entschleunigten Arbeitsstil. Und vom Berater: Prozess, Struktur und die Themen, die bearbeitet werden, situationsangemessen zu balancieren. Im Konkreten gilt es abzuwägen: Welches Vorgehen ist zielführend? Welches Thema ist vorzuziehen, welches wegzulassen oder zu kürzen? Steht der dynamische Prozess des Teams im Vordergrund? Dies sollte nicht so verstanden werden, dass sich der Berater quasi vom Team treiben und das Vorgehen diktieren lässt. Jeder Entwicklungsprozess braucht ein gewisses Maß an Spannung. Wir kennen Teams, die Spezialisten im Anmelden von Störungen sind, frei nach der von Ruth Cohn in der Themenzentrierten Interaktion vorgeschlagenen Regel »Störungen haben Vorrang«. Wie alles Gute kann auch diese Regel missbraucht werden. Manchmal ist es nämlich – trotz aller Widrigkeiten – leichter, sich im Team zu streiten, als sich die Arbeit anzuschauen. So steht der Teamkonflikt oder die »Störung« im Dienste des Widerstandes.

Das Balancieren der »harten« Arbeitsthemen und der Gruppendynamik des Teams einschließlich ihrer unbewussten Aspekte entspricht der viel zitierten »Haltefunktion« der Beratung[13]. Diese besondere Anstrengung leisten Beraterinnen in ihrem Inneren. Sie ist nicht sichtbar und deshalb Fachfremden gelegentlich schwer vermittelbar (vgl. Kapitel 4).

Die »Bespaßung« mit immer neuen Methoden und Skillstrainings passt zum einen in unsere schnelllebige Zeit mit schnell wechselnden Programmen. Zum anderen korrespondiert sie mit dem Fetisch »lösungsorientiert«. Doch wie zu jedem Mainstream beobachten wir auch hier eine Gegentendenz, die beispielsweise bei aufgeschlossenen Personalverantwortlichen zu finden ist. Hier werden zunehmend Zweifel laut, ob die Trainingserfahrungen ausreichend persönlich verankert sind, um im Arbeitsalltag wirksam zu werden.

---

13 Die Rede von der ›Holding Function‹ geht auf den britischen Psychoanalytiker und Kinderarzt Winnicott zurück.

Der Fokussierung auf (Pseudo-)Ergebnisse steht die prozessorientierte Entschleunigung entgegen.

Bei all den kritischen Anmerkungen zur Beratungskultur in der Teamentwicklung möchten wir doch klarstellen, dass wir Teamtage und Team-Workshops für überaus sinnvolle und potenziell gedeihliche Formate halten. Bei Neugründungen oder Fusionen von Teams liegen sie besonders nahe, um Grundlagen zu legen. Aber auch in späteren Entwicklungsphasen ist eine Kultur von Teamtagen zur Strategieentwicklung, Metareflexion der Teamkultur oder zur Bearbeitung konzeptioneller Fragen ein sinnvolles Instrument, das es zu verteidigen gilt. Wir haben im Übrigen auch gute Erfahrungen damit gemacht, derartige Tage in Kombination mit längerfristigen Teamberatungen anzubieten und sie dann auch selbst zu moderieren.

5.3 Rollenaspekte in der Prozessberatung

Als Berater nehmen wir in den Prozessen je nach Situation sehr unterschiedliche Rollen ein bzw. werden in sehr unterschiedlichen Rollen von den Ratsuchenden gesehen. Wir skizzieren hier – durchaus im metaphorischen Sinn und ohne jeden Anspruch auf Vollständigkeit – einige Aspekte dieses Rollenkaleidoskops, so wie wir es erleben.

Die folgenden Praxisvignetten stammen alle aus unserer eigenen Beratungsarbeit:

Aufmischer

Der Prozess in der Teamsupervision scheint seit einiger Zeit zu stagnieren. Es werden kaum Anliegen eingebracht und alles schleppt sich so dahin, alle sitzen seit mehreren Sitzungen ohne jede Variation in der immer gleichen Anordnung. Der Supervisor kämpft mit seiner Müdigkeit. Auch um der Befürchtung einzuschlafen abzuhelfen, bittet er das Team aufzustehen, im Raum herumzulaufen und sich dann in einer veränderten Sitzordnung wieder hinzusetzen. Dann stellt er die Frage, ob irgendjemandem in der Runde ein Grund dafür einfalle, als Organisation für diese müde Veranstaltung Geld auszugeben. Das Team verweigert verständlicherweise Antworten auf diese durchaus entwertende Frage. Es wird allerdings ein Konflikt thematisiert, der in einem Projekt entstanden war und das Team nachhaltig polarisiert.

Blitzableiter

Im Teamcoaching eines Dienstleistungsteams entlädt sich sehr viel Ärger gegen eine Kollegin. Auch der anwesende Leiter teilt ordentlich aus. Eine typische Sündenbockkonstellation (vgl. Kapitel 8.2) zeichnet sich ab. Der Berater ist wenig erfolgreich, mit seinem Bemühen, zu deeskalieren und gemeinsame Gruppenthemen zu identifizieren. In der darauffolgenden Sitzung muss er selbst ordentlich einstecken. Die angegriffene Kollegin habe sich »nicht geschützt« gefühlt. Andere beklagen wiederum, der Berater habe ihren Ärger nicht ernst genommen und Schuldgefühle verbreitet. Erst nachdem sich der Orkan etwas beruhigt und der Berater seinen Teil der Verantwortung übernommen hat, entsteht Raum für die Frage, ob es neben dem Berater und der beim letzten Mal kritisierten Kollegin noch andere im Raum gibt, die manchmal Ärger auf sich ziehen. Das Gespräch entwickelt sich in Richtung Leitungsverantwortung im Team und grundlegende Erwartungen aneinander.

Entertainer

Das Team einer Krankenhausstation findet sich zur Mittagszeit zur Supervision zusammen. Der Vormittag auf der Station war turbulent und stressig. Alle wirken abgespannt, erschöpft, unkonzentriert. Um eine atmosphärische Zäsur zu unterstützen, erzählt der Supervisor die unfreiwillig komische Geschichte seiner Anfahrt, auf der er sich erst in der Stadt verfahren, dann orientierungslos durchs Klinikgelände geirrt und sich schließlich in der Betriebsküche wiedergefunden hatte. Das Team findet daran ein gewisses Amüsement und kann sich im Anschluss besser auf die supervisorische Arbeit konzentrieren. Tatsächlich halten wir die Fähigkeit, Supervisionen unterhaltsam zu gestalten für einen relevanten Qualitätsaspekt.

Fachberater

Das Team kommt in einem längeren Beratungsprozess von Teamsupervision aus verschiedenen Gründen in eine Phase starker personeller Fluktuation. Etwa die Hälfte der Stellen müssen innerhalb kurzer Zeit neu besetzt werden. Der Supervisor wird gefragt, welche Aspekte aus seiner professionellen Sicht bei der Neuzusammenstellung der Teams zu beachten seien, und er zögert nicht, seine diesbezüglichen Überlegungen und die dazugehörigen theoretischen Bezugsmodelle zur Verfügung zu stellen.

Beschleuniger

Eine Untergruppe eines Teams berichtet im Teamcoaching von persönlichen Konflikten, an deren Klärung zu arbeiten sei. Gleichzeitig steht das Team vor einer entscheidenden Herausforderung hinsichtlich eines neuen Produktionsauftrags. Der Berater entscheidet sich zu folgender Intervention: An die betreffende Untergruppe gerichtet sagt er: »Sie haben jetzt fünf Minuten Zeit, um zu klären, ob sie miteinander arbeitsfähig sind.« Nach Ablauf dieser Zeit war die Gruppe zu dem Schluss gekommen, dass sie sich sehr wohl in der Lage sieht, die anstehenden Aufgaben gemeinsam zu erledigen und hatte diesbezüglich einige Entscheidungen getroffen. Später wurden die persönlichen Konflikte nicht mehr thematisiert und schienen auch nicht mehr sonderlich behindernd.

Container

Die Containmentrolle spüren wir Supervisoren am besten, wenn wir mit ihrer Einlösung an unser Limit geraten. Subtile Feindseligkeiten gegenüber unserer Klientel sind gute Indizien dafür: Das Team einer stationären Einrichtung für Wohnungslose gerät im Kontext einer Restrukturierungsmaßnahme des Trägerunternehmens in eine Krise. Der Supervisor ist wie das Team frustriert und sieht die Resultate vorangegangener Arbeit schwinden. In der Kontrollsupervision beschreibt er das Team sinngemäß als völlig frustrierte Gefangene einer unwirtlichen Welt, die sich ihm gegenüber abweisend und aggressiv zeige. Die Kontrollsupervision unterstützt ihn darin, einen Teil dieser Projektionen zurückzunehmen und Frustration, Ärger und Fluchtimpulse mehr als verbindende gemeinsame Elemente im intermediären Zwischenraum zu verstehen; denn als »Eigenschaften« des Teams. Die supervisorische Arbeit entwickelte sich im Weiteren wieder leichter und haltgebender. In einer späteren Prozessbilanz meldet das Team zurück, es sei in jener Phase in dem Glauben gewesen, der Supervisor sei vom Team gelangweilt und plane seinen möglichst raschen Abgang vom sinkenden Schiff.

Entschleuniger

Ein Teammitglied in einer Jugendhilfeeinrichtung war in der Tiefgarage der Einrichtung mit dem Vater eines Klienten in einen lautstark eskalierten Streit am Rande des Handgemenges geraten. Er war durch die Leitung vorläufig vom Dienst suspendiert worden. Das Team forderte – beschämt und geängstigt durch diese Szene – die sofortige Entlassung des Kollegen. Der Supervisor wirft die Frage auf, ob es möglich sein könnte, »zunächst erst mal gar nichts zu machen«, um einige Tage Zeit und Denkraum zu gewinnen. Es entwickelte sich in der Folge eine produktive Auseinandersetzung um strukturelle Gewalt und die Angst der Kolleginnen, selbst zu Täterinnen zu werden.

Fahrlehrer

In der Fallbesprechung stellt eine neue Sozialpädagogin eine Klientin ihrer Wohngruppe vor, bei der die weitere Betreuung infrage steht. Nach eingehender Besprechung in der Teamgruppe und Klärung aller Kontextfragen steht ein Gespräch mit der Klientin auf dem Plan. Dies sei insofern heikel, da die Klientin zu selbstverletzendem Verhalten neige und nicht einzuschätzen sei, wie sie in einer Konfliktsituation reagiere. Die Sozialpädagogin möchte das Gespräch allein führen, um eine vertrauensvolle Atmosphäre zu gewährleisten, im Prinzip habe sie auch eine gute Beziehung zur Klientin. Aus verständlichen Gründen habe sie aber »Muffe« vor dem Gespräch und erbittet Unterstützung. Der Supervisor kommt sich in der Situation wie ein Fahrlehrer vor, der nebenan auf dem Beifahrersitz Platz genommen hat, auf Gefahren hinweist, aber auch anregt, mehr Gas zu geben, wenn die Sicht frei ist. So gelingt es – mit den Kolleginnen auf der Rückbank –, die Sozialpädagogin auf das Gespräch vorzubereiten. In der folgenden Sitzung schildert sie, dass alles anders gekommen sei, sie sich aber sicher fühle und ein gutes Ergebnis habe erzielt werden können.

Kulturforscher

Die forschende Suchbewegung charakterisiert die vielleicht grundlegendste supervisorische Rolle. Wir haben bereits darauf hingewiesen, dass wir viele Parallelen zur ethnologischen Feldforschung sehen. Mit Gotthardt-Lorenz (2009) sehen wir »Kontextualisierung« und »Rollenreflexion« als die zentralen Forschungsdisziplinen in der Teamsupervision. Auch kleine »ethnologische« Forschungsprojekte können in der Supervision Sinn machen. In einem Team der ambulanten Jugendhilfe zeigt sich ein neues Teammitglied irritiert über folgende Eigenart seines neuen Teams: Die Teammitglieder sprechen sich seit langer Zeit grundsätzlich mit den Nachnamen an, obwohl sie – wie in vielen Teams üblich – alle per Du sind. Dieser Stil – so der neue Kollege – erinnere ihn an seine Grundschul- und Bundeswehrzeit. In der gemeinsamen Rekonstruktion dieses Habitus-Aspekts macht das Team deutlich, wie wichtig es ihm sei, angesichts hoch emotionalisierter Verhältnisse in der Fallarbeit ein kulturelles Korrektiv im Team zu gestalten. Frei nach dem Motto »rau aber herzlich«. So werde vermieden, die Verhältnisse »zu gefühlig« und damit potenziell überflutend werden zu lassen.

Mutmacher

In der Fallberatung eines Kinderschutzteams berichtet eine Kollegin von einer sehr problembeladenen Familie. Der Auftrag, die Erziehungsfähigkeit der Eltern zu unterstützen, erscheint kaum erfüllbar. Ein Teamkollege merkt an, ihm falle bei der Geschichte der Begriff »Himmelfahrtskommando« ein. Ihm sei klar, dass dieser Begriff nicht gerade ermutigend sei. Dennoch frage er sich, wie wohl am besten mit einem »Himmelfahrtskommando« umzugehen sei. »Offen mit Leitung und Jugendamt über die großen Risiken sprechen«, »sich nicht böse sein, wenn es – was ja nicht unwahrscheinlich ist – schief geht«, »sehr aufmerksam sein und wann immer möglich Pausen machen«, waren einige der Ideen, die dann entwickelt wurden. Die fallverantwortliche Kollegin fühlte sich am Ende durch diese »Gebrauchsanweisung für ein Himmelfahrtskommando« ermutigt. Ganz im Sinne von Marie-Luise Conen (2011), die so treffend titelt: »Wo keine Hoffnung ist, muss man sie erfinden.«

Mutter oder Vater

Die Mitarbeiterinnen und Mitarbeiter eines neu gegründeten Jugendhilfeträgers mit dem Schwerpunkt Familienarbeit wünschen Teamentwicklung mit dem Fokus Klärung der Rollen, denn die zwölf Mitglieder setzen sich aus Vorstand, Projektleitung, Festangestellten und Ehrenamtlichen zusammen. Es geht um das »Laufen lernen« und die Begleitung erster Schritte in einem neuen Arbeitsfeld. Die Resonanz des Beraters ging in die Richtung, dass die Teammitglieder eigentlich alles gut im Griff hatten, aber jemanden wünschten, der ihnen das bestätigt.

Provokateur

Die Beratung der Bereichsleiterrunde einer Pharmafirma dreht sich schon in der dritten Sitzung im Kreis. Nach Gründen wird zunächst ergebnislos gesucht. Der Berater:»Ich weiß gar nicht, ob Sie selbst ein Beratungsbedürfnis haben, schreiben Sie mir bitte jeder zur nächsten Sitzung zwei Anliegen auf und dann sehen wir weiter. Sie bezahlen mich auch dafür, dass ich unbequem bin!«

Ratgeber

Bei der Neubesetzung einer Stelle hatte sich die Geschäftsführung gegen den vom Team favorisierten Bewerber entschieden. Alle hatten dem Favoriten die Daumen gedrückt, da er bis vor Kurzem Praktikant im Unternehmen und sehr beliebt war. Das Team war nun in der Supervision mit der Frage beschäftigt, ob es seine diesbezügliche Enttäuschung gegenüber dem neuen Kollegen – der den Zuschlag erhalten hatte – kommunizieren solle oder nicht und fragt den Supervisor nach dessen Rat. Der Supervisor empfiehlt gegenüber dem neuen Kollegen, Transparenz hinsichtlich der Vorgeschichte herzustellen, um diesem die Ambivalenz nachvollziehbar zu machen und ihn dennoch willkommen heißen zu können.

Schweiger

Beratung ohne ausreichende Spannung ist wie Skilaufen ohne Schnee. Manchmal ist es notwendig, Gas zu geben, damit die nötige Arbeitsspannung entsteht, manchmal zu entspannen. Auch das Schweigen und Nichtstun an den richtigen Stellen in der angemessen Dosis ist ein Mittel, das die Ratsuchenden in die gewünschte Selbstreflexion führen kann. Oft sind es nur Bruchteile von Sekunden, wenn Fragen oder Eindrücke des Beraters in kurzen klaren Sätzen formuliert im Raum stehen bleiben, um ihre Wirkung entfalten zu können, ohne durch zu schnelle und ausführliche Erklärungen zugedeckt zu werden. Wir sind skeptisch hinsichtlich einer weitgehend abstinenten Schweigehaltung (vgl. Kapitel 7.2), die zu unserer Überraschung immer noch von einigen Kolleginnen praktiziert wird. Unterm Strich ist sie wenig klärend, die Ratsuchenden aber unproduktiv verunsichernd und Regression fördernd. Es gibt die seltenen Phasen, in den die Ratsuchenden in einer Sitzung entweder selbst keine Anliegen formulieren und auch aus Angeboten des Beraters keinen Prozess in Gang setzen können. Dann kann eine Schweigepause ihre Kraft entfalten und die Teilnehmer »bei sich ankommen« lassen. Meistens wirkt das. Nun wissen wir, dass Schweigen und Schweigen nicht dasselbe ist, es gibt eine große Spannbreite vom meditativen Schweigen bis zum Machtschweigen (wer zuerst was sagt, ist der Verlierer). Wir haben es erlebt, dass ein Team – es handelte sich um eine Suchtklinik – geschlagene 90 Minuten geschwiegen hat. Anfängliche Versuche, etwas in Gang zu setzen, blieben erfolglos und so versanken wir im Schweigen. Auf die Nachfrage wie dies erlebt wurde, gab es überraschende Antworten: »endlich mal kein Zeitstress«, »einfach mal nichts tun und Nachdenken können«, »nicht immer ein Thema nach dem anderen«. Dazu muss man wissen, dass die Therapeuten im engen Zeittakt eine Klientensitzung nach der anderen zu absolvieren hatten.

Sparringspartner

In der Fallberatung eines ambulanten Betreuungsteams für psychisch Kranke wird ein Mann, Anfang 60, vorgestellt, dessen Leben durch zahlreiche erlebte Traumata belastet ist. Zuletzt löste sich sein letzter Hoffnungsschimmer auf, weil sein Bruder das gemeinsame Haus in seiner fernen Heimat verkauft hat, in die er vorhatte, sich zurückzuziehen. Ein psychischer Zusammenbruch führte zu einer Aufnahme in der Psychiatrie. Da keine Besserung eintrat und Gründe für seinen Zustand nicht gefunden werden konnten, wurde er auf die Neurologie verlegt, zahlreiche Untersuchungen blieben auch hier ohne Erfolg. Den Besuch seiner Betreuerinnen lehne er barsch ab und weise jeden Kontakt zurück. In der Fallbesprechung äußerten zwei Kollegen die Fantasie, ob der Klient vielleicht gar nicht mehr leben wolle. Diesen Gedanken wiesen die beiden Betreuerinnen energisch zurück. Doch das Thema kreiste noch weiter in der Runde. Zum Schluss der Sitzung äußerten die beiden Betreuerinnen ihren Ärger über den Supervisor, weil er das Thema Suizidalität unwidersprochen zugelassen habe. Die Vermutung ist, dass hier an den Berater die Wut und Enttäuschung adressiert wurde, die eigentlich ihrem Klienten galt, den sie jahrelang betreut haben und der jetzt jeden Kontakt zu ihnen verweigert und sie in eine solch hilflose Situation gebracht hat.

Spiegler

Das Team der Filiale eines Einzelhandelsunternehmens fragt Beratung an, da es seit geraumer Zeit nicht gelungen sei, neue Mitarbeiterinnen langfristig an das Team zu binden. Viele neue Kolleginnen seien nach kurzer Zeit »in die Flucht geschlagen« worden.

Das erste Treffen mit dem Team findet an einem großen Tisch im Sozialraum der Mitarbeiterinnen statt, der über und über mit leeren Flaschen, alten Verpackungen und allerlei Übriggebliebenem vollgestellt ist. Der ganze Raum hatte offensichtlich seit geraumer Zeit keine Fürsorge mehr erfahren. Am Platz des Beraters war in geradezu rührender Weise etwas Platz im Chaos geschaffen worden. Auf einer kleinen freigeräumten Tischfläche fanden sich ein Kaffeegedeck und ein Teller mit Keksen. Der Fremde sollte ein Stück gepflegte Gastfreundschaft erfahren. Im Gespräch beschäftigt sich das Team selbstkritisch mit seinem Verhalten gegenüber Neuankömmlingen. Nach einiger Zeit kommt der Berater auf das Tischarrangement zu sprechen. Hier sei er ja als Neuer überaus achtsam bedacht worden. Dies erfülle ihn einerseits mit Freude. Andererseits erlebe er aber einen Teil von Unwohlsein und Scham, da ihm etwas zu Teil werde, was sich andere offensichtlich vorenthielten. Vielleicht mag es neuen Kolleginnen im Team gelegentlich ähnlich gegangen sein. Der Beratungsprozess beschäftigte sich dann überwiegend mit Strategien der Selbstfürsorge für die lang gedienten Teammitglieder – mit am Ende durchaus erfreulichen Effekten für die Anzie-

hungskraft des Teams für neue Kolleginnen. Manchmal geht es
schlicht darum, auf respektvolle Weise einen Spiegel vorzuhalten.

Spielleiter

Zu Beginn der fünften Sitzung einer Gruppe von Streetworkern
der Wohnungslosenhilfe erhebt sich im Rückblick auf die letzte Sitzung viel Kritik am Supervisor. Er habe die Vielzahl der angemel-
deten Themen nicht bewältigt, habe willkürlich Themen bevorzugt,
ohne zu verhandeln, andere habe er scheinbar überhört. Am Ende
der Sitzung habe man die Arbeit abrupt abbrechen müssen, da das
Zeitmanagement ärmlich gewesen sei. Der Supervisor habe die Sitzung »schroff und autoritär« abgewürgt. Alles in allem also eine sehr
berechtigte Kritik. Supervisoren sind Hüter des Settings. Dazu gehören das transparente Verhandeln des thematischen Kontrakts, die
Wahrung thematischer Grenzen und der sorgfältige Umgang mit
der Zeit. Die in dieser Szene hohe Ambivalenz hinsichtlich der Leitung (bei Team und Supervisor) konnte erst zu einem späteren Zeitpunkt thematisiert und auch im Bezug zur Organisation und zum
Arbeitsfeld bearbeitet werden.

Tröster

Ein Team muss sich mit der Entscheidung der Geschäftsführung
auseinandersetzen, dass es binnen Jahresfrist aus betriebsbeding-
ten Gründen aufgelöst wird. Nur einem kleinen Teil der Mitarbeiter
wird ein neuer Arbeitsplatz angeboten. Es geht darum, dem Unaus-
weichlichen ins Auge zu sehen, zu trauern und den Glauben an die
Ressourcen der Individuen nicht zu verlieren. Manchmal können
wir – wie unsere Kollegin Renate Ritter es sagt – »nicht mehr geben
als unsere Freundlichkeit«.

Unwissender

Im Team einer Klinik mit psychotherapeutischem Schwerpunkt wird
in der Supervision mit Fachbegriffen nur so um sich geworfen. Der
Supervisor – selbst als Psychotherapeut sozialisiert – schwankt zwischen seiner Scham, diesen Gesprächen intellektuell nicht folgen zu
können und seinem Ärger über den ihm vordergründig und narziss-
tisch anmutenden Gesprächshabitus. Er beschließt beim Gebrauch

von Fachbegriffen fast rituell nachzufragen, was die jeweilige Person mit dem Begriff meinen könne. Nach anfänglicher Irritation ergibt sich eine Veränderung der Gesprächsatmosphäre, die es dem Supervisor erleichtert, seine Arbeit zu tun und die scheinbar auch mit mehr Lebendigkeit verbunden ist. Später kann auch darüber nachgedacht werden, welche Funktion das »Fachchinesisch« im Team erfüllen könnte.

Verwirrer

Ein Beratungsteam aus dem Kontext Jugendhilfe, mit dem der Supervisor schon vor längerer Zeit eine Teamentwicklung durchgeführt hatte, weil sich die Leitungsstruktur verändert hatte, fragte erneut nach Teamentwicklung nach. Vereinbart wurden zwei halbe Tage, um nach einem Umgang zu suchen wie die neu gestellten, hinzugekommenen Aufgaben, die permanente Überforderung der zwölf Kolleginnen und die Fluktuation aufgrund von Berentungen unter einen Hut zu bekommen seien. Außerdem wollten die Beteiligten über das Schicksal ihrer vor Jahren noch ausgeprägt guten Motivation nachdenken. Also ein ziemliches prall gefülltes Paket. Am ersten Tag konnte diszipliniert und lustvoll an dem letzten Punkt gearbeitet werden, um sich eine Übersicht darüber zu verschaffen, was denn die Kür- und die Pflichtaufgaben sind. Für den nächsten Tag wurde vereinbart, dazu eine passende Organisationsstruktur zu suchen. Der Tag fing müde und schleppend an, Ideen ließen sich nicht im Ansatz generieren. Nun können Sie mit Recht sagen, dass hier aus einem hässlichen Entlein ein schöner Schwan kreiert werden sollte. Am Abend zuvor kam dem Berater die Bauchidee, ob es nicht sinnvoll sein könne, die beiden bestehenden Untergruppen, in die das Team aufgeteilt war, für die Arbeit des nächsten Tages aufzulösen und stattdessen drei Gruppen mit jeweils vier Kolleginnen zu bilden. Und zwar so, dass die unterschiedlichen Professionen und die Aufgaben in den jeweiligen Gruppen präsentiert sind. Diese Idee brachte der Berater ein, weil sich keine andere Perspektive abzeichnete. Ein Aufschrei der Empörung war die umgehende Reaktion. Das ginge überhaupt nicht, weil … Interessanterweise öffnete das den Raum, eine Probebefragung durchzuführen, wer denn gern mit wem eine Arbeitsgruppe bilden würde. Der Berater hatte immer noch seine

Dreier-Konstellation im Blick. In kurzer Zeit wurden die Kolleginnen aktiv, nach sinnvollen Konstellationen zu suchen und es bildeten sich zwei neu formierte Arbeitsgruppen heraus. Ihre Aufgabe war es, innerhalb eines halben Jahres die Bedarfe der Klienten und der zuweisenden Stellen genauer zu prüfen und gleichzeitig die Möglichkeiten der eigenen Gestaltung auszuloten. Alle waren mit dem Ergebnis zufrieden, fühlten sich wieder motiviert und orientiert. Konstruktivisten können sich nun bestätigt sehen, dass der Berater eine Organisation nicht verändern kann, aber er kann sie verwirren – wie mit dem Vorschlag der Dreier-Arbeitsgruppen – und so zu einer neuen Selbstorganisation animieren. Nun würde der Berater sich nicht als Konstruktivist bezeichnen und die Verwirrung war alles andere als geplant. Das Ergebnis ist trotzdem interessant.

Zeremonienmeister

Teamsupervisionen mit ihrem speziellen Setting, der Rundenarbeit etc. haben grundsätzlich rituellen Charakter. Dieser kann gezielt akzentuiert und genutzt werden. In der Teamsupervision eines Krankenhausteams wird die Fragestellung aufgeworfen, wie das Team nach einer langen Zeit schwieriger Auseinandersetzungen und Krisen eine »Zäsur« gestalten könne. Man wolle sozusagen auf eine »Resettaste« drücken, um unbelasteter in die nächste Entwicklungsphase starten zu können. Der Supervisor unterteilt den Raum mit einem Seil in zwei Hälften, Vergangenheit und Zukunft. Dann bittet er jedes Teammitglied einzeln, diese Linie von der Vergangenheit in die Zukunft zu überschreiten und dabei auszusprechen, was er in der Vergangenheit zurücklassen, bzw. mit in die Zukunft nehmen wolle. Das Team zeigte sich zufrieden mit der durchaus nachhaltigen Wirkung dieser rituellen Zeremonie.

5.4 Komplexberatung

Neben der skizzierten Integration unterschiedlicher Rollenaspekte in ein und demselben Beratungsprozess stellen uns die Beratungsanliegen unserer Kunden zunehmend vor die Anforderung, unterschiedliche Beratungssettings auf verschiedenen Ebenen der Organisation in vielschichtigen Architekturen zu kombinieren.

In diesem Zusammenhang geistert mit dem Begriff Komplexberatung ein neues Gespenst durch den Beratungswald. Ohne Frage, auch wir gehören zu den Anhängern. Wenn wir von Komplexberatung (s. Abbildung 3) sprechen, sind unserer Einschätzung nach vor allem folgende vier Dimensionen berührt:

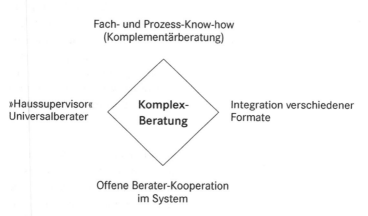

Fach- und Prozess-Know-how
(Komplementärberatung)

»Haussupervisor«   Komplex-   Integration verschiedener
Universalberater   Beratung   Formate

Offene Berater-Kooperation
im System

Abbildung 3: Komplexberatung

Wir hatten bereits zu der Notwendigkeit argumentiert, Aspekte der Fach- und Prozessberatung zu integrieren. Königswieser, Sonuc und Gebhardt (2006) sprechen in diesem Zusammenhang von »Komplementärberatung« und plädieren auch als Organisationsberater dafür, den Blick nicht stur auf die Abläufe und ihre Strukturen zu legen, sondern durch reflexive Phasen zu ergänzen, um der Komplexität angemessen Rechnung zu tragen. Die Autoren werben dafür, im Beratersystem beide Komponenten, nämlich reflexiv-differenzierende und fachliche Beratung, vorzuhalten. Da dies nach ihrer Erfahrung in einer Person schwer zu integrieren ist, haben sie gute Erfahrungen in gemischten Beraterteams gemacht. »Sicher können die im komplementären Sinne relevanten Haltungen, Werte und Erfahrungen in einer Person vereint werden; dennoch stellt unserer Meinung nach die körperlich-sinnliche ›Sichtbarkeit‹ der beiden Perspektiven in einem komplementären Zusammenwirken, in verschiedenen Personen repräsentiert, einen entscheidenden Wirkungsfaktor dar. Das spricht für eine Zusammenarbeit im Tandem bzw. in einem gemischten Team« (S. 90).

Auch wir sehen in der Tandemberatung ein großes Potenzial, weil aus verschiedenen Positionen auf den Prozess geschaut werden kann, während ein Berater aktiv ist, kann sich der andere stärker auf das Prozessgeschehen konzentrieren. Dafür bedarf es nicht unbedingt verschiedener Haltungen. Bezogen auf die Praxis von Teamberatungen lässt sich das leider nur sehr selten realisieren, da die Auftraggeber ein solches Arrangement oft als luxuriös und deshalb unfinanzierbar erachten. Vor allem aber gibt es unter Supervisoren selbst – die sich oft ganz urwüchsig als Einzelkämpfer verstehen – vermutlich tiefsitzende Widerstände gegen Kooperation. In unseren Ausbildungen arbeiten wir eigentlich immer zu zweit und haben damit sehr gute Erfahrungen gemacht, wenn das Verhältnis zueinander vertrauensvoll ist.

Hinsichtlich der Integration von Fach- und Prozessberatung in der Supervision hat sich in den letzten Jahren ein Paradigmenwechsel vollzogen. Auch bei Fallsupervisionen im Team beschränkt sich Supervision in unserem Verständnis nicht auf reine Reflexion. Sie beinhaltet auch konkrete fachliche Beratung (vgl. Kapitel 6.6). Idealerweise oszillieren (pendeln) Supervisionsprozesse ständig zwischen den Polen Fachberatung und Selbstreflexion (vgl. Belardi, 2013). Bei Teamsupervisionen mit dem Fokus Teamentwicklung ist der Anteil an Fachberatung gelegentlich sogar noch höher, da hier oft kleine Changeprozesse zugrunde liegen. Manchmal ist es auch angezeigt, kleine Trainingseinheiten zu bestimmten Themen einzubauen.

Der Haussupervisor

Rudolf Heltzel und Wolfgang Weigand (2012) beschreiben Rollenprofile von »Haussupervisoren«, die ein weites Spektrum des Beratungsbedarfs einer Organisation aus einer Hand erledigen. Dazu gehört neben Teamberatung, Training, Konzeptentwicklung, Coaching, Krisenintervention, Mediation auch Organisationsberatung. Kornelia Rappe-Giesecke (2009, S. 203) spricht in diesem Zusammenhang von »One-Man-Show« und plädiert dafür, die verschiedenen Verfahren bei Bedarf in einem linearen Nacheinander durchzuführen. Bei aller persönlichen Sympathie für die beiden Kollegen gehen uns ihre Ambitionen in dieser Hinsicht doch etwas zu weit. Im Mittelpunkt ihres Buchs steht die nachvollziehbare These, dass komplexe Beratungsaufträge die Beraterrolle verändern. Auch wir sind der Überzeugung, dass die Anforderungen an Beratung in Organisationen komplexer geworden sind. Damit einher geht die Anforderung an die Berater, ihr Portfolio entsprechend zu erweitern. Mit nur einem Beratungsverfahren im Angebot wird man heutzutage den Anforderungen nicht gerecht. Beraterinnen stehen besonders zu Beginn – und auch später im fortlaufenden Prozess – vor der Herausforderung, immer wieder »Beratung über Beratung« anzubieten, um für den Kunden und sein Anliegen das adäquate Beratungsverfahren herauszufinden.

Es erscheint uns mit Heltzel und Weigand durchaus adäquat, als einzelner Berater gleichzeitig in unterschiedlichen Subsystemen und Hierarchieebenen einer Organisation zu beraten. Die Möglichkeit, dies in Erwägung ziehen zu können, ist vermutlich sogar ein gutes Indiz für weitreichende Bewegungs- und Gestaltungsfreiheit der Beraterin innerhalb der Organisation als externe und damit relativ ungebundene Instanz. Diese Option gerät allerdings an Grenzen, wenn damit bestehende Arbeitsbündnisse überfordert werden. Wenn das Vertrauensverhältnis zwischen Team und Supervisor beispielsweise nicht stabil genug ist, um das Parallelangebot eines zeitgleichen Coachings der Teamleitung zu tolerieren, kann die Komplexberatung aus einer Hand eskalierende paranoische Ängste befeuern, die den triadischen Raum gefährden, anstatt ihn zu erweitern. Das Leben ist auch hier konkret und von Fall zu Fall zu nehmen.

Kritisch abzuwägen ist auch die Frage, ab welchem Punkt wir als Berater bei einer wachsenden Zahl von Beratungsprozessen in ein und derselben Organisation unsere externe Perspektive und Unabhängigkeit zu sehr schwächen. Die Beraterrolle steht dann in der Gefahr, nicht nur verändert, sondern ganz grundsätzlich aufgelöst zu werden, weil wir quasi zu einem überdauernden Teil der Organisation geworden sind. Auch dieses Risiko führt uns zu einiger Zurückhaltung hinsichtlich der Idee vom »Haussupervisor«.

Ein weiterer relevanter Einwand hinsichtlich der Grenzen des Konzepts Haussupervisor zielt auf die Sorge hinsichtlich einer in bestimmten Fällen möglicherweise unzureichenden Komplexitätsentsprechung zwischen Klienten- und Beratersystem. Wir halten eine Menge von der Leitlinie: Systeme können nur von Systemen verstanden werden. Vereinzelung engt die Spielräume für ein tiefenscharfes Verständnis von Systemdynamiken ein. Und selbst wenn wir dem Standard folgen, mithilfe von Kontrollsupervisionen, Eigenreflexion und Intervisionen für systemische Resonanz auf unsere supervisorische Arbeit zu sorgen, so müssen wir uns doch fragen lassen, ob wir in der Rolle eines solitären Haussupervisors die innere Kapazität aufbringen können, um strukturell weitverzweigte Organisationsdynamiken in uns zu halten, ohne unsere externe Beraterposition unmerklich aufzugeben.

5.5 Kooperation und Beraternetzung im System

Ein denkbares Korrektiv zu einer möglichen Überschätzung der Potenziale solistischer Haussupervisoren liegt im – in jüngster Zeit von einer Gruppe von Kolleginnen – vorangetriebenen Nachdenken über eine engere Kooperation unter Supervisorinnen (vgl. Sanz, 2014, Gotthardt-Lorenz, 2014, Gotthardt-Lorenz u. Knopf, 2015). Supervisoren als auch Auftraggeber sollten grundsätzlich an einer Vernetzung der Berater interessiert sein, die in der jeweiligen Organisation arbeiten. Es ist Teil der Herausbildung des Dreieckskontrakts, Informationen über Beratungsprozesse einzuholen, die in der Organisation aktuell sind, um die jeweilige Teamsupervision in diesem Kontext verorten zu können. Auftraggeber können die in der Organisation tätigen Supervisoren zu Treffen einladen, um über aktuelle Entwicklungen zu informieren und sich mit den Supervisoren über thematische Brennpunkte auszutauschen, die in den jeweiligen Supervisionen sichtbar werden. Es ist leider immer noch eher der Normalfall, dass es kaum Vernetzung in diesem Sinne gibt. Sowohl die Auftraggeber als auch die Supervisoren sind diesbezüglich – soweit unsere Erfahrungen reichen – sehr zurückhaltend. Dies kann zu Situationen führen, in denen die Effekte unterschiedlicher Beratungssettings gegeneinander laufen, sich gegenseitig neutralisieren oder sogar in Spaltungsdynamiken eskalieren.

Im Teamcoaching dreier Produktionsteams eines Metallbauunternehmens wurde über längere Zeiträume an der Klärung der Rollen der Teamleiter gearbeitet. Parallel dazu gab es im Rahmen einer Organisationsentwicklung für das Gesamtunternehmen eine Entwicklung, die in der Entscheidung über den zukünftigen Wegfall der Führungsebene auf Teamebene mündete. Das Ganze war getragen von der Idee möglichst schlanker Führungsstrukturen. Im Ergebnis ergaben sich bei den Teams unerwünschte Effekte der Frustration und erlernten Hilflosigkeit. Als Teamcoach hatte ich (KO) mich nicht um die Berücksichtigung des OE-Kontextes in der Kontraktbildung gekümmert. Die für die gecoachten Produktionsteams zuständige Führungskraft hätte die Ebene der Teamleitungen gern gegen die Streichung verteidigt und hatte auch deshalb den Auftrag erteilt, die Stärkung der Teamleiterrollen in der Beratung zu berücksichtigen. Als Coach hatte ich mich für diesen gut gemeinten, aber wenig effektiven mikropolitischen Kampf gegen Windmühlenflügel instrumentalisieren lassen, anstatt einen Raum für die kooperative Klärung der Interessensspannungen in der Organisation zu eröffnen.

Vernetzung der Berater in ein und derselben Organisation ist wünschenswert. Sie kann sich aber auch komplikationsreich entwickeln oder scheitern, wenn die Berater von sehr divergierenden konzeptionellen Grundlagen ausgehen. Ein weiteres Argument für das »Alles-aus-einer-Hand«-Angebot eines Haussupervisors möchte man meinen. Als Pendant dazu plädieren wir eher für Kooperationen unter Beraterinnen, die sich nicht nur informell vernetzen, sondern gemeinsam am Markt auftreten und Komplexberatungen mit eingespielten und vertrauensvoll kooperierenden Beraterteams anbieten (zum Unterschied von Vernetzung und Kooperation vgl. Ahlers-Niemann u. Freitag-Becker, 2011). Derartige Kooperationen entstehen teilweise zufällig, wenn Kollegen zum Beispiel in Intervisionsgruppen feststellen, dass sie in der gleichen Organisation tätig sind. Der Austausch entwickelt sich dann aus guten Gründen eher subversiv, verschämt und gehemmt. Die Kunst besteht vor allem darin, Auftraggebern derartige Kooperationen transparent als Bestandteil der Beratungsleistung anzubieten und zukünftig vermehrt für die offizielle Beauftragung von Kooperationsleistungen zu gewinnen.

In einer Einrichtung der ambulanten Jugendhilfe, die in drei Teams mit unterschiedlichen Arbeitsschwerpunkten untergliedert ist, arbeiten drei Kollegen als Supervisorinnen jeweils eines Teams. Die Einrichtungsleitung lädt die drei Kolleginnen regelmäßig zu gemeinsamen Terminen ein, in der die Arbeit bilanziert und überprüft wird. Einmal jährlich finden Teamtage für das Gesamtteam mit supervisorischen Aspekten statt, an denen alle Mitglieder der drei Teilteams teilnehmen. Diese Teamtage werden von den drei Supervisorinnen im Auftrag der Einrichtungsleitung gemeinsam vorbereitet und durchgeführt. Die Einrichtungsleiterin sorgt dafür, dass auch der Kollege, bei dem sie selbst Leitungscoaching erhält, bei Bedarf punktuell in Vernetzungsmeetings mit den Teamsupervisorinnen einbezogen wird.

Die Chancen, die mit solchen Kooperationen verbunden sind, stehen unserer Einschätzung nach in einem guten Verhältnis zum beträchtlichen Aufwand, den sie allen Beteiligten abverlangen. Vielleicht ist die Herausbildung funktionierender Kooperationsstrukturen, in denen sich die vereinzelten Arbeitskraftunternehmer der Supervisorenzunft angesichts der Anforderungen komplexer Beratungsaufträge selbst in eigenen Organisationsstrukturen weiter professionalisieren, die nächste herausfordernde Etappe in der Entwicklung der Supervision als Institution. Die Kollegin Andrea Sanz (2014) hat in einer Studie eine erhellende Skizze der Widerstände geliefert, die Supervisoren bei sich selbst überwinden müssen, wenn sie sich auf Kooperationen einlassen wollen. »Kooperation löst Kontrollängste und Insuffizienz-Gefühle bei Supervisorinnen aus […] (und) konfrontiert sie mit ihrer solistischen Prägung und der Flucht vor institutionellen Bedingungen« (S. 26), die in den Berufsbiografien vieler Supervisoren tatsächlich eine relevante Rolle spielen. Die Hidden Agenda supervisorischer Einzelgänger ist vor diesem Hintergrund nicht selten dezidiert organisations- und damit auch kooperationsskeptisch. Die von Sanz befragten Supervisorinnen geben zudem Hinweise darauf, dass sich Spiegelungsphänomene aus der organisationalen Dynamik im Staff kooperierender Berater in besonderer Virulenz zeigen. Der Umgang mit diesen Phänomenen will gelernt und geübt sein. Auch aus diesem Grund investieren wir im Moment einige Energie in die Qualifizierung der Kooperationen mit uns nahestehenden Kollegen. In der Vergangenheit ging es uns dabei vor allem um die Vernetzung im Interesse der gegenseitigen Kontrolle und Qualifizierung im Sinne der Intervision. Heute ist es zudem das Ziel, uns in die Lage zu versetzen, unseren Kunden Beratungsleistungen in gut handlungsfähigen und eingespielten Tandems oder Gruppen anzubieten.

5.6 Kombination verschiedener Beratungsformate in der Praxis

An verschiedenen Stellen im Buch ist anhand der Praxisfälle schon deutlich geworden, dass es manchmal flüssige Übergänge von einem Beratungsformat ins andere gibt. Damit wollen wir auch andeuten, dass der Berater den Prozess über weite Strecken intuitiv gestaltet bzw. sogar gestalten muss. Unvorhersehbarkeiten sind nicht planbar, müssen aber gemeistert werden. Je breiter der Berater methodisch aufgestellt ist, je besser kann er auf sein Kompetenzrepertoire zurückgreifen und entsprechend intervenieren. Dabei lässt sich der Begründungszusammenhang für die Entscheidung für einen bestimmten Fokus oder den Einsatz eines Tools im Moment der Intervention nie genau bestimmen. Das geht bestenfalls in der Retrospektive, in der auch Teile des intuitiven Prozesses aus der Distanz nachvollzogen und beschrieben werden können. Etwas anderes ist es, wenn wir im Prozess eindeutig und explizit kontraktiert von einem Verfahren in ein anderes wechseln, beispielsweise von der Teamsupervision in die Mediation. Vor dem Hintergrund unserer Erfahrungen benutzen wir dafür den Begriff *Organisationsmediation* (Pühl, 2003, 2010).

Auch hier gilt, dass die Beraterin und der Berater über Kompetenzen in mehreren Verfahren verfügen müssen, um diese situativ angemessen einsetzen zu können und damit den Anforderungen der Kunden und ihrer Organisation gerecht zu werden.

Wie gesagt: Auch uns begegnen Kunden mit ihren Wünschen, in unterschiedlichen Settings mit demselben Berater zu arbeiten. Der Klassiker ist die Teamsupervision, in der sich herausstellt, dass ein separates Coaching für die Leitung angemessen wäre und gewünscht ist. Die erste Frage richtet sich dann an den Supervisor, ob er das nicht machen könne, man hätte doch schon ein gutes Arbeitsbündnis. Wohl wahr. Deshalb ist der beidseitige Reiz – oder sollte man lieber von Verführung sprechen? – groß, sich darauf einzulassen.

Um uns zu schützen und nicht in ein Knäuel aus Halbtransparenz und den damit verbundenen Spekulationen zu kommen, haben wir in solchen Fällen oft einen Kollegen aus unserem weiteren Netzwerk empfohlen. Irritierenderweise haben wir allerdings überproportional häufig die Erfahrung gemacht, dass der Kunde dort nicht ankam. Vielleicht lag es nicht nur an der Schwelle, sondern auch an der Kränkung durch die Abweisung. Besser sind die Resultate, wenn wir Kunden an Kollegien empfehlen können, mit denen wir in einem engeren – und für den Kunden nachvollziehbaren – Kooperationsverhältnis stehen.

Teamsupervision und parallel Coaching

In einem Fall habe ich (HP) ein begrenztes Konfliktcoaching mit der Teamleiterin und dem Geschäftsführer durchgeführt. Anlass war das Auswertungsgespräch der Teamsupervision nach einem Jahr, in dem sehr deutlich wurde, dass beide unter einer Arbeitsstörung leiden, die sich durch gegenseitige Kränkungen und ein Sich-nicht-ernst-genommen-Fühlen auszeichnen. Wir haben dann parallel zur Teamsupervision, an der die Teamleiterin teilnahm, ein Konfliktcoaching über fünf Sitzungen zur Klärung durchgeführt. Die übrigen Teammitglieder haben darauf sehr positiv reagiert, da sie den Druck ihrer Teamleiterin spürten und vom Geschäftsführer immer wieder mit spitzen Bemerkungen überrascht wurden. Das hat sich durch die Konfliktgespräche nachhaltig verändert. In diesem Falle war es für mich kein Problem, die Balance zu halten, da beide Prozesse strukturell transparent waren, thematisch und zeitlich abgegrenzt.

Ein anderer Fall, der häufig vorkommt, ist folgender:

Das Arbeitsteam eines mittelständischen Industrieunternehmens fragt ein Teamcoaching an, da sich die Aufgaben durch Änderungen in der Produktpalette wesentlich verändert haben. Im Erstkontakt sind neben den neun Mitarbeitern auch der Teamleiter und sein Stellvertreter anwesend. Befragt nach den Gründen für die Beratung wird außerdem schnell deutlich, dass es zwischen dem Leiter und seinem Stellvertreter massive Konflikte gibt, die nach kurzer Zeit auch lautstark präsentiert werden. Ich (HP) fühle mich von der Wucht der Vorwürfe etwas überrumpelt. Schließlich haben wir noch keinen Kontrakt zur Klärung, sondern befinden uns noch in der Vorphase des Kennenlernens. Die Szene ist nur schwer einzufangen, deutlich wird aber, dass der Konflikt zwischen den beiden bereits das Team in Pro- und Kontra-Leiter bzw. Stellvertreter gespalten hat. Da ich unter diesen Bedingungen keine Basis für eine konstruktive Teamentwicklungsarbeit sehe, schlage ich vor, dass die beiden Leiter vorab ein Konflikt-Coaching machen sollten, um das Restteam nicht weiterhin in ihre Dynamik einzuweben. Die übrigen Teammitglieder fühlen sich von dem Vorschlag entlastet, die Leiter überlegen es sich. Nach zwei Wochen melden sie sich, um das Konflikt-Coaching in Anspruch zu nehmen.

In früheren Zeiten hätten wir in solchen Fällen grundsätzlich eine Kollegin oder einen Kollegen vorgeschlagen. Auch aufgrund der beschriebenen Erfahrung, dass dieser Vorschlag die gewünschte Wirkung verfehlte, haben wir inzwischen als Einzelberater mehr mit Komplexberatungen experimentiert, die unterschiedliche Hierarchieebenen und Beratungsformate einbezieht. Wir stellen uns der Herausforderung unsere Parteilichkeit so weit zu balancieren, um beispielsweise zuerst mit der Leitung zu arbeiten und dann mit allen Beteiligten im Team. Insbesondere wenn das Arbeitsbündnis zwischen Team und Leitung im Großen und Ganzen intakt ist, gibt es dafür durchaus erfolgversprechende Spielräume.

Teamsupervision und Organisationsentwicklung

Für das Team einer Beratungsstelle fragt deren Leiterin Teamsupervision nach. Im Vorgespräch mit ihr kristallisiert sich in einem längeren offenen Gespräch heraus, dass die Leiterin ein »persönliches« Anliegen beschäftigt. Sie leitet die Beratungsstelle seit vielen Jahren und konnte in der Zeit zahlreiche Neuerungen durchsetzen, sodass die Stelle einen guten Ruf genießt. Ihr Thema, wie sie es nennt, ist ihre bevorstehende Berentung. In dem Zusammenhang hat der Träger der Einrichtung nämlich vor, die Leitungsstelle nicht neu zu besetzen. Vielmehr soll der Leiter einer anderen Beratungsstelle des Trägers die Gesamtleitung übernehmen. Zu diesem hat sie durchaus einen guten Draht, kann sich aber nicht vorstellen, wie er zwei komplexe Dienststellen leiten soll. Da mit dem Geschäftsführer des Trägers noch nicht alle Details

abgesprochen sind, sieht sie noch einen gewissen Spielraum, um ihre
Bedenken und Vorstellungen einzubringen.

Im Sinne von »Beratung vor Beratung« schlage ich (HP) ihr vor, statt
der Teamsupervision zuerst eine Organisationsberatung zu dem Thema
»zukünftige Leitungsstruktur der Beratungsstellen« zusammen mit dem
Kollegen und den beiden Stellvertreterinnen zu machen. Dies findet
bei allen Beteiligten schnelle Zustimmung. Ohne das hier zu lang aus-
zuführen: Deutlich wurde, dass die anfangs diffusen Befürchtungen
der Beratungsstellenleiterin auch von den anderen geteilt werden. Ferner, dass eine einfache Reduzierung von zwei Leitungsstellen auf eine
einzige so ohne Weiteres nicht praktikabel sei. Stattdessen überlegt
werden sollte, eine neue Hierarchieebene unterhalb der Gesamtleitung
einzuziehen, sodass beide Standorte verantwortlich besetzt sind. Mit
dieser erarbeiteten Vorstellung haben die Beteiligten mit dem Träger-
verantwortlichen eine Klärung gesucht – und gefunden.

Teamentwicklung und Organisationsberatung

Die Mitarbeiter eines neu gegründeten Jugendhilfevereins wünschen
Teamentwicklung zur Klärung ihrer Rollen. Es stellt sich schnell heraus,
dass das Team sich von der Organisation im Grunde strukturell nicht
unterscheidet. Denn die Vorstandsmitglieder sind gleichzeitig Beschäftigte des Vereins und neben den Anwesenden gibt es keine weiteren
Mitarbeiter, sodass eigentlich nicht von einem Team als Substruktur
einer Organisation gesprochen werden kann. Diese quasi familiäre
Nähe drückt sich auch in den Gefühlen der Kollegen aus, die zum Teil
auch privat befreundet sind.

Da die Differenzierung der Rollen und der Verantwortungsstruktur
sich im Gesamtkreis aller Mitarbeiter nicht sinnvoll klären lässt, wird
parallel zu den Teamberatungen eine Vorstandsberatung mit dem Ziel
etabliert, die Entscheidungs- und Verantwortungsprozesse zu klären.
Die anderen Mitarbeiter, die teilweise freundschaftlich verbunden sind,
nehmen das mit Erleichterung zur Kenntnis, da die Themen sich jetzt
eindeutiger zuordnen lassen.

Ohne den Organisationsentwicklungsprozess hier ausführlich dar-
zustellen, gab es folgenden Wendepunkt: Aus rechtlichen Gründen
durfte nur ein altes Vorstandsmitglied von bisher vieren dem neuen
Vorstand angehören. Für die anderen waren Bereichsleiterpositionen

vorgesehen. Ein Mitglied des alten Vorstandes wollte sich ganz aus der Verantwortung der Leitung zurückziehen und nur »normaler Mitarbeiter« sein. Er war es aber, der bisher auf die Kultur und das Konzept der Einrichtung großen Einfluss genommen hatte. Spürbar für die anderen war seine deutliche Ambivalenz mit Zügen von Trotz und die Befürchtung, er könne jetzt aus der Position des Mitarbeiters ständig an der Arbeit der Bereichsleiter und des Vorstandes rumnörgeln und so für schlechte Stimmung sorgen. Hier wurden im Prozess vom Berater Coachingphasen vorgeschlagen, um mit dem Mitarbeiter seinen Zwiespalt hinsichtlich seines Rückzugs zu bearbeiten. Teilweise nahmen diese kurzen Sequenzen auch sehr persönliche Züge an, die nicht unbedingt vom Berater forciert wurden. Konstituierend für diese Tiefung war die dichte persönliche Beziehung der Kollegen im Team, die mit sehr starker Emotionalität auf die Entscheidung des ehemaligen Vorstandsmitglieds antworteten. Überspitzt betrachtet hatte die Bearbeitung biografischer Anteile auch Aspekte von Therapie. Balanciert wurden diese Themen vom Berater, in dem die persönlichen Auswirkungen im Erleben durchgängig in Bezug zur bevorstehenden Veränderung der Organisationsstruktur thematisiert und bearbeitet wurden.

Teamsupervision und Mediation

Es geht in diesem Beispiel um die Beratung eines Leitungsteams eines familiengeführten Handelsunternehmens in zweiter Generation. In diesem »Team« kooperiert der Geschäftsführer und alleinige Inhaber des Unternehmens in wöchentlichen Treffen mit den Leitern der sieben Verkaufsfilialen, um Fragen der operativen Unternehmensleitung und Strategie zu beraten. Thema der Beratungen sind vor allem Fragen der Rollenklärung der Filialleiter im Spannungsfeld zwischen deren Partialverantwortung für ihre jeweiligen Filialen und der Gesamtverantwortung für das Unternehmen, die auch durch ihre Teilnahme am Leitungsteam symbolisiert ist. Im Laufe der Zeit entfaltet sich eine zunehmend konflikthafte Spannung zwischen einem der Filialleiter und dem Geschäftsführer. In der Beratung werde ich (KO) von den anderen Filialleitern auf diese Phänomene angesprochen. Die Arbeitsfähigkeit des Leitungsteams sei beeinträchtigt. Sobald man den Mund aufmache, werde einem unterstellt, parteilich zu sein und die eine oder die andere der Konfliktparteien in die Pfanne hauen zu wollen. Mein Vorschlag, diesen Konflikt in einer Reihe von Mediationssitzungen zwischen dem Geschäftsführer und dem mit ihm so deutlich im Konflikt stehenden Filialleiter zu untersuchen und aus dem Teamcoaching vorübergehend auszukoppeln, wird erleichtert aufgenommen. In den dann folgenden fünf Sitzungen Mediation geht es um eine Konfliktdynamik, die um überzogene Erwartungen und deren naturgemäß schmerzliche Enttäuschung kreist. Der im Konflikt stehende Filialleiter sei vor zwei Jahren als vorerst letzter Neuzugang zum Team gestoßen. Der Geschäftsführer habe ihn wegen spezifischer Qualifikationen hinsichtlich einer bestimmten Produktlinie ausgewählt und große Hoffnungen hinsichtlich seines innovativen Potenzials mit ihm verbunden. Es sei davon die Rede gewesen, dass er die »Rettung der Zukunft des Unternehmens« mit ihm verbinde. Tatsächlich seien die beiden zunächst ein »echtes Dream-Team« gewesen. Der Geschäftsführer habe die Zusammenarbeit als »eine Lust« erlebt und der Filialleiter habe sich nie zuvor durch einen Arbeitgeber so »bedingungslos wertgeschätzt« gefühlt. In den Mediationssitzungen besprechen und betrauern die beiden den schmerzlichen Prozess der Ernüchterung, der sich im weiteren Verlauf eingestellt habe und vereinbaren so etwas wie eine Geschäftsordnung für den zukünftigen Umgang mit den inzwischen überreichlich vorhandenen inhaltlichen Konfliktlinien. Es wird verhandelt und vereinbart, welche Aspekte der Mediation in das Leitungsteam rückgekoppelt werden sollen.

Nach der Wiederaufnahme des Teamcoachings regen die beiden vorgängigen Mediationsklienten im Leitungsteam an, über das Verhältnis von persönlichen Beziehungen, Gesamtverantwortung und Einzelverantwortung der Teammitglieder nachzudenken. Dies auch deshalb, weil die individuelle Letztverantwortung des Geschäftsführers und die unklare und zum Teil überfordernd erlebte Verantwortung des Filialleiters hinsichtlich der Leitung des Gesamtunternehmens in der Mediation eine wichtige Rolle gespielt hatte. Dies lieferte einen fruchtbaren Anstoß für einen Prozess der Differenzierung der Strukturen in der Organisation. Die Filialleiter wurden mehr in ihrer spezifischen Verantwortung für die Filialen und der Geschäftsführer mehr in seiner in der Konsequenz einsam zu tragenden Verantwortung für das Ganze gesehen. Vielleicht kann man von einer Relativierung von Verstrickung sprechen. In der Konsequenz wurde die Frequenz der Sitzungen des Leitungsteams (jetzt Koordinierungsteam genannt) von wöchentlich auf einmal monatlich ausgeweitet. Wenige Monate später kam es – vielleicht nicht ganz zufällig – zur Gründung eines Betriebsrats im Unternehmen. Kurz gesprochen: Der zwischen zwei Personen eskalierte Konflikt erzählte viel über die aktuelle Entwicklungsphase des Unternehmens und konnte einen fruchtbaren organisationsentwicklerischen Impuls liefern.

Bei der Kombination von Teamsupervision und Mediation von Untergruppen stellt sich die Frage, wie der Mediationsprozess wieder in die Teamberatung eingespeist werden kann, eine zentrale handwerkliche Herausforderung dar und sollte schon beim Kontraktieren der Mediationssequenz im Team besprochen werden. Es geht einerseits darum, Diskretionsgrenzen sicherzustellen. Andererseits sollte nach Wegen gesucht werden, die günstigenfalls in der Mediation freigesetzte Energie für den Teamprozess zu nutzen. Dabei hilft uns ein Verständnis von *Organisationsmediation* (vgl. Pühl, 2003, 2010), das die zugrunde liegenden Konflikte nicht als vorrangig psychologische Beziehungsphänomene versteht. Eskalierende Konflikte in Teams interessieren uns in ihrem Bezug zur geschichtlichen Entwicklung, zur Kultur, Struktur und zur wirtschaftlichen Situation der Organisation. In dieser Lesart können zwischen Einzelnen ausgetragene und bewältigte Konflikte auch immer als Leistung im Interesse der Organisation verstanden und kommuniziert werden. Die Kombination von Mediation und Teamsupervision kann helfen, derartige Schätze zu bergen.

In einigen Fällen haben wir gute Erfahrungen damit gemacht, einzelne Mediationssequenzen in der Öffentlichkeit des Teams – also direkt in der Teamsupervision durchzuführen. Wir setzen uns dann im Setting einer Fish-Bowl mit Vertretern der jeweiligen Konfliktparteien in die Mitte der Teamrunde und arbeiten für eine Weile nur in diesem Subsystem, während der Rest des Teams schweigt. Das Problem der Rückkoppelung erledigt sich dann von selbst. Bei sehr eskalierten Konflikten zwischen einzelnen Teammitgliedern mit hoher emotionaler Beteiligung empfiehlt sich allerdings die Abkoppelung des Settings, wie bereits erwähnt, um einen abgegrenzten Rahmen für die Medianten zu bieten und die restlichen Teammitglieder nicht über Gebühr mit der Anstrengung und den emotionalen Kosten des Konflikts zu belasten.

»Wenn Gefühle an sich als unpassend angesehen werden,
wenn ihr Glanz ausgelöscht wird,
dann zieht der feuchtkalte Nebel der Langeweile auf.«
Leon Wurmser (1990, S. 308)

6 Kunden und Klienten im Mittelpunkt: Fallsupervision im Team

6.1 Funktionen von Fallsupervision

Fallbesprechungen sind das Herzstück vieler Teamsupervisionen in der sozialen Arbeit. Sie legten vor hundert Jahren den Grundstein des Supervisionsverfahrens. In Dienstleistungsunternehmen und im Profitbereich finden ebenso Fallbesprechungen statt. Hier stehen dann die Kunden, Aufträge und Projekte im Fokus.

Unabhängig von der spezifischen Auftragsklärung haben wir schlechte Erfahrungen gemacht, wenn die Besprechung der konkreten Arbeit keine Rolle in der Teamberatung spielt. Sicherlich gibt es auch die Möglichkeit, dass Teams von bestimmten tabuisierten Themen ablenken, indem sie immer wieder ausschließlich Fälle in der Supervision thematisieren. Deutlich häufiger treffen wir allerdings auf ein Vermeiden von Fallarbeit zugunsten anderer Themen, wie Konflikte innerhalb des Teams oder mit der Leitung. Teams müssen ihre Kompetenz und Bereitschaft zur gemeinsamen Fallarbeit in manchen Fällen erst mit einiger Mühe erarbeiten. Teamsupervision unterstützt diesen Lern- und Entwicklungsprozess. Der Teamleitung kommt im Prozess der Entfaltung der Fallberatungskompetenz eine zentrale – und meist unterschätzte Rolle zu.

Kornelia Rappe-Giesecke hat prototypische Aufgaben für die unterschiedlichen inhaltlichen Programme von Supervision definiert (2008, 2009a)[14]. Für das Programm Fallarbeit nennt sie folgende Aspekte (2008, S. 115):
–   Analyse der psychologischen, organisationalen und professionsbedingten Dynamik von aktuellen Professional-Klient-Beziehungen;

---

14 Siehe S. 17 in diesem Buch.

- Erkennen und Reflektieren der professionellen Steuerungspro-
  gramme im Verhältnis zu organisationalen Steuerungsprogram-
  men;
- Erkennen und Reflektieren der handlungsleitenden und orien-
  tierungsrelevanten Werte (des Klienten, der Person des Professionals, der Profession, der Organisation);
- Finden und Bewerten von Optionen für den Einzelfall;
- Herausarbeiten von Maximen für professionelles Handeln.

Schon die hier skizzierten Suchbewegungen innerhalb von Fallsupervisionen veranschaulichen die Relevanz, welche die supervisorische
Fallarbeit für die Entwicklung der Organisation, ihrer Standards
und Kultur hat. Fallarbeit in der Teamsupervision geht vom konkreten Einzelfall aus und sucht davon ausgehend nach Einsichten, die
über diesen Einzelfall hinausweisen. So kann im Wege der Fallarbeit
organisationales Lernen angeregt werden. Im Einzelfall spiegeln sich
neben der je einmaligen Subjektivität von Klient bzw. Kunde und
Fallgeberin auch die Dynamik des Teams und der strukturelle und
habituelle Rahmen der Organisation und des Teams als höchst relevante Umwelten für das Geschehen.

6.2 Wohlbegründete Widerstände gegen Fallberatung

Nicht in allen Teams gibt es eine eingespielte und nachhaltige Kultur
gemeinsamer Fallberatungen. Oft ist es deshalb das Ziel von Teamsupervision, eine solche Kultur überhaupt erst zu entwickeln und zu
implementieren. Supervisoren haben es dann nicht selten mit hoher
Ambivalenz zu tun, die sich bevorzugt in einer vordergründigen
Anliegenarmut hinsichtlich der Fallberatung zeigt.

Die gemeinsame Analyse dieser wohlbegründeten Zurückhaltung ist eine sinnvolle Vorarbeit, um die Akzeptanz von Fallsupervision zu erhöhen.

Kontrakt

Ausgangspunkt dabei ist zunächst die durchaus nicht unbedeutende
Frage: Was ist ein Fall? Bei genauerer Betrachtung halten Professionelle ihre Fälle oft erst dann für supervisionswürdig, wenn sie

diese als »ausweglos«, in einer »tiefen Krise« festgefahren oder »subjektiv belastend« erleben. In der Supervision kann man dann Sätze hören wie »meine Fälle laufen mal schlechter, mal besser, aber eine besondere Katastrophe, die ich hier vorstellen könnte, kann ich im Moment nicht bieten«. Es wird nicht weiter verwundern, dass diese Haltung – sollte sie im Team verbreitet sein – relativ rasch zur inhaltlichen Verödung der Supervision führt, da Entwicklungen von katastrophalem Rang erfreulicherweise eher selten sind. Die Frage, über welche Art von Fällen zu beraten sei, ist ein grundlegender Aspekt der prozesshaften Kontraktentwicklung in der Teamsupervision. Wir versuchen dabei, für eine Haltung zu werben, die grundsätzlich erst einmal jeden beliebigen Fall als potenzielles Material für die Besprechung würdigt. Die Arbeit der Professionellen im Einzelfall kann verstanden werden als eine immerwährende Abfolge von inneren Fragen und Entscheidungen für den einen oder anderen Weg, die von den Professionellen in der Regel implizit und beiläufig geleistet wird. Gelegentlich schlagen wir vor, die jeweiligen Lieblingsfälle der Teammitglieder oder Fälle, die in der Wahrnehmung der Beteiligten besonders gut laufen, in den Supervisionen vorzustellen. Damit kann anschaulich gemacht werden, dass auch solche Fälle voller Fragestellungen und Abwägungen stecken, auf die nicht ohne Weiteres eindeutige Antworten gefunden werden können. Gleichzeitig erzählen auch solche Fälle viel über implizite Grundannahmen und habituelle Gewohnheiten in der Arbeitsweise eines Teams und sind oft gerade deshalb aufschlussreich. In diesem Sinne werben wir für eine Haltung, die Fallsupervisionen nicht eindimensional als Krisenintervention und Feuerwehrmaßnahme in der Not, sondern als grundlegendes Instrument gemeinschaftlicher Qualitätsentwicklung versteht.

Arbeitsbündnis mit der Leitung

Ein unklarer Kontrakt zwischen Teamleitung und Berater hinsichtlich Fallsupervision kann das Beratungssetting nachhaltig schwächen. Es gilt also die Frage zu klären, welchen Stellenwert die Teamleitung der Fallbesprechung beimisst, ob die Leitung selbst an den Fallsupervisionen teilnimmt und wie die Rollen von Teamleitung und Supervisor in den Besprechungen definiert sind. Konkurrenzphänomene zwischen Supervisor und Leitung können bei Fallsupervisio-

nen besonders leicht virulent werden. Hier geht es um den fachlichen
Kern der Arbeit. Wir geraten in enge Nachbarschaft zur Fachaufsicht,
die der Leitung obliegt. Eine fehlerfreundliche Haltung in Fallsupervisionen kann für die letztverantwortlichen Leitungen also durchaus bedrohlich werden. Teammitglieder ahnen dies gelegentlich und
glauben zu spüren, dass sie ihrer Leitung eine kritisch-reflexive Auseinandersetzung mit den Fällen nicht zumuten können (vgl. dazu das
Fallbeispiel in Kapitel 1, S. 28 f.). Auch wenn Kontrollängste beachtet
werden müssen, die durch das Leitungspersonal hinsichtlich der Fallberatung induziert werden können (vgl. Kapitel 3.3), so haben wir
doch in vielen Fällen gute Erfahrungen gemacht, wenn sich Teamleitungen an Fallsupervisionen beteiligen. Dies erleichtert den Transfer
der organisationsrelevanten Impulse der Fallarbeit in den Alltag und
kann eine fehlerfreundliche und damit potenziell qualitätsförderli-
che Kultur unterstützen. Es kann vorkommen, dass Leitungen sehr
stark als bewertende Instanz wahrgenommen werden. Dann macht es
Sinn, Fallsupervisionen zunächst ohne Beisein der Leitung durchzuführen, um das Angstlevel erträglich zu halten und einen vertrauensvollen Rahmen zu sichern. In unseren Augen wird dieses Phänomen
gelegentlich aber überschätzt. Es kann auch auf ein Kontraktdefizit
zwischen Supervisor und Teamleitung verweisen. Wir versuchen, in
unseren Supervisionen dafür zu werben, dass die Teamleitung die
Implementierung von Fallsupervisionen aktiv unterstützt. Dies kann
zum Beispiel dadurch geschehen, dass die Leitung ihre Mitarbeiter immer wieder auf die Möglichkeit der Fallsupervision hinweist
und dazu einlädt, diese zu nutzen. Oft bringen Teamleitungen auch
eigene Klärungsanliegen in den Prozess der Supervision ein, wenn
es sich um Leitungen handelt, die selbst auch Klientenarbeit machen.

Überlagerung der Fallsupervision durch gruppendynamische Turbulenzen und Machtfragen

Die Fähigkeit, miteinander gewinnbringende Fallberatungen zu
gestalten, scheint tatsächlich ein valider Indikator für das Niveau
der Arbeitsfähigkeit eines Teams zu sein. Es kommt vor, dass sich
Professionelle bei Fallsupervisionen zurückhalten, da sie ahnen, dass
die Besprechungen zur Bühne für die Austragung von Teamkonflik-
ten werden, die ihren Ursprung an ganz anderen Orten haben. Diese

Spielart der Verschiebung ist vielleicht eine der häufigsten Komplikationen bei Fallsupervisionen im Team. Die Fallsupervisionen werden dann durch mehr oder weniger untergründige Aggressionen überlagert, die sich hinter Ratschlägen, abwertenden Statements oder der Deklamation wahrer Professionalität oder theoretischer Abhandlungen verbergen. Teilweise sind solche Dynamiken weniger schwerwiegend und im Sinne von Spiegelphänomenen (wie im Folgenden erwähnt wird) versteh- und integrierbar. In anderen Fällen handelt es sich aber um verhärtete Teamkonflikte, welche die Kompetenz zu solidarischer Fallberatung nachhaltig außer Kraft setzen.

Fallbesprechungen zur Klärung der Helfer-Klient(en)-Beziehung gelingen oft erst dann, wenn die Machtfragen im Team hinreichend geklärt sind.[15] Wir erleben in Beratungsstellen zum Beispiel manchmal die Situation, dass sich Anhänger unterschiedlicher theoretischer Schulen unter der Hand einen versteckten Positionskampf um die richtige Methode liefern, der sich im Nachweisen von Behandlungsfehlern usw. festmacht. Hilfreich ist dies weder für den Falleinbringer noch seinen vorgestellten Klienten. Im Gegenteil: Es verunsichert, statt zu stärken, es raubt Energie und schafft keine Vertrauensbasis im Team, die es für eine solidarische Arbeit braucht. Zu den ungeklärten Machtfragen gehören ebenfalls unklare Rollen und Positionen. Hierarchie und Rollendifferenzierung im Team sollen nicht verwischt werden. Es geht darum, diese Unterschiede transparent zu machen und zu akzeptieren, soweit sie für die Aufgabenerfüllung des Teams sinnvoll und funktional sind.

Die vorgelagerte Bearbeitung solcher Konflikte ist oft eine notwendige Vorarbeit, um zur Fallsupervision kommen zu können und sollte entsprechend mit dem Team kontraktiert werden. Inklusive eines vielleicht sinnvollen Formatwechsels hin zur expliziten Konfliktklärung oder Mediation im Team (vgl. Kapitel 5.6).

6.3 Scham

Das Schampotenzial jeder Supervision ist bei Fallsupervisionen erfahrungsgemäß besonders hoch. Hier setzt sich jede Falleinbrin-

---

15 Diesen Gedanken verdanken wir Kornelia Rappe-Giesecke.

gerin den Blicken der Teamöffentlichkeit aus. Das Team ist gleichzusetzen mit dem sinnbildlichen »Auge des Dorfes« – wie Hans-Peter Duerr (1994, S. 112) die Quelle der Scham anschaulich beschreibt. Das Unterfangen, eine persönliche Fallarbeit in der Supervision zur Verfügung zu stellen, trägt also ganz grundsätzlich ein gewisses Beschämungsrisiko in sich. Scham ist ein zutiefst intersubjektives Gefühl, das sich immer auf einen leibhaftigen oder verinnerlichten anderen bezieht. Die defragmentierende Qualität des Schamerlebens bedroht das sichere Gefühl in der Gemeinschaft und ist gleichzeitig ein Versuch, eben dieses Gefühl der Verbundenheit zu schützen. »In der Scham wird eine paradoxe Verbindung sichtbar: Einerseits tritt Scham intensiv am wahrscheinlichsten im Kontext bedeutsamer Beziehungen auf. Andererseits werden dieser zwischenmenschliche Kontakt und die intersubjektive Verbindung durch die Scham zeitweise zerstört oder stark behindert. Die Scham als intersubjektiver Affekt kann somit als Angst vor dem ›Fallen-gelassenwerden‹ bezeichnet werden, das die Gemeinschaft mit einem Ausschluss bewirken könnte [...]. Aus dieser Sicht ist Scham [...] ein Affekt, der notwendig ist, um die Bindung zum anderen zu erhalten« (Tiedemann, 2008, S. 258). Scham ist geeignet, das Arbeitsbündnis in der Supervision zu bedrohen. Gleichzeitig ist sie nicht zu vermeiden, wenn das Potenzial von Supervision tatsächlich ausgeschöpft werden soll.

Analog zu der in der Gruppenanalyse angestrebten »milden Traumatisierung« der Analysanden werden Fallberatungen im Team, nicht ohne das Risiko einer »milden Beschämung« der Falleinbringer zu bewerkstelligen sein. Scham ist so betrachtet ein ungemein produktiver Affekt, der – wenn er gut gehalten und integriert wird – die kooperative Verbindung in Teams vertiefen kann. Zudem kann Scham die Grenzüberschreitungen markieren, die notwendig sind, um innovativ sein zu können und neue Landschaften zu erschließen. Der kreative Prozess in Arbeitsteams vollzieht sich nicht selten parallel zu einer Entwicklung, in der sich Scham in Anerkennung und Bindung wandelt. Wir alle sind oft damit beschäftigt, unser vermeintliches Anderssein schamhaft zu verbergen und sehnen uns dennoch nach dem Moment, in dem das Verborgene doch sichtbar und anerkannt wird. »Es handelt sich um ein hoch differenziertes

Such- und Versteckspiel, in dem es ein Vergnügen ist, verborgen zu bleiben, jedoch ein Desaster, nicht gefunden zu werden«, schrieb Winnicott (1974, S. 186) treffend. Gute Teamsupervision stellt einen Rahmen zur Verfügung, in dem dieser Wandlungsprozess möglich ist, in dem Scham erlebt und ausgedrückt werden kann und dann anerkennende Integration erfährt.

Die Angst, sich in Fallsupervisionen zu zeigen, kann als Angst vor Kompetenzscham verstanden werden – der die Sorge zugrunde liegt, das Niveau des Teams nicht halten zu können oder beim individuellen Versagen der professionellen Funktionen ertappt zu werden. Kompetenzscham kann sich zu existenzieller Scham steigern, in der sich Professionelle durch ihr Sosein hinsichtlich ihrer grundsätzlichen Zugehörigkeit zum Team infrage gestellt sehen. In einer noch weiter ausgreifenden Dynamik erleben Teams gelegentlich ausgeprägte professionelle Identitätsscham im Sinne eines Versagens vor individuellen oder gruppenbezogenen Idealen. Unter der Last von Arbeitsverdichtung, Ökonomisierung und anhaltendem Wandel sehen sich Professionelle oft ganz grundsätzlich daran gehindert, eine ihren Ansprüchen genügende professionelle Leistung abzuliefern.

Dieses erlebte Versagen an der »Primäraufgabe« (Lohmer, 2000, S. 314)[16] – also derjenigen Aufgabe, die den grundlegendsten Daseinszweck einer Organisation umreißt – wird oft ausgeprägt schamhaft erlebt. In der Wahrnehmung von Professionellen erscheint die eigene Fallarbeit dann in einer ganz grundlegenden Hinsicht wertlos, trivial und »nicht der Rede wert«. Teilweise wird die Befürchtung artikuliert, man könne die anderen Mitglieder des Teams langweilen, wenn von eigenen Fällen, von wahrgenommener Überlastung und Vereinzelung berichtet wird, gemäß dem Motto: »Ich kann doch meine gestressten Kollegen nicht auch noch mit meinen Schwierigkeiten in der Fallarbeit belasten.« Heike Friesel-Wark (2013) akzentuiert den in Supervisionen wirksamen Aspekt der Abhängigkeitsscham so: »Dort wo die Anpassung an die berufliche Rolle und das Aus- bzw. Erfüllen dieser Rolle im Vordergrund stehen, erlebt der Mensch in tiefem Ausmaß seine Abhängigkeit und

---

16 zum Begriff »primery task« auch Rice (1965, S. 31 f.)

Begrenztheit. Machtverhältnisse und hierarchische Strukturen und damit einhergehenden Erfahrungen von Beschämung sind Realitäten, denen man sich im Berufsleben stellen muss« (S. 23). Werden Prozesse in der Organisation als degradierend oder depotenzierend erlebt, so ist das Schampotenzial, das aus der Abhängigkeitserfahrung in Organisationen resultiert, besonders groß.

Die Einladung zur Fallsupervisionen dockt unter Umständen an der Erfahrung der Abhängigkeit an. Auch als Klient einer Fallsupervision erlebe ich mich in meiner Abhängigkeit von Team und Supervisor. Die Arbeit mit Klienten – also der Einzelfall – hat für Professionelle in bestimmten Kontexten die Bedeutung einer letzten Bastion individueller Handlungsfreiheit, die dann – auch zum Preis der Vereinzelung – vor Einmischung im Rahmen von Fallsupervisionen verteidigt wird.

Schamerleben im Kontext von Teamsupervisionen verfestigt sich im ungünstigen Fall und führt in einen Teufelskreis aus Scham und Schuld. Bei Scham-Schuld-Dilemmata führen »widersprüchliche Über-Ich-Forderungen […] zu einem unlösbaren intrasystemischen Konflikt bei dem entweder Schuld oder Scham gefühlt wird« (Hilgers, 2013, S. 28). Fallsupervisionen werden dann schamhaft vermieden, was wiederum schuldhaft erlebt wird, da der grundsätzliche Sinn von Fallsupervisionen ja gleichzeitig plausibel erscheint. Die evozierten Schuldgefühle senken ihrerseits wieder die Schamschwelle und so weiter.

Schamaffekte im Rahmen von Teamberatungen[17]

– *Existenzielle Scham* bezeichnet die Scham, im Team Außenseiter zu sein, nicht integriert zu sein und damit anhaltend von Ausschluss bedroht zu sein. Dies kann sich auf den persönlichen oder professionellen Habitus des Einzelnen beziehen. Aber auch prekäre Arbeitsverhältnisse mit immer weiteren Befristungen und gegebenenfalls untertariflicher Bezahlung können existenzielle Scham erwecken.

---

17 Die Auflistung orientiert sich eng an der von Hilgers (2013, S. 211) vorgelegten Aufzählung von Schamaffekten im Kontext von Gruppenpsychotherapien.

- *Kompetenzscham* benennt die Scham, das professionelle Niveau des Teams nicht halten zu können oder beim Versagen von Ich-Funktionen oder professionellen Leistungsfunktionen im Team gesehen und bewertet zu werden.
- *Abhängigkeitsscham* ist die Scham, die aus der Erfahrung der Abhängigkeit und der damit verbundenen Einschränkung der Handlungsfähigkeit resultiert. Professionelle erleben Abhängigkeit zum Beispiel vom Team und dessen Unterstützung und Wohlwollen, vom Leiter des Teams, von den Auswirkungen der Veränderungsprozesse in der Organisation, von den Kunden und Klienten der Organisation und last not least auch vom Supervisor.
- *Intimitätsscham* heißt die Scham, die beim Sichtbarwerden oder Offenbaren von Selbstanteilen hervorgerufen wird. Beispielsweise bei Feedbackprozessen im Team (positiv wie negativ) oder wenn persönliche Krisen im Team erkennbar werden.
- Scham bei aktiver *Demütigung* durch andere Teammitglieder, die Leitung oder den Supervisor.
- *Ödipale Scham* bezeichnet das Gefühl, das »dritte Rad am Wagen zu sein«, ausgeschlossener Dritter zu sein, verglichen mit den »Geschwistern« im Team, dem »elterlichen Leiterpaar«, dem Supervisor in seiner Verbindung zu Team und/oder zur Leitung.
- *Identitätsscham* tritt beim Versagen gegenüber eigenen Idealen, Idealen des Teams oder Idealen der jeweiligen Profession auf. Das tatsächliche oder befürchtete Versagen an der primären Aufgabe einer Organisation wird in aller Regel massiv schamhaft erlebt.
- *Scham-Schuld-Dilemmata* benennt die Scham hinsichtlich eigenem schuldhaften Versagen. Der Rückzug bzw. die Hemmung, die aus tatsächlicher oder antizipierter Beschämung resultiert, wird gleichzeitig schuldhaft erlebt, was wiederum die Schamdynamik anheizt.

Schammanagement

Der Teamberater ist also – gerade wenn es darum geht, einen gedeihlichen Rahmen für Fallbesprechungen zu schaffen – in seiner Rolle als »Schammanager« (Hilgers, 2013, S. 212) gefordert. Er wird versuchen, eine Sprache zu sprechen, die eine Haltung der Anerkennung und Fehlerfreundlichkeit vermittelt (vgl. Kapitel 7.2). Es macht Sinn,

mögliche Schamerfahrungen in der Supervision behutsam anzusprechen und damit eine Kultur zu befördern, in der milde Scham als alltäglich und bewältigbar erlebt werden kann. Da wir als Supervisoren
in unserer Arbeit selbst immer wieder ausreichend Gelegenheit haben,
uns zu schämen, kann es förderlich sein, wenn der Supervisor eigenes
Schamerleben thematisiert und damit ein Modell für einen selbstironi-
schen und leichten Umgang mit Schamerfahrungen liefert. Derartige
Thematisierungen des Beraters tragen dazu bei, eventuelle idealisie-
rende Übertragungen oder die Tendenz zur Regression der Supervisanden in ein furchterfülltes Schüler-Lehrer-Verhältnis zum Supervisor abzuschwächen oder aufzulösen. Teamsupervisorinnen sollten
in unserem Verständnis aus ähnlichen Gründen zurückhaltend sein
mit allzu ausgedehntem eigenen Schweigephasen, orakelhaften Deutungen oder allzu selbstgewissen Verkündigungen reiner Lehre. Auch
die Perspektiven des Supervisors sind unvollkommen, vielleicht eher
irritierend als hilfreich, aus seiner einmaligen Subjektivität gewachsen und damit eben auch potenziell – für den Supervisor bzw. seine
Supervisanden – beschämend. Je unbefangener über Schamphänomene kommuniziert werden kann, desto geringer ist die Gefahr, dass
sich diese im supervisorischen Forschungsprozess toxisch auswirken.

Ein weiterer Aspekt des Schammanagements durch den Berater
ist die Beachtung der thematischen Grenzen des jeweiligen Super-
visionskontexts. Damit kommen wir wieder zurück auf die Kontraktebene. Betroffen ist einerseits der explizite Kontrakt – also die
Frage, ob grundsätzlich oder für die jeweilige Sitzung Fallberatung
oder zum Beispiel Teamentwicklungsaspekte vereinbart sind. Bezogen auf Schamphänomene kommt dem impliziten Kontrakt eine vermutlich noch größere Bedeutung zu. Der implizite Kontrakt umfasst
die thematischen Grenzen, die sich in einem Team und eben auch
in jedem Supervisionssetting eher kulturbezogen und latent entwickeln. Die Überschreitung derartiger thematischer Grenzen ereignet
sich in Teamsupervisionen in der Regel spontan. Wird ein solcher
Schritt vom Supervisor nicht registriert und angesprochen, steigt das
Beschämungsrisiko beträchtlich. Möglicherweise gibt ein Teammitglied plötzlich aus der Dynamik der Fallbesprechung heraus einen
sehr tiefen Einblick in seine subjektive Beteiligung und berichtet zum
Beispiel Aspekte seiner biografischen Entwicklung, die aus seiner Sicht

in Zusammenhang mit seinem Erleben im Fall stehen. Wenn dies in einem Setting geschieht, dessen Kultur eine solche Tiefe der Selbstthematisierung bisher eher gemieden hat, so steht der Supervisor in der Verantwortung, diese spontane Ausweitung der thematischen Grenzen anzusprechen und einen expliziten Kontrakt dazu zu verhandeln. Dies ist selbstverständlich auch dann der Fall, wenn der Supervisor mit der Qualität und Ausrichtung seiner Interventionen die bisherigen thematischen Grenzen des Supervisionssetting strapaziert.

6.4 Ablauf von Fallsupervisionen im Team

Zwei Probleme drängen sich konzeptionell besonders auf: Auf welche Weise spiegelt sich der eingebrachte Fall im Team und wie wird die Gruppe in die Fallbearbeitung einbezogen?

Die Arbeit mit Spiegelphänomenen wurde schon des Öfteren angesprochen und gehört in der Supervision bekanntlich zu unserem primären Handwerkszeug. Da wir als Supervisoren die direkten Klienten der Supervisanden in aller Regel nicht kennen, können wir uns über all das, was durch den Bericht des Falleinbringers in der Gruppe ausgelöst wird, dennoch ein Bild von dem Klienten und seiner Beziehung zum Mitarbeiter machen. Heigl-Evers und Hering (1970) haben dies in Deutschland zuerst beobachtet. Sie beschreiben die Spiegelung einer Patientengruppe durch eine Therapeuten-Kontrollgruppe, die sich die Tonbandaufzeichnung einer Patientengruppensitzung anhörte. Dabei zeigte sich, dass sich die in der Patientengruppe ablaufenden Prozesse in der reflektierenden Seminargruppe wiederholten.

Die Beschreibung von Spiegelphänomenen geht zurück auf die beiden Amerikaner Ekstein und Wallerstein (1958, vgl. auch Kutter, 2009). Ausgangspunkt ihrer Überlegungen ist das psychoanalytische Setting. In der Behandlungssituation spiegelt der Analytiker dem Patienten das zurück, was er in seiner Gegenübertragung, in Reaktion auf die Übertragung des Patienten bei sich selbst – also sozusagen in seinem Spiegel wahrgenommen hat. Bezugssystem dabei ist der Therapiepatient. In der Supervisionssituation ist es der Supervisor, der mithilfe seiner spiegelnden Wahrnehmung registriert, was der berichtende Supervisand bei ihm auslöst. Bezugssystem ist dann der berichtende Supervisand als Fallgeber. Der Fallgeber schlüpft in der Schilderung seines Klienten in dessen Haut und löst beim Supervisor aus, was der Klient im Alltag bei ihm auslöst. Die Rollen werden sozusagen um eine Ebene verschoben. Diesen unbewussten Prozess bezeichnen wir als Spiegelphänomen zweiter Ordnung, während die Spiegelung erster Ordnung die Spiegelungsdynamik zwischen der Supervisandin und ihrem Klienten beschreibt.

Der bekannte ungarische Arzt und Psychoanalytiker Michael Balint kann mit Fug und Recht als der Pionier dieser Methode gelten. Er begann 1930 mit Gruppen von Hausärzten zu arbeiten. In ihren wöchentlichen Treffen stellte jeweils ein Arzt einen seiner Patienten durch einen unvorbereiteten mündlichen Bericht vor. In der Kollegengruppe entstanden durch bewusste und unbewusste Identifikationen der übrigen Arztkollegen auf den Bericht Übertragungen, welche die Anwesenden auf ihren unbewussten Sinn hin untersuchten. Balint behandelte dabei die Erzählung des Fallgebers ebenso wie die Kritik und Kommentare der zuhörenden Gruppe analog der freien Assoziation. Ziel war es auch hier, die Übertragungs- und Gegenübertragungsdynamik zwischen berichtendem Arzt und seinem Patienten herauszuarbeiten, um zu einem besseren diagnostischen Verständnis des Patienten zu gelangen.

Die vorgestellten Konzepte kranken an zwei Dingen: Zum einen steht allein die Helfer-Klient-Beziehung im Mittelpunkt. Sowohl die Dynamik der umgebenden Kollegengruppe als auch der institutionelle Kontext bleiben unbeachtet. Zum anderen haftet dem Übertragungsbegriff ein neurotisches Stigma an. Freud (1912) ging noch von einer klaren Trennung zwischen Übertragung – als der Mobilisierung des neurotischen Patientenpotenzials – und der Gegenübertragung des Analytikers aus, die als quasi ungetrübter Spiegel verstanden wurde. Damit dieser Spiegel den Patienten möglichst unverzerrt abbilden kann, entstand die Forderung nach einer eingehenden eigenen Analyse des Therapeuten. Hinter dieser sinnvollen Forderung der Analytiker steht aber die Hoffnung, dass der so selbst therapierte Therapeut hinlänglich frei von eigenen neurotischen Strebungen ist. Wie wir heute wissen, handelt es sich dabei um ein abstraktes Ideal, da sich die Trennung zwischen Übertragung und Gegenübertragung in der Praxis nicht durchhalten lässt.

Thea Bauriedl (1980) hat alternativ den Begriff der Beziehungsanalyse eingeführt. Ihr zentraler Gedanke: Der Helfer ist immer
in irgendeiner Form in das Beziehungsgeschehen verwickelt und
damit aktiver Mitgestalter der Situation, die er vorfindet. Ganz egal
wie gründlich analysiert und selbsterfahren er auch sein mag, er
muss immer auch die eigene Beteiligung an der Beziehungsgestaltung mitreflektieren.[18]

Die 5-bis-95 %-Fornel

Aber auch dieses Konzept macht Angst oder rührt gegebenenfalls an
thematischen Grenzen der jeweiligen Teamkultur. Wir sagen deshalb
den Supervisanden, dass *ein Teil* dessen, was der Klient bei ihnen
auslöst, mit dem Klienten zu tun hat. So säen wir die Idee, *ein Teil*
der im Team mobilisierten Gefühle mögen Resonanzreaktionen sein,
deren Wahrnehmung und Entschlüsselung wichtige diagnostische
Hinweise für die intrapsychischen Vorgänge des Klienten und der
Falldynamik liefern können. Unsere umrisshafte Formel dabei lautet: zwischen 5 und 95 Prozent dessen, was der Helfer fühlt, hat mit
dem Klienten zu tun. Dies ist wahrlich eine große Spannweite. Sie
erleichtert es aber, mit den Supervisanden ein Arbeitsbündnis herzustellen, dass das Ernstnehmen der eigenen Gefühle einbezieht,
ohne Gefahr zu laufen, sich selbst zu entwerten oder durch andere
an der Supervision Beteiligte pathologisiert zu werden. Supervisanden verbergen ihre emotionale Beteiligung, wenn sie diese schuld-
bzw. schamhaft allein der Privatheit der eigenen Psyche zuschreiben. Die innere Beteiligung der Supervisanden fällt dann aus dem
supervisorischen Prozess heraus und ist gleichzeitig in der Beziehung
zwischen Helfer und Klient weiterhin quicklebendig. Gerade in der
Arbeit mit psychisch kranken Menschen tauchen bei den Mitarbeitern häufig diffuse Ängste, Aggressionen und ambivalente Gefühle
auf. Unsere Formel hilft dann, diese Gefühle wahrzunehmen und
sich der Frage zu öffnen, inwieweit diese für das Fallverstehen hilfreich sein könnten. Dazu bedarf es häufig einer Ermutigung entsprechend der »5-bis-95 %-Formel«. Fallsupervision im Team versucht
einen Weg zu eröffnen, vermeintliche Fehler nicht schuldbeladen

---

18 Vgl. dazu auch die Ausführungen zum interaktionellen Ansatz in Kapitel 4.

zu unterdrücken, sondern als Herausforderung und Gegenstand des gemeinsamen Suchprozesses willkommen zu heißen. Dieses Vorgehen schließt freilich – im Sinne der thematischen Grenzen – die sogenannten neurotischen bzw. pathologischen Anteile der Supervisanden weitgehend aus der direkten Bearbeitung aus. Für die Betroffenen werden sie aber meist spürbar und auch benennbar. Gelungene Fallsupervision geht »unter die Haut«, ohne zu entblößen. Dieses Vorgehen ermöglicht das, was Michael Balint (1957, S. 399) für seine Gruppen beschrieben hat, nämlich eine »begrenzte, aber wesentliche Umstellung der Persönlichkeit«.

Die gemeinsame Erforschung der Spiegelphänomene und der damit korrespondierenden Inszenierungen ist eine zentrale Methode der Fallsupervision im Team. Latente und konflikthafte Prozesse zeigen sich in erster Linie im Medium der Spiegelung. Die Dechiffrierungsleistung wird vom Supervisor und den beteiligten Supervisanden gemeinsam erbracht. Teamsupervision verstetigt im Laufe der Zeit die Kompetenz, Falldynamiken und die darunterliegenden institutionellen Prozesse als Spiegelung zu verstehen. Professionelle verfügen damit über ein wertvolles Instrument der Selbsterkenntnis und Selbststeuerung.

Eine Standardform der Fallberatung im Team

In unserer konkreten Arbeit folgen wir oft einer Rahmenstruktur, die als modifiziertes gruppenanalytisch inspiriertes Balintmodell verstanden werden kann.

Nach – oder im Verlauf – einer Blitzlichtrunde (siehe dazu den Abschnitt in Kapitel 7) zu aktuellen Ereignissen und Erfahrungen melden die Supervisanden ihre Fallanliegen zur vertieften Besprechung an. Dann berichtet die Falleinbringerin anhand ihrer Erinnerung das, was ihr wichtig ist. Gegen Ende des Fallberichts versuchen wir als Supervisoren, das genaue Anliegen bzw. den Beratungsauftrag der Fallgeberin genauer zu fassen und zu formulieren. Eine mögliche Variante besteht darin, schon ganz zu Anfang – vor Beginn des Fallberichts – nach den Fragestellungen der Fallgeberin zu fragen. Dies hat den Vorteil, dass das Team in seiner spontanen Resonanz zum Fallbericht schon besser auf das Beratungsanliegen fokussiert ist. Andererseits schränkt diese frühzeitige Strukturierung gegebenenfalls die spontane Entwicklung der Fallerzählung sowie die inhaltliche Reichweite der Resonanzen etwas ein. Eine Abwägungssache also. Ein hilfreicher Einstieg ist auch die Frage »Was hat bei Ihnen den Impuls ausgelöst, uns davon zu berichten?« Denn hier liegt in der Regel bereits eine konkrete Beziehungsszene zugrunde.

Gelegentlich geben wir dem Team zum Schluss dieser Phase der Falleröffnung Raum für etwaige Informations- und Verständnisfragen. Es sollte allerdings darauf geachtet werden, dass hier noch nicht zu viel Interpretation und Hypothetisches einfließen. Da dies allzu leicht passiert, kann es auch Sinn machen, ohne weitere Befragung der Fallgeber direkt einen Schritt weiter in eine freie Assoziationsphase zu gehen.

In dieser nächsten Phase äußern die Anwesenden, wie der Bericht auf sie gewirkt hat, was er ausgelöst hat, mit wem sie sich identifizieren sowie ihre spontanen Einfälle und Körperreaktionen. Wir beziehen uns dabei als Supervisoren mit ein und äußern auch unsere Einfälle, Ideen und Resonanzen. In dieser zweiten Phase hört sich der Falleinbringer das Gespräch der Gruppe schweigend an, auch wenn es bei ihm Spannungen auslöst. Es kann Sinn machen, den Falleinbringer zu bitten, sich in dieser Phase einen Platz etwas abseits der Gruppe zu suchen, um die Distanzierung zu unterstützen und die Versuchung vorschneller zustimmender oder ablehnender Reaktionen gering zu halten. Die Vereinbarung lautet, dass die Äußerungen der Kollegen zwar Reaktionen auf den Bericht sind, aber erst mal ihre eigenen höchst subjektiven Wahrnehmungen. So ist der Falleinbringer frei, wie auf einem Markt der Möglichkeiten auszuwählen, was ihn angesprochen hat.

Das meldet er dann in der anschließenden dritten Phase zurück. Daraufhin kommt es häufig zu einem relativ unstrukturierten Gespräch über den Klienten. Dadurch verdichtet sich die Inszenierung des Falles. In dieser Phase nutzen wir gelegentlich auch weitere szenische Methoden, um die Entfaltung der Falldynamik zu unterstützen oder um einen ausgewählten Fokus vertiefend zu verfolgen (Rollentausch und selektive Identifizierung, Strukturaufstellungen, psychodramatische Vignetten, metaphorische Arbeit). Die entstehende Szene stellt ein wichtiges diagnostisches Medium dar (vgl. Oberhoff, 1996). Zur Szene gehört die besondere Atmosphäre, die der Bericht im Team ausgelöst hat, ferner die Art und Weise wie sich die Kollegen identifizieren, die entfalteten Metaphern und welches »Spiel« sich aufgrund der unterschiedlichen Identifikationen ergibt. Ein besonderes Augenmerk verdienen dabei Polarisierungen, denn diese drücken oft die innere Ambivalenz des Klienten aus. In der Gruppe werden die Ambivalenzpole von verschiedenen Protagonisten artikuliert und damit auch szenisch entfaltet. Polarisierungen verstehen wir als eine Form der Ambivalenzspaltung. Angstmachende Anteile werden abgespalten, können mithilfe der Gruppe aber sichtbar und erlebbar werden. Es kann sich um abgespaltene Anteile des Klienten, des Helfers oder auch um von der Organisation tabuisierte Aspekte handeln. Sie zu einem Ganzen zu integrieren, sehen wir als Aufgabe von Fallsupervision an. Daraus ergeben sich fast immer neue Ansatzpunkte für die Arbeit im Einzelfall. Das, was der Klient zeigt, kann anders gesehen werden. Der Supervisand findet darüber meist Wege, dem Klienten ein modifiziertes Arbeitsbündnis anzubieten, da sein innerer Blick sich erweitert hat.

Unser Vorgehen ist konzeptionell zwar durchaus psychoanalytisch inspiriert. Unsere technische Haltung aber in der Supervision keineswegs abstinent. Der Supervisor strukturiert den Beratungsprozess aktiv. Gegenübertragungen und Resonanzen werden selektiv im Sinne von Heigl-Evers und Heigls (1988) »Prinzip Antwort« in den supervisorischen Forschungsprozess eingebracht. Zudem beschränkt sich Supervision in unserem Verständnis nicht auf reine Reflexion, sondern beinhaltet auch konkrete fachliche Beratung (vgl. Kapitel 5.1). Diese folgt in der Regel nach der Klärung des emotional-dynamischen Geschehens. Hier kann der Supervisor auf einer rationalen Ebene vermitteln, was typisch am Fall sein mag und wie man sich das Geschehen auch theoriegeleitet erklären kann. Idealerweise oszillieren Supervisionsprozesse ständig zwischen den Polen Fachberatung und Selbstreflexion (vgl. Belardi, 2013).

6.5 Wie kommt die Organisation in die Fallsupervision?

Spiegelphänomene – auch diejenigen, die in Fallberatungen auftreten – nähren sich keineswegs ausschließlich aus der Interaktion zwischen dem Supervisanden und seinem Klienten. Darüber hinaus sind vor allem die institutionellen Bedingungen zu nennen, die sozusagen als Teil des Einzelfalls auch in der Dynamik der jeweiligen Fallsupervision auftauchen. Der ganze Prozess der Supervision, von der ersten Kontaktaufnahme bis zum Abschluss, zeigt auf verschlüsselte Art und Weise die unbewusste institutionelle Konfliktdynamik. Deshalb verstehen wir mit Wellendorf (1991) Supervision immer als Institutionsanalyse. Als Supervisoren betrachten wir den institutionellen Kontext als konstitutiv für das Teamgeschehen und damit auch für die Fallarbeit im Team.

Last not least: Auch die Arbeit mit Spiegelphänomenen trägt die Spur der Beratersubjektivität und ist zutiefst interaktionell. Die Arbeit mit den Spiegelphänomenen ist zwar produktiv, aber oftmals höchst eingleisig. Petzold und Rogriguez-Petzold (1997) haben früh die Frage aufgeworfen, ob wir nicht viel genauer analysieren müssten, wie unsere supervisorische Einstellung auf die Helfer-Klient-Beziehung zurückwirkt. Supervisandinnen beziehen aus unseren Gesten viele kleine Informationen, die ihre Einstellung und Arbeit mit den Klienten beeinflussen. An welcher Stelle runzeln wir die Stirn? Ist dies als Kritik zu verstehen? An welcher Stelle nicken wir diskret? Bedeutet das Zustimmung? Auch aus solch minimalen Interaktionsbeiträgen basteln sich die Supervisanden – oft ohne sich dessen bewusst zu sein – eine professionelle Haltung zusammen, die direkt auf die Beziehung mit dem Klienten zurückwirkt. Die Verwicklung des Supervisors, die wir als ein unvermeidbares Phänomen betrachten (vgl. Kapitel 4.4), erreicht naturgemäß auch die Fallberatungen. Wir können diese Prozesse produktiv machen, wenn wir unsere Verwicklung auch im Fall wahrnehmen und uns dann von dieser spontanen Anhaftung wieder distanzieren. Diese inneren Prozesse machen wir im Rahmen von Fallsupervisionen durchaus transparent. Einerseits um sie für das Fallverstehen zu nutzen. Andererseits um modellhaft für die produktive Kraft der Pendelbewegung von Verwicklung und Entwicklung zu werben. In länger dauernden Supervisionsprozessen emanzipieren sich Teams aus guten Gründen zunehmend von der abstrakten Autorität der Supervisoren und deren Definitionsmacht.

Eine interessante Frage ist, ob die während einer Supervisionssitzung eingebrachten Fälle in einem inneren Zusammenhang stehen.

Aus der Gruppensupervision wissen wir, dass der eingebrachte Fall in der Regel Aspekte eines unbewussten Gruppenthemas zum Ausdruck bringt. Argelander (1972) hat dies sehr anschaulich anhand seiner Balintpraxis beschrieben:

Einer von zwei Leitern muss die Balintgruppe aus beruflichen Gründen verlassen. In der nächsten Sitzung berichtet eine teilnehmende Ärztin in ihrer Falldarstellung von einer Patientin, die ihre Familie wegen einer Kur verlassen hat. Der Ehemann ruft die Ärztin an, da er so schwer krank ist, dass er Angst hat, seine beiden Kinder könnten Waisen werden. Die Thematik des Falles hat eine Verbindung zu den Verlassenheitsängsten der Gruppe: Schafft es der zurückgebliebene zweite Leiter, die Balintsituation allein zu meistern? Oder wird die Gruppe verwaist und führungslos?

Die Verbindung von eingebrachtem Fall und unbewusster Gruppendynamik lässt sich auch mit Foulkes Konzept der Gruppen-Matrix erklären (vgl. Sandner, 2013, S. 35). Danach setzt sich immer das Thema durch, das die Gruppenspannung trifft.

Im Falle von Teamsupervisionen haben wir es mit einer Gruppenmatrix zu tun, die sich zur Institutionsmatrix erweitert hat. Es kann also angenommen werden, dass die eingebrachten Fälle Aspekte der Klientendynamik, der Teamdynamik und der organisationalen bzw. institutionellen Dynamik spiegeln. Supervisorisches Handwerk besteht auch darin, die Korrelationen und das Zusammenspiel dieser Ebenen auch im Einzelfall, wahrnehmbar und nachvollziehbar zu machen. In der Fallsupervision beforschen Supervisandinnen ihren Arbeitskontext im ganzheitlichen Sinn.

Schon im Eingangsblitzlicht einer Supervisionssitzung im Team einer psychiatrischen Aufnahmestation verdichten sich Themen, die den Tod und die Grenzen des Machbaren berühren. Es wird vom Tod einer früheren ärztlichen Kollegin berichtet, die sehr geschätzt war; von Suiziden auf der Nachbarstation und der Sorge, hier könne sich Ähnliches ereignen. Eine weitere Kollegin aus der Pflege sei langfristig erkrankt. Mit einiger Dringlichkeit meldet ein älterer, erfahrener Pfleger ein Fallgeschehen zur Supervision an: Vor einigen Tagen sei kurz vor Ende der Tagesschicht eine Patientin zur Aufnahme gekommen. Als Grund habe sie die Wiederkehr ihrer psychotischen Symptome genannt. Sie sei in desolatem körperlichen Zustand gewesen. Die Patientin sei hier seit vielen Jahren bekannt und habe alle auf der Station immer wieder durch ihren exzessiven Alkoholkonsum, aber auch durch ihre Fähigkeit beeindruckt, die damit verbundenen Risiken aus ihrem Bewusstsein fernzuhalten. Der ärztliche Tagesdienst habe den Befund der angeordneten Blutuntersuchungen nicht mehr abgewartet und sei nach Hause gefahren. Der Falleinbringer habe dann im Nachtdienst die Patientin in einem todesnahen Zustand aufgefunden. Der nachts diensthabende Arzt, ein junger Berufsanfänger, den er dazu gerufen habe, habe die Lage der Patientin aus Sicht des Pflegers nicht beurteilen können. Er – der Krankenpfleger – habe den Arzt gebeten, eine sofortige Verlegung in eine internistische Abteilung zu veranlassen, um eine intensivmedizinische Behandlung zu ermöglichen. Der Arzt habe dies mit Verweis auf die noch fehlenden Laborergebnisse abgelehnt. Der ärztliche Kollege sei dann rasch wieder zu anderen Stationen gerufen worden, da in der Nacht nur ein Arzt im Haus sei. Der Pfleger sei die ganze Nacht damit beschäftigt gewesen, die Patientin »irgendwie über die Runden zu bekommen«. In den Morgenstunden habe sie schließlich Blutungen aus der Speiseröhre entwickelt. Der Pfleger habe dann, mit telefonischem Einverständnis des Arztes, einen Rettungswagen gerufen, der die Patientin in die Notaufnahme der internistischen Klinik gebracht habe. Dort sei sie – da ihr Zustand als hoffnungslos eingeschätzt worden sei – nur noch in einen »Abstellraum« gebracht worden, wo sie wenige Stunden später verstorben sei. Die Ursache ihres Todes sei ein Multiorganversagen als Langzeitfolge des Alkoholmissbrauchs gewesen.

Der berichtende Kollege erklärt auf Nachfrage, es sei ihm jetzt in der Supervision vor allem daran gelegen, einen Teil der »unbändigen Wut« loszuwerden, die er auf den diensthabenden Arzt habe. Außerdem sei es für ihn zunehmend unklar, wo die Grenzen seiner Zuständigkeit als Krankenpfleger lägen.

Die Resonanz auf den Fallbericht ist zunächst tatsächlich vor allem von Zorn getragen. Insbesondere die Kolleginnen aus der Krankenpflege machen ihrem Ärger Luft. Es sei kaum noch erfahrenes ärztliches Personal verfügbar. Die pflegerische Kompetenz werde gerade von vielen jungen Ärzten gering geschätzt. Auch ich (KO) überlasse mich innerlich zunächst meinem Ärger. Die personelle Ausstattung der Station ist auch in meinen Augen an den Grenzen des Tragbaren angekommen. Ständige Versetzungen und Rotation von Personal der Station habe ich oft genug als sabotierenden Rückschlag auch für meine Entwicklungsarbeit mit dem Team erlebt. Die skandalierende Stimmung in unserer Runde relativiert sich erst dann ein wenig, als die Stationsärzte von ihrer Not berichten, in den Nachdiensten allein für die gesamte Abteilung zuständig zu sein – und dies eben oft ohne langjährige Berufserfahrung. Insbesondere somatische Komplikationen – wie in dem berichteten Fall – werden von den jungen Psychiatern in Ausbildung oft als angsterregend und überfordernd erlebt. Es liegt nahe, sich über eine Klinikleitung zu empören, die den jungen ärztlichen Kollegen so viel Verantwortung zumutet. Erst sehr viel später im Verlauf dieser Supervision kommt die verstorbene Patientin wieder in den Blick. Sie habe – ganz genau wie die ärztlichen Kollegen – auch bei der Aufnahme am Tag vor ihrem Tod noch nicht wahrnehmen können, wie ernst und bedrohlich ihre Lage sei, habe ihre körperlichen Symptome und den Alkoholkonsum eher heruntergespielt. Das habe gut zu dem Habitus gepasst, in dem sie die letzten Jahre ihres Lebens gestaltet habe. Die Szene habe – in der Verlängerung ihres ganz spezifischen Lebensstils etwas durchaus Schlüssiges. Bis hin zu der Einsamkeit ihrer Sterbeszene, die einen schaudern lässt und dennoch der Einsamkeit entspricht, in der sie ihre letzten Lebensjahre verbracht habe.

Unser Gespräch mündet in einer Atmosphäre von eher ruhiger Traurigkeit. Viele der Anwesenden haben auch gute Erinnerungen an die verstorbene Patientin und ihre liebenswerten Seiten und ihre scheinbar nicht versagenden Lebensgeister. Das Team hätte ihr gern mehr gegeben, insbesondere in der Begleitung ihres Sterbens. Es wäre schön gewesen, wenn es in den vergangenen Jahren möglich gewesen wäre, das Schicksal der Patientin zu wenden. Auch wäre es schön, hier auf der Station und in der Klinik über Ressourcen zu verfügen, die ein anderes Qualitätsniveau ermöglichen. Diese Hoffnung hegt das Team schon seit vielen Jahren. Die erfahrenen Pflegekräfte werden – unter der Prämisse von Ärztemangel und Rotation – zu den zentralen Wissens- und Kompetenzträgern in der Station. Damit sind sie immer wieder weit über die Verantwortungsgrenzen ihrer beruflichen Standardrolle hinaus gefordert. Es scheint aber im Moment unumgänglich zu sein, diese Rahmenbedingungen der Arbeit ein Stück weit so zu nehmen, wie sie sind. Das hat eine empörende, aber eben auch eine traurige Seite. Am Ende dieser Supervision ist es eher diese Traurigkeit, die den Falleinbringer, das Team und den Supervisor miteinander verbinden. Ganz zum Abschluss kommt es noch einmal zu einer gemeinsamen Würdigung der verstorbenen ärztlichen Kollegin im Ruhestand, von der im Blitzlicht berichtet wurde. Sie steht auch für eine vergangene Zeit in der – zumindest in der Erinnerung – eine selbstbewusstere Professionalität im Team gelebt werden konnte.

Die gemeinsame Forschungsarbeit in dieser Fallsupervision korreliert vor allem folgende Ebenen miteinander:

– *Ebene der unmittelbaren Patientin:* Ihre persönliche Entwicklungsdynamik und der Aspekt der Verleugnung bedrohlicher Grenzerfahrungen spiegeln sich in der klinischen Szene und den darin aufscheinenden Qualitätsdefiziten. Analog ist diese Szene auch in der supervisorischen Fallberatung spürbar, die lange in der anklagenden Grandiosität des Zornes verhaftet bleibt.

– *Ebene der Kooperation im Team:* Die sich verändernden Arbeitsbedingungen erfordern eine Neujustierung der Rollen von ärztlichem und pflegerischem Personal und eine fortlaufende Reflexion der Zuständigkeitsgrenzen. Auch hier stellt sich die Frage, ob sich das Team dabei in gegenseitigen Entwertungsdynamiken verliert oder gegenseitige Anerkennung lebendig halten kann. Letzteres setzt auch die trauernde Verarbeitung von Verlusten voraus, die hinsichtlich der Qualitätsbrüche und hinsichtlich der professionellen Ich-Ideale zu leisten sind.

– *Ebene der Klinik als Rahmenorganisation:* Die Prozessübergänge von Tag- zu Nachtdienst sowie die Möglichkeiten der Kooperation von pflegerischer und ärztlicher Nachtbereitschaft birgt ernstzunehmende Risiken, die in der Verantwortung der Beteiligten in hoher Priorität thematisiert und bearbeitet werden müssen.

6.6 Kontraktebenen von Fallsupervisionen im Team

Jenseits des grundlegenden Kontrakts zur Fallsupervision – der wie beschrieben gegebenenfalls erst gegen wohlbegründete Widerstände erarbeitet werden muss – ist die spezifische Kontraktklarheit der jeweils einzelnen Fallsupervision eine wesentliche Voraussetzung für deren Erfolg. Deshalb lohnt es sich, in Ruhe zu explorieren, welches konkrete Anliegen, welche Fragestellung für den Falleinbringer und das Team im Mittelpunkt stehen sollen. Damit soll keineswegs einer überzogenen Rigidität hinsichtlich der Auftragsklarheit das Wort geredet werden. Schießt die Anforderung, immer eine genaue Fragestellung nennen zu müssen, zu sehr ins Kraut, kann sich dies ebenfalls hemmend auf die Bereitschaft von Teams auswirken, überhaupt Fälle für die Supervision zur Verfügung zu stellen. Die geduldige Arbeit an dem für den Falleinbringer relevanten Erkenntnisinteresse ist aber selbst schon ein wesentlicher Bestandteil von Fallsupervision. Oft ist der Großteil der Arbeit geleistet, wenn die Fragestellungen klar geworden sind. Allein schon eine gründliche Anliegenklärung kann Supervisanden zu neuer Handlungssicherheit im Fall verhelfen. Die vielbeschworene klare Fragestellung ist in unserem Verständnis aber kein notwendiges Eingangsticket für Fallsupervisionen. Gegen eine klare Fragestellung spricht, dass es in der Fallbesprechung auch darum geht, das Diffuse und Unbenennbare einem Verständnis zuzuführen. Deshalb ist es auch sinnvoll, den Fallbericht sozusagen aus dem Bauch heraus vorzustellen, ohne sich an Aufzeichnungen festzuhalten. Die Erzählung soll quasi in den Klienten eintauchen und die berichteten Szenen emotional und spontan lebendig machen.

Abbildung 4: Grundlegende Suchbewegungen in der Fallberatung

Jede Fallbesprechung lässt sich je nach Vereinbarung und Anliegen schwerpunktmäßig in einer der vier Themenfelder in der Abbildung 4 fokussieren. Wenn »reine« Fallsupervision vereinbart ist, dann haben sicherlich der obere und untere Punkt den Vorrang. Wurde Teamentwicklung vereinbart, schließt das Fallberatung keineswegs aus, der Fokus liegt dann aber auf den Punkten: Kooperation im Team und Arbeitskonzept.

Weiter aufgefächert spielen vor allem folgende Kontraktebenen immer wieder eine Rolle in den Fallsupervisionen:

- *Fragestellungen zur **Diagnostik:*** Der Begriff soll hier eher weit verstanden werden. Supervisanden stellen ihre Fälle unter anderem dann in der Supervision zur Verfügung, wenn sie nach einem vertieften Verständnis für ihre Klienten bzw. Kunden suchen. Warum zeigt sich der Klient auf diese spezifische, vielleicht irritierende Weise? Wie ist seine Bedürfnis- und Motivlage zu verstehen? Zu welcher – vielleicht eingeschränkten – Wahrnehmung des Klienten neige ich? Welche Ressourcen und welche Defizite gibt es beim Klienten? Fallsupervision kann helfen, Klienten auf eine neue und vielleicht vollständigere Weise kennenzulernen.
- *Fragestellungen zur **Arbeitsbeziehung** Professioneller/Klient:* Supervisanden erleben sich gegebenenfalls unfrei, verwickelt oder stark emotionalisiert in ihrer Arbeitsbeziehung zu ihren Klienten bzw. Kunden. Der Impuls zur Fallsupervision zielt dann auf die Wiederherstellung von innerer Bewegungsfreiheit, Einsicht in den möglichen Kern der Verwicklungsdynamik und eine gewisse Normalisierung der Affektlage. Auch die Frage nach der Passung von Klientenbedarfen und dem vorgehaltenen professionellen Angebot ist letztendlich eine Frage nach der Arbeitsbeziehung, der im Rahmen von Supervision nachgegangen werden kann.
- *Fragestellungen zur **Auftragsklarheit:*** Selbstverständlich birgt auch die Fallarbeit der Supervisanden viele Unklarheiten und Komplikationen hinsichtlich der Auftragslage. Die Frage lautet dann: Was ist hier mein Auftrag? Oder aber auch: Welche der vielfältigen und sich zum Teil paradox überlagernden Aufträge will ich vor allem bearbeiten? Welche möchte ich eher ablehnen? Die supervisorische Forschungsarbeit zielt dann in der Regel auf die Differenzierung und Bewertung der im Fall wirksamen Auf-

träge. Diese Differenzierung erfolgt einerseits hinsichtlich des Explikationsniveaus (offene, verdeckte, verschobene Aufträge). Andererseits muss gefragt werden, bei wem die jeweiligen Aufträge zu verorten sind (Aufträge des unmittelbaren Klienten, seines Netzwerks, der Organisation bzw. Institution des Professionellen, innere Antreiber und Grundsätze des Professionellen etc.).[19]

– *Fragestellungen zu **Nähe und Distanz:*** Supervisanden bringen oft Fälle in die Beratung, in denen sie sich mit ihren Klienten entweder zu konfluent verbunden oder aber zu dissoziiert getrennt erleben. Es werden dann Erlebnisweisen geschildert, in denen sich Professionelle über Gebühr mit ihren Klienten identifizieren – oder aber keinen Zugang zu deren Erleben finden. Die Ausrichtung der supervisorischen Interventionen wird sich dann von Fall zu Fall eher an der Förderung von Identifikation oder aber an der Einladung zu distanzfördernden Blickwinkeln orientieren.

– *Fragestellungen zur **Strategie:*** Supervisanden thematisieren Fragestellungen hinsichtlich mehr oder weniger wünschenswerter Zukunftsperspektiven im Einzelfall. Wohin soll die Reise gehen? Der Fokus der supervisorischen Forschungsarbeit kann hier in der Auslotung von Ambivalenzen und Zwickmühlen (»wie man es macht, ist es falsch«) sowie in der Unterstützung von Entscheidungsprozessen liegen (von der Komplexitätsanreicherung zur Komplexitätsreduzierung in der Entscheidung).

– *Fragestellungen zur **Kooperation:*** Gerade Fallsupervisionen im Team bieten einen guten Rahmen, um Kooperation im Team sowie die Kooperationsnetzwerke in weiteren professionellen Systemen zu beforschen. Ertragreich ist hier wiederum die Übersetzung der Spiegelphänomene ins Fallverstehen (wie bereits erwähnt), aber auch die Suche nach Optimierungsstrategien hinsichtlich der Zusammenarbeit innerhalb bzw. außerhalb der Organisation. Die Überschneidungszone zur Team- und Organisationsentwicklung kann hier groß sein.

---

19 Das von Arist von Schlippe beschriebene Instrument des »Auftragskarussels« ist ein hilfreiches Tool zur differenzierten Beforschung von Auftragssystemen im Einzelfall (vgl. Neumann-Wirsig, 2013, S. 53 f.).

- *Fragestellungen zu **inneren Szenarien** der Professionellen:* Professionelle berichten von inneren Zerreißproben, Verwirrung oder affektiven Anmutungen im Kontext der Fallarbeit, in denen sie sich selbst fremd fühlen. Es kann Sinn machen, die Erforschung der inneren emotionalen und kognitiven Diskursszenarien der Falleinbringer in den Mittelpunkt der Supervision zu stellen. Die Konzepte des »inneren Teams« (vgl. Schulz von Thun u. Stegemann, 2004) oder der Ego-States (vgl. Peichl, 2012) können dabei hilfreich sein. Der Fokus der Fallsupervision liegt dann auf der Person der Falleinbringerin und deren vielstimmiger Resonanz auf den aktuellen Prozess im Fall.
- *Fragestellungen an die **professionelle Expertise** des Teams bzw. der Supervisorin:* Gelegentlich ist Falleinbringern vor allem daran gelegen, den fachlichen Rat der Teammitglieder und des Supervisors einzuholen. Es geht dann um nicht mehr und nicht weniger als um die Generierung möglichst vielstimmiger Fachlichkeit ohne besondere supervisorische Tiefung.

In der Beratungsphase nach dem offenen unstrukturierten Fallbericht zum Einstieg in die Fallsupervision ist es lohnend, sich die Zeit zu nehmen, die man braucht, um zu ergründen, auf welcher dieser Ebene das Erkenntnisinteresse des Fallgebers genau verortet ist. Ist diese zum Teil vor allem für den Fallgeber mühsame Arbeit getan, so ist die Suchbewegung besser fokussiert. Zudem schützt eine solche Auftragsklarheit vor einer Überschwemmung der Fallarbeit durch die Beiträge der Teammitglieder, die zum Teil mit eigenen Impulsen und Erkenntnisinteressen an der Fallarbeit andocken, die legitim sind, aber nicht unbedingt am spezifischen Forschungsinteresse des Fallgebers anknüpfen. Die vielzitierte »Beratung über Beratung« im Sinne der Klärung der Anliegen und einer Verhandlung über den Weg, der methodisch eingeschlagen werden soll, ist auch integraler Bestandteil jeder einzelnen Fallsupervision.

6.7 Wie wirken Fallsupervisionen im Team?

Es bleibt die Frage, was denn eigentlich die Wirkung von Fallsupervisionen im Team ausmacht? Was passiert hier, was von Supervisanden als hilfreich und qualitätsförderlich erlebt werden kann?

Zunächst geht es vermutlich vor allem um die Vervollständigung der Wahrnehmung des Klienten durch den Professionellen und das Team. Supervisorinnen und Supervisanden kennen das immer wieder berichtete Phänomen, dass der in der Supervision abwesende Klient nach einer ihn betreffenden Fallsupervision als verändert erlebt wird, sobald der Professionelle wieder auf ihn trifft. »Es war, als hätte er bei der Supervision dabei gesessen«, wird dann beispielsweise berichtet. Dies zeigt in unserem Verständnis an, dass Fallsupervisionen die falleinbringenden Supervisanden darin unterstützen können, ungünstige Projektionen zurückzunehmen, die sie bisher auf ihre Klienten gerichtet haben. Die Grenze zwischen Klient und Professionellen wird stabilisiert und die Klienten erscheinen dadurch postwendend in neuem Licht. Unsere veränderte Wahrnehmung kreiert gleichsam einen veränderten Klienten und ebenso einen veränderten Fallgeber.

Fallsupervisionen bieten den Fallverantwortlichen die Chance, ihre innere Arbeit am Fall auf die äußere Bühne des Teams zu bringen. All die inneren Ambivalenzen, die innere Vielstimmigkeit und die unbewusste Verwicklung im Fall werden externalisiert, wenn sie plötzlich im Spiegel des Teamdiskurses auftauchen. Allein dieser Prozess der Veräußerung wird häufig als entlastend erlebt. Er bietet zudem größere Möglichkeiten für einen gestaltenden Zugang auf den inneren Prozess. Der innere Dialog der Fallgeber liegt dann sozusagen vor ihnen und erscheint damit auch handhabbarer und gestaltbarer. Vielleicht im Sinne Viktor Frankls Devise »man muss sich von sich selbst nicht alles gefallen lassen« (Frankl, 1996, S. 76).

Vielleicht liegt eine wesentliche Wirkkraft von Fallsupervisionen in der gemeinsamen Kreation einer veränderten Erzählung über den Fall. Im Verständnis narrativer Konzepte der Sozialwissenschaften organisieren wir unsere Wahrnehmung auf dem Wege spezifischer Narrationen, die uns helfen, Komplexität zu reduzieren (vgl. etwa White u. Epston, 1990; Thier, 2010; Strohmaier, 2013). Fallsupervisionen im Team bringen die unterschiedlichen narrativen Fragmente der einzelnen Teammitglieder zu einer hoffentlich einigermaßen kohärenten – und für den Falleinbringer und seinen Klienten nützlichen – neuen Narration zusammen. Dies ist ein durchaus poetischer Arbeitsprozess (vgl. Kapitel 7.2). Fallsupervisionen zeigen gedeihliche Wirkung, wenn eine im Team kooperativ erstellte modifizierte Fallgeschichte entsteht, die berührend, überraschend, erhellend und erleichternd erlebt werden kann.

Aus der Perspektive des Teams ist jeder im Rahmen von Supervision bearbeitete Fall ein »Fall von«, der in seiner spezifischen Einmaligkeit auch verallgemeinerbare Züge in sich trägt. Werden diese verallgemeinerbaren Prozessaspekte in der Supervision herausgearbeitet und benennbar gemacht, so kann Fallsupervision das professionelle Handlungsspektrum eines Teams ausweiten. Fallsupervision wird dann zu einem Stück gelebter Organisations- und Qualitätsentwicklung. Am Einzelfall wird erkennbar, was zukünftig vielleicht grundsätzlich vermieden, oder als innovativer Standard aufgenommen werden sollte.

Fallsupervisionen können Organisationskulturen von Teams modifizieren und damit im besten Sinne von Teamentwicklung wirken. Vorrangig wird die Kompetenz gefördert, das eigene professionelle Handeln transparent zu machen, in dem es zur Sprache gebracht wird. Im günstigen Fall kann eine Kultur der Fehlerfreundlichkeit gedeihen. Schwierigkeiten und intersubjektive Verwicklungen können angstarm veröffentlicht und im Team als Lernmaterial genutzt werden.

Zu guter Letzt: Fallsupervisionen im Team relativieren die Vereinzelung und fördern Vernetzung. Getreu unserem Grundsatz, dass man Systemen eigentlich nur als System begegnen sollte, halten wir es in Arbeitsfeldern, die mit komplexen Systemen zu tun haben, für unverzichtbar, Ressourcen anzubieten, die es ermöglichen, Fallerfahrungen mit einem dynamischen systemischen Kontext in Resonanz zu bringen. Teamsupervision bietet ein solches Potenzial.

> »Ich sehe Bilder und verknüpfe sie [...] Man muss freund-
> lich sein, wenn man etwas erklärt, nie denken ›Schon okay,
> ich weiß ja, worum es geht‹, das wäre arrogant. Einfache
> Wörter und gute Metaphern: Das ist es, was ich mache.«
> Haruki Murakami über das Schreiben von Romanen (2014)

7 Interventionen

Eine kleine Vorbemerkung zu diesem Kapitel: Die Literatur zu methodischen Interventionen und Tools zur Teamentwicklung ist umfangreich bis ozeanisch. Wir schätzen viele dieser Methoden, wenn sie zum Prozess passen. Wir berichten in diesem Abschnitt von Interventionen, die in unserer Beratungsarbeit am ehesten alltäglich und naheliegend sind. Dazu zählt – wen wird es überraschen – zuerst und vor allem das Sprechen. Deshalb widmen wir dem Umgang mit Sprache den Löwenteil dieses Abschnitts. Im Weiteren beschäftigen wir uns mit Aspekten der Institutionsanalyse in der Teamberatung und dem institutionellen Mythos. Aber beginnen wir mit dem vielleicht Trivialsten. Dem guten alten Blitzlicht.

7.1 Das Blitzlicht als Gruppenintervention

Die Methode des Blitzlichts[20] findet inzwischen in der Arbeit mit Gruppen eine breite Anwendung. Auch für uns hat sich diese kleine Intervention als äußerst effektiv erwiesen. Vielleicht zuerst zum Wortverständnis: Blitz bedeutet, dass die Teilnehmer über sich eine kurze Aussage machen, die nicht diskutiert wird, sondern wie ein Blitz im Raum stehen bleibt.

Im Laufe einer Beratungssitzung gibt es drei markante Situationen für ihren Einsatz als Rahmungs- und Orientierungsritual:
- zu Beginn einer Sitzung (Anfangsblitz),
- zum Abschluss (auch Abschlussfeedback genannt),
- innerhalb einer Sitzung.

---

20 Zuerst findet sich der Begriff ohne weitere Erläuterung bei Ruth C. Cohn (1975, S. 74).

Zum *Anfangsblitz:* Im Non-Profit-Bereich ist die Methode sehr verbreitet und es macht in der Regel keine Probleme, die Teilnehmerinnen und Teilnehmer zu bitten, zu Beginn der Sitzung von sich
zu sagen: »Wie geht es Ihnen?«, »Was macht die Arbeit?«, »Was liegt
heute für Sie an?« In einigen Bereichen der Wirtschaft und der Verwaltung muss man das manchmal noch erklären, obwohl auch dort
durch den verstärkten Einsatz von Trainingseinheiten, in denen
die Methode auch angewandt wird, das Blitzlicht inzwischen selten
Befremden auslöst.

Uns liegt besonders das Blitzlicht zu Beginn einer Sitzung am Herzen. Indem jeder von sich einige kurze Sätze sagt, erfüllt dies für das
Team und den Berater wichtige Funktionen. So erfahren wir zum
Beispiel, dass es einer Supervisandin aus persönlichen Gründen nicht
gut geht, sodass wir ihr Verhalten auf dieser Folie besser einschätzen
können. Etwa wenn sie nicht so engagiert wie gewöhnlich mitarbeitet
oder ein zerknirschtes Gesicht macht. Wir wissen dann: Das hat nicht
nur mit dem Hier und Jetzt zu tun. Auch werden wir in diesen Fällen die Teilnehmerin vielleicht weniger fordern, um ihrer besonderen
Situation gerecht zu werden. Falls sich jemand – aus welchen Gründen
auch immer – nicht äußern mag, reicht es aus zu sagen: »Ich möchte
nichts sagen.« Dadurch, dass alle etwas sagen, entsteht eine Gruppen-
atmosphäre, die signalisiert, dass eine Abgrenzung zum bisherigen
Arbeitsalltag vollzogen ist. Wir sind im Beratungssetting angekommen und damit symbolisch auch im Beratungssystem. Die Plätze in
der Gruppe werden lebendig, spürbar für alle besetzt und dadurch,
dass sich alle äußern wird symbolisch auch die Gruppe geschlossen,
ganz gleich, ob wir im sogenannten Stuhlkreis sitzen oder um einen
Tisch versammelt sind. Die Gestalt der Gruppe schließt sich und
damit ist ein konzentrierter Start in die Beratungsarbeit möglich.

Diesen Momenten kommt eine durchaus meditative Wirkung
zu. Dieses Vorgehen erinnert – wenn auch nicht explizit so angelei-
tet – durchaus an die Achtsamkeitspraxis (Hallier, 2009). In erster
Linie das bewusste Wahrnehmen des Atems und der damit unwill-
kürlich aufsteigenden angenehmen und unangenehmen Gefühle
fokussiert die Teilnehmer. Die Innenschau im Blitzlicht verbindet
Arbeits- und Privatsphäre und macht erfahrbar, dass beide nicht
hermetisch abgrenzbar sind. Durch diese Gewahrwerden wird das

Hamsterrad des beruflichen Alltags für einen kleinen, aber entscheidenden Moment angehalten und eine symbolische Grenze zwischen Arbeitsroutine und Beratung wird markiert.

Gleiches gilt selbstredend für den Berater. Selbstreflexiv werden im Anfangsblitzlicht beispielsweise Überlastungen, Grenzerfahrungen oder stattgehabte Konflikte bewusst. Das eröffnet die Chance, dies zu thematisieren oder zumindest zu entscheiden, ob Hinderliches weiter ertragen oder aktiv angegangen werden soll. Die Differenz zwischen »weiter so« oder »so nicht mehr« ist oft der entscheidende Schritt aus der Opferhaltung (vgl. Kapitel 8.1). Kleine, aber motivations- und energiespendende Erfolgsmomente geraten in der Alltagsbelastung viel zu leicht ohne ausreichende Würdigung aus der Wahrnehmung. So eröffnen wir das Anfangsblitzlicht auch gern mit der Frage nach »Topps und Flops der vergangenen Tage«.[21]

Mögliche Statements können sein:
- »Ich kann nachts ohne meine Beißschiene nicht mehr schlafen, sonst findet mein Mann keine Ruhe, aber die Arbeit geht gut von der Hand.«
- »Der Kunde X stresst, weil er nicht zufrieden zu stellen ist – ansonsten geht es mir gut, da unsere Tochter nach einem Jahr wohlbehalten aus Australien zurück ist.«
- »Mir geht's gut, und ich danke dir für deine Hilfe gestern im Projekt.«
- »Ich hab noch länger über die letzte Sitzung nachgedacht und auch mit meinem Mann darüber gesprochen, warum es mir so schwerfällt, mich abzugrenzen. Er meint, dass ich mich zu Hause auch zu sehr um die großen Kinder kümmere.«
- »Ich hab mich gestern total gefreut, weil es gelungen ist, für Frau X eine gute Lösung zu finden, ich bin echt erleichtert.«

Die Fragen zur Einleitung des Anfangsblitzlichts können situationsangemessen variiert werden. Der rituelle und damit auch wiederkehrende Charakter sollte allerdings erhalten bleiben.

---

21 Diese Frage verdanken wir unserem Kollegen Peter Brandt, der diese Intervention humorvoll »Qualitätsmanagement light« getauft hat.

Das *Abschlussblitzlicht* gibt ein spontanes Feedback am Ende der Sitzung. Wir stellen dabei in Rechnung, dass der erste Eindruck am Ende keine abschließende Evaluation ist. Wichtiges gewinnt oft erst im Nachhinein an Bedeutung. Alle brauchen Zeit, die Dinge sacken zu lassen.

Abschlussblitzlichter haben die Funktion einer Abrundung und vorläufigen Fokussierung. Eine Fortsetzung der Arbeit der Sitzung mit neuen Argumenten, das Eröffnen neuer Themen oder die Offenlegung von Konflikten sind hier unangebracht. In Ausnahmefällen, wenn wir ahnen, dass Konflikthaftes in der Luft liegt, bitten wir explizit darum, im Abschlussblitzlicht »keine neuen Fässer aufzumachen«. Dennoch ist das Leben konkret.

Der Kollege Hermann Staats (2009) berichtet eine Szene aus einer Krankenhaussupervision, in der ein Teammitglied zum Abschluss zu einer Kollegin sagt: »Ich muss aber doch noch einmal sagen, wie völlig unmöglich ich deine Bemerkung von vorhin finde.« Eine Klärung an dieser Stelle ist nicht mehr möglich und so endet die Sitzung in aufgewühlter Spannung. Um das zu verhindern, versuchen wir schon die einleitende Frage positiv zu formulieren. »Was nehmen Sie für Ihre Arbeit mit?« oder »Was war Ihnen heute wichtig?« Damit wird der Übergang von der Beratung in die Alltagsarbeit symbolisiert. Denn mit der Beendigung der Beratung soll der Reflexionsprozess nicht zu den Akten gelegt werden. Hilfreich ist es nach unseren Erfahrungen, wenn eine produktive Restspannung erhalten bleibt, damit sich Erkenntnisse und Erfahrungen weiterentwickeln können, um im Arbeitsalltag wirksam zu werden oder wenn sich Unklarheiten einstellen, die in der nächsten Sitzung thematisiert werden können.

Interessant ist, wer mit welchem Tenor beginnt, denn gruppenanalytisch betrachtet kann dies einen Hinweis auf das (unbewusste) Gruppenthema geben (vgl. Pühl, 2014, S. 85 ff.). Dasselbe gilt theoretisch ebenfalls für die Einstiegsrunde. Wir gehen davon aus, dass der erste Beitrag die Gruppenspannung bricht und zugleich ein vielleicht untergründiges Thema andeutet. Manchmal ist es wie bei einer Kette von Dominosteinen: Einer stößt den ersten an und das Thema pflanzt sich in den nächsten Beiträgen fort.

Es gibt Phasen, in denen ein Teamberatungsprozess so ins Stocken gerät, dass wir selbst keine Vorstellung mehr haben, was behindert, bremst oder schwierig ist oder welches unausgesprochene Thema die Szene überlagert (vgl. Kapitel 4.4). In solchen Situationen bietet sich auch in der Mitte einer Sitzung das Blitzlicht für eine spontane Klärungsrunde an. Wir können beispielweise fragen: »Können Sie mal sagen, welcher Film im Moment bei Ihnen läuft?« In der Regel lässt sich aus den Aussagen ein neuer Fokus generieren, der dann als nächster Schritt kontraktiert werden kann. Weisbord und Janoff (2011, S. 160) bezeichnen dies in solchen Lagen als ihr »wirksamstes Instrument. [...] Wir unterbrechen den Prozess und fragen die Teilnehmenden, was zu tun ist.«

7.2 Die Sprache des Beraters in der Teamberatung

Das Sprechen ist zweifelsohne die vorrangigste Intervention von Beraterinnen. Gleichzeitig sind Teamberater Modell hinsichtlich einer Sprache, welche die Kooperations- und Arbeitsfähigkeit im Team möglichst optimal unterstützt. Im Sinne Bourdieus sind Berater innerhalb ihres Settings »legitime Sprecher«. Supervisanden verleihen ihren Supervisorinnen – wenn das Arbeitsbündnis stimmt – die Autorität zu sprechen. »Die symbolische Wirkung der Wörter kommt immer nur in dem Maße zustande, wie derjenige, der ihr unterliegt, denjenigen, der sie ausübt, als den zur Ausübung Berechtigten anerkennt beziehungsweise, was auf dasselbe hinausläuft, wie er sich selbst in der Unterwerfung als denjenigen vergisst und nicht wiedererkennt, der durch seine Anerkennung dazu beiträgt, dieser Wirkung eine Grundlage zu geben« (Bourdieu, 2005, S. 109). Bourdieu verweist hier auf den Machtaspekt der Sprache in seiner Zwiespältigkeit. Teamberaterinnen sind ermächtigt zu sprechen und setzen ihre Sprache auf eine Weise ein, die auch der Sprache der Kunden im günstigen Fall Wirkmacht verleiht. Bourdieu weiß auch, dass Dialoge immer von einer Pendelbewegung von Selbstgewissheit im Sprechen und Selbstvergessenheit im Zuhören leben. Das für gute Gespräche typische Oszillieren zwischen Hingabe und Abgrenzung (vgl. Kapitel 4.1) hat ein sprachliches Korrelat. Bisher gab es erstaunlich wenig konzeptionelle Auseinandersetzung zur supervisorischen Sprache.[22]

Das Handwerk der Teamberatung erschöpft sich sicherlich nicht im Sprechen. Dennoch vermittelt es sich den Beteiligten in Beratungen ganz wesentlich über die Rede der Beraterin, über das was sie sagt oder eben auch nicht sagt.[23]

In unserem Verständnis begründet die Sprache von Teamberaterinnen ihre Qualität vor allem auf folgenden Dimensionen:

– verbindliches Sprechen,
– vernetzendes Sprechen,
– ermöglichendes Sprechen,
– selektives Sprechen.

Verbindliches Sprechen

Mit unserer Sprache signalisieren wir Klienten unser konstantes Interesse an einer guten und lebendigen Arbeitsbeziehung. Wir sprechen Einladungen zur Kooperation bei Fortbestand möglichst hoher individueller Freiheitsgrade und Unterschiedlichkeit aus. Naheliegenderweise beginnt dies in der Regel damit, dass wir unsere Supervisanden mit ihrem Eigennamen ansprechen. Bei der großen Anzahl von Teams, mit denen wir es in unserem Arbeitsalltag zu tun haben, ist dies leichter gesagt als getan und erfordert teilweise eine zielgerichtete Lernanstrengung. Hinter Lyotards (2004, S. 48) philosophischem Appell »retten wir die Differenzen, retten wir die Ehre des Namens«

---

22 Wilfried Münchs Ansatz einer tiefenhermeneutischen Beratung und Supervision (2011), Stefan Dittrichs (2013) Band zu hypnotischen Sprachmustern und einige jüngere linguistische Diskursanalysen (etwa Graf u. Aksu, 2013) sind spannende Ausnahmen.

23 Wir konzentrieren uns hier auf die Seite des tatsächlich gesprochenen Wortes und vernachlässigen den gesamten Bereich der nonverbalen oder Parakommunikation. Dabei gibt es Autoren, die davon ausgehen, dass Parakommunikation in Dialogen »etwa 90 % ausmachen, die Semantik, also die inhaltliche Bedeutung der Worte jedoch bloß plus/minus 10 %« (Wadzke, 2008, S. 42). Wir verstehen derartige Prozentangaben als Metapher und haben nichts gegen eine Akzentuierung der Bedeutung nonverbaler Kommunikation. Hier geht es uns allerdings um eine konzentrierte Auseinandersetzung mit dem gesprochenen Wort als zentrales Medium und zentraler Methode der Supervision.

verbirgt sich der Respekt vor der grundlegenden Einzigartigkeit des Individuums. Diese können wir – da wir sie nur annäherungsweise einfühlen und nachvollziehen können – vor allem in ihrer fremden Originalität staunend bewundern. Eine Originalität und Einzigartigkeit, für die der Eigenname steht. Wir machen die Erfahrung, dass es Supervisanden leichter fällt, sich als wahrgenommen und respektiert zu erleben, wenn sie mit dem Eigennamen angesprochen werden. Deshalb stellen wir uns diesem Anspruch auch schon in frühen Phasen von Beratungsprozessen. Wenn wir uns Namen von Klienten über längere Zeiträume nicht merken können, so verstehen wir dies oft als Indiz für ein brüchiges Arbeitsbündnis mit eben dieser Person. Wenn wir mit einzelnen Klienten auch nur ein einziges Mal in einem produktiven Arbeitskontakt gestanden haben, so fällt es uns in der Regel leicht, uns den Namen einzuprägen.

Verbindliches Sprechen ist getragen von der Haltung, die Unterschiedlichkeit von Personen zu respektieren und gleichzeitig nach Möglichkeiten der Verbindung in der Zusammenarbeit zu suchen. Wir versuchen unsere Sprache auf eine Weise einzusetzen, die einerseits die subjektiven Unterschiede und Verschiedenheiten in Teams akzentuiert und respektvoll hervorhebt und gleichzeitig für Zusammenarbeit wirbt. Um dies zu veranschaulichen, benutze ich (KO) gelegentlich den sprichwörtlichen Leitsatz: »Niemand muss sich verändern, aber alle sollten in Bewegung bleiben.«

Als Teamberater signalisieren wir Respekt vor der Einzigartigkeit und Unverzichtbarkeit des Einzelnen im Team, in dem wir unsere Aufmerksamkeit gleichmäßig verteilen. Fallen einzelne Teammitglieder für längere Zeit aus dem gemeinsamen Diskurs, so sprechen wir diese direkt an, um die Motive ihrer Zurückhaltung zu erforschen und Interesse an ihrem Denken und ihren Wahrnehmungen zu zeigen. Wir begegnen den Haltungen, Überzeugungen und Arbeitsbeiträgen von Teammitgliedern grundsätzlich anerkennend, indem wir deren subjektive Begründetheit erforschen und auch nach dem gegebenenfalls verborgenen Nutzen für das Team fragen. Diese Haltung vermittelt sich sprachlich, wenn wir nicht beurteilen – auch wenn wir nicht einverstanden sind. Wir fragen nicht, »warum« sich jemand so oder so zeigt, sondern »wozu oder wofür« er oder sie dies tut. Diese Suchbewegung postuliert von vorneherein eine gut begründete –

wenn auch nicht unbedingt bewusste – Intention hinter allen Interaktionsbeiträgen in Teams.

Verbindliches Sprechen erfordert die Wahrung der Grenzen des
Gegenübers. Wir versuchen dem sprachlich gerecht zu werden,
indem wir unsere Interventionen und Arbeitsvorschläge in der
Teamberatung sozusagen mit einem Beipackzettel versehen.[24] Wir
erklären, warum wir zu einem bestimmten Schritt einladen, weisen
explizit auf die Möglichkeit hin, die Intervention zurückzuweisen
und machen gegebenenfalls deutlich, welche Risiken und Neben-
wirkungen mit der Intervention verbunden sein können. Kommen
Supervisanden durch unsere Interventionen in unangenehme Situationen, in denen etwa starke Scham oder deutlicher Ärger erlebt
werden, so halten wir es durchaus für angemessen, die Verantwortung zu übernehmen und uns für gegebenenfalls unzureichende
Behutsamkeit zu entschuldigen. Wenn wir von verbindlicher Sprache sprechen, so soll damit akzentuiert werden, dass professionelle
Sprache in der Teamberatung – anders als die habituelle Sprache des
Alltags es einlösen kann – fortlaufend einem achtsamen und pfleg-
samen Umgang mit der Beziehungsebene der Kommunikation verpflichtet ist (vgl. Ebring, 2009, S. 44). Eine beziehungssensible und
verbindliche Sprache schließt Konflikte und gegenseitige Irritation
und Verwicklung ausdrücklich ein. Aber auch Streitbares kann wahl-
weise in der Diktion von Schuld, Sabotage und Sühne oder als inter-
aktionelles Resultat eines kunstvollen aber unglücklichen Ringens
um Zusammenarbeit verhandelt werden, an der alle Beteiligten ihren
Anteil haben. Überhaupt ist verbindliche Sprache in einem weiteren Sinn auch eine fehlerfreundliche Sprache. Wenn Teammitglieder Fehler, fachliche Defizite oder konflikthafte Verwicklungen mit
Klienten oder Kollegen offenbaren, so konnotieren wir dies auch
sprachlich als mutigen, vertrauensvollen und produktiven Beitrag
zum gemeinsamen Forschungsprozess.

In einer frühen Phase der Supervision eines Teams der ambulanten
psychiatrischen Versorgung bin ich (KO) als Supervisor beeindruckt

---

24 Die Rede von »Beipackzetteln« für Interventionen geht auf Gunter Schmidt
    vom Milton-Erickson-Institut Heidelberg zurück.

und irritiert von einer Sprache im Team, in der psychiatrische Diagnosen und die damit verbundenen Fachbegriffe, inklusive der in den Diagnosemanualen dafür vorgesehenen Verschlüsselungsziffern, eine hervorgehobene Rolle spielen. Die Klienten werden mit zum Teil langen Listen von Diagnosen beschrieben, die Schwere der jeweiligen Erkrankung wird hervorgehoben und das Team engagiert sich in ausführlichen und mir spitzfindig erscheinenden Kontroversen um die Angemessenheit oder Richtigkeit der jeweiligen Diagnosen. Ich bin von dieser Sprachkultur vor allem auch deshalb überrascht, da das Team fast ausschließlich aus Sozialpädagogen besteht. Medizinische Berufsgruppen – bei denen ich eine solche Sprache für eher wahrscheinlich gehalten hätte – sind nicht vertreten. In meiner Resonanz spüre ich einerseits die Sorge, vom Gespräch im Team abgeschnitten zu bleiben, da ich der hier dominierenden Sprache nicht ausreichend mächtig bin. Zum anderen verspüre ich aber auch Trotz, da mein persönlicher Gedankenhintergrund eher von einer kritischen Distanz zum Sprachspiel der Diagnosen lebt. Nach einiger Zeit entscheide ich mich dafür, meine Kompetenzängste zu thematisieren, und sage: »Ich fürchte, ich kann Ihre Sprache nicht ausreichend sprechen, um hier mithalten und im Gespräch bleiben zu können.« Diese Intervention löst zum einen eine gewisse Verunsicherung aus. Zum anderen melden sich Teammitglieder zu Wort, die nunmehr einräumen, dass sie sich mit dem vorherrschenden Sprachstil auch nicht durchgängig wohlfühlen. Vor allem die Angst, fachlich in dieser Disziplin nicht genügen zu können, ist vielen vertraut. Die Supervisanden berichten, dass meine Vorgängerin als Supervisorin großen Wert auf Diagnosen gelegt habe. Man habe sich diese Sprachkompetenz mehr und mehr angeeignet. Dies habe unter anderem den positiven Effekt gehabt, von den Netzwerkpartnern ernster genommen zu werden. Allmählich wird es möglich, die Vor- und Nachteile unterschiedlicher Sprachstile im Arbeitsfeld zu erforschen. Diagnosen sind hilfreich, um Distanz herzustellen. Eine alltagsnähere Sprache ist vielleicht von Vorteil, wenn es darum geht, eigene subjektive Beteiligungen zu beschreiben. Das Team verständigt sich mit dem Supervisor auf das Ziel, sich in den Supervisionen zukünftig um eine gewisse »Zweisprachigkeit« zu bemühen, das heißt, unterschiedliche Sprachspiele quasi parallel zu kultivieren und die jeweils entstandenen Beschreibungen auf ihre Nützlichkeit zu überprüfen.

Vernetzendes Sprechen

Sprache ist unser zentrales Werkzeug, um die Beiträge der Teammitglieder zu vernetzen. Systemiker würden vielleicht von Kontextualisieren sprechen. Wortbeiträge von Einzelnen in Teamberatungen stehen zunächst in einem Kontext zu den anderen implizit oder explizit geäußerten Positionen der Teammitglieder. Die Sprache des Beraters trägt dazu bei, diesen Kontext nachvollziehbar und deutlich zu machen. Konkret heißt dies vor allem Unterschiede, Bedeutungsbezüge und Gemeinsamkeiten zu benennen. Sätze wie »Was Sie soeben gesagt haben, erinnert mich an das, worauf Ihre Kollegin Y schon vor einigen Minuten hingewiesen hat.« Oder: »Wenn ich Sie richtig verstehe, so heben Sie jetzt einen ganz anderen Akzent hervor als Ihr Kollege X. Ist das ein unvereinbarer Gegensatz oder sind das vielleicht zwei Seiten ein und derselben Medaille?« Solche Äußerungen können das Netzwerk der Positionen und Meinungen im Team spürbar machen. Auch durch die bewährten zirkulären Fragen (vgl. Simon u. Rech-Simon, 2012) kann an der Vernetzung gestrickt werden. »Was meinen Sie, was würde Ihr Kollege Z zu Ihrer Auffassung sagen?« oder »Haben Sie eine Vermutung, wie Ihre Teamleitung zu diesen Dingen steht?« Auf diese Weise können Teams angeregt werden, für die Relationen der unterschiedlichen Haltungen sensibel zu werden und diese selbst als szenisches Material zur Erforschung des Beratungsgegenstands zu nutzen.

In ähnlicher Weise wird Sprache dazu eingesetzt, nicht nur unterschiedliche, an Personen gebundene Beiträge miteinander zu verweben, sondern auch das Verhältnis der unterschiedlichen inhaltlichen Ebenen von Teamberatungen zu vernetzen. Als Berater sind wir sensibel für Spiegelungen der unterschiedlichen Ebenen: Klientensystem, Team, Organisation, Institution sowie die Ebene des subjektiven Erlebens einzelner. Wir setzen deshalb Sprache ein, um die Analogien oder auch Widersprüche zwischen diesen Ebenen zu beschreiben. Wir könnten auch von der supervisorischen »Korrelierungskompetenz« (Gotthardt-Lorenz, 2002, S. 18) sprechen, die ihren sprachlichen Ausdruck sucht. »Was Sie soeben über Ihr Erleben und die Zerreißproben, in denen Sie stehen, berichtet haben, wirft bei mir die Frage auf, ob Ihr Kunde vielleicht Ähnliches erlebt.« Oder: »Ich frage mich, ob Ihre professionelle Haltung überhaupt kompatibel sein kann mit den wirtschaftlichen Zwängen, unter denen Ihre Firma steht.« Immer wieder sucht Sprache danach, »das aktuelle Supervisionsgeschehen und auch die Rolle der Supervision und Supervisorin in Korrelation zur Situation im Arbeitsfeld und zu dem dazugehörigen Kontext zu stellen« (S. 19).

Teamberatung lebt auch von dem Versuch, Textfragmente, wie Sie in den Wortbeiträgen der Teammitglieder oder der Protagonisten der kontextuellen Umwelt des Teams auftauchen, miteinander in Beziehung zu bringen. In einem narrativen Verständnis von Beratung[25] ist dies tatsächlich gemeinsame Textarbeit. Aus den verschiedenen, zum Teil höchst widersprüchlichen und unvollständigen Perspektiven wird in der beraterischen Arbeit ein Text gewoben, auf den sich die Beteiligten gemeinschaftlich als Team beziehen können. Mit diesem Text sollte man sozusagen sympathisieren können. Darüber hinaus sollte er einen praktischen Wert für die Klienten haben. Praktisch in dem Sinn, dass der neu entstandene Text mit seinen Interpretationen, Verbindungen und ausschnitthaften Perspektiven für das Team in seiner weiteren Arbeit nützlich ist. Der Anthropologe Stephen A. Tyler hat diesen Gedanken für die der Supervision sehr verwandte Disziplin der Ethnografie umrissen: »Eine postmoderne Ethnographie ist der kooperativ erstellte Text von Diskursfragmenten, der im Bewusstsein seiner Schreiber und Leser die Phantasie einer möglichen lebensweltlichen Wirklichkeit evozieren will, um damit eine ästhetische Integration von therapeutischer Wirkung zu erzielen« (Tyler, 1991, S. 194). Es geht Tyler um kooperative Textarbeit, um Ästhetik im Sinne einer positiv bewerteten emotionalen Beziehung zum Text und seiner Form sowie last not least eben auch um eine »therapeutische Wirkung« im weitesten Sinne der Nützlichkeit. Teamberatung sucht nach einer neuen narrativen Anordnung. Diese bezieht sie einerseits aus der Vernetzung der Beiträge und Perspektiven der unmittelbar – als Teilnehmer an der Supervision – und mittelbar – als Instanzen des weiteren Kontexts am Thema Beteiligten und Interessierten. Zum anderen zielt Teamberatung auch immer auf die Ergänzung des Gesprochenen durch das

---

25 Vgl. das Kapitel über Fallsupervision oder auch White u. Epston (1990), Wadzke (2008), Strohmaier (2013).

bisher nicht Gesagte und nicht im Lichte des spontanen Bewusstseins Stehende. Das neue Narrativ erhält seine Nützlichkeit dadurch, dass das bisher nicht explizit Gesagte, nicht mehr Erinnerte oder aus der Erzählung Verbannte zumindest annäherungsweise zur Sprache kommt. »Glückt diese analogische Zusammenführung, bei der die einzelnen Aussagegestalten des Gesprochenen zu einer repräsentativen Gesamtgestalt zusammenwachsen, und wird diese neue Sprachgestalt von Seiten der Ratsuchenden sinnlich aufgenommen, ruft das bei ihr ein erhellendes, Erkenntnis stiftendes Evidenzerlebnis hervor« (Münch, 2011, S. 289). Etwas operettenhaft formuliert hat Teamberatung also durchaus etwas Poetisches. Und wie bei einem guten Gedicht hat der neu erarbeitete Text eine ästhetische, sinnvertiefende und nützliche Kraft.

Die Versprachlichung von unbewussten Szenen, die sich im Team zeigen, ist immer etwas riskant. Es fordert von den Beteiligten die Bereitschaft und Kunst, sich auf eine andere Denk- und Wahrnehmungsebene einzulassen. Um das Risiko eingehen zu können, dass das Team nicht völlig irritiert von dem »Quatsch« ist, bedarf es der Hoffnung des Beraters, dass ihn seine Beschreibung der Inszenierung nicht beschämt.[26]

Ermöglichendes Sprechen

Die Entfaltung des triadischen Raumes als Möglichkeitsraum (vgl. Kapitel 4.1) kann durch Sprache befördert werden. Zunächst ist der Möglichkeitsraum ein Raum jenseits von Richtig und Falsch. Er setzt bei den Beteiligten eine Haltung voraus, die vor allem davon ausgeht, eben nicht alles zu wissen. Diese fragende Grundhaltung ist eine konstituierende Haltung von Supervision. Auch die Supervisorin geht dabei von einer grundlegenden Haltung des Nichtwissens aus. Ihre Rede wird über weite Strecken konjunktivisch sein und das »es könnte so sein« vor das »es ist so« stellen. Unsere Fragehaltung als Teamberater ist aufrichtig forschend an Antworten interessiert, die wir noch nicht kennen und die es gemeinschaftlich zu entdecken gibt. Die gestellten Fragen sollten überwiegend offen und nicht rhe-

---

26 Vgl. dazu zum Beispiel die Fallskizzen zum Rollenaspekt »Spiegler« in Kapitel 5 oder zum Erstgespräch in einem Frauenteam in Kapitel 3.

torisch, pädagogisch oder suggestiv sein. Letzteres entspräche einer gar nicht selten anzutreffenden Haltung, in der Berater Fragen stellen, um die Klienten zu Einsichten zu bringen, die sich ihnen selbst längst erschlossen zu scheinen haben (vgl. Münch, 2011, S. 280). Wenn sich im Team eine eher bedrängende (Ab-)Fragestimmung gegenüber ratsuchenden Teammitgliedern durchsetzt, so sollte dies angesprochen werden, um dieses Phänomen im Kontext der Beratung und der Organisation zu verstehen und den Raum für ergebnisoffenes und reflexives Forschen offenzuhalten. Der sprachliche Habitus von Teamberaterinnen ist im Interesse der Entfaltung des Möglichkeitsraums eher einladend als verordnend an Widersprüchen und Interessensspannungen interessiert, um die Beteiligten möglichst durchgängig in ihrer Individualität und damit auch mit ihren widerständigen Anteilen zu respektieren. Eine solche Grundhaltung kann auch durch einen entsprechenden Spracheinsatz des Beraters gefördert werden. »Fühlen Sie sich frei, deutlich zu machen, wenn Sie sich unwohl fühlen« oder »Lassen Sie uns darauf achten, dass auch abweichende Meinungen zur Sprache kommen« – wären zum Beispiel solche Sätze.

Der Sprachgebrauch im Möglichkeitsraum lebt davon, Komplexitätserweiterung und Komplexitätsreduktion zu balancieren. Das Handwerk der Teamberatung ist in diesem Sinne komplexitätsmodulierend. Der gemeinsame Forschungsprozess ist komplexitätserweiternd, wenn es darum geht, zusätzliche Bedeutungsebenen zu erschließen, den Kontext zirkulär auszuweiten und unbewusstes Material anzunähern. Er ist eher komplexitätsreduzierend, wenn es darum geht, Beratungsaufträge für den gesamten Supervisionsprozess oder im Mikrokosmos der einzelnen Sitzung zu präzisieren. Hier ist dann weniger oft mehr. Komplexitätsreduktion ist auch dann von Nöten, wenn Beratungsergebnisse gesichert, konkrete zukünftige Handlungsschritte des Teams ins Auge gefasst oder Entscheidungsprozesse unterstützt werden sollen.

In Phasen der Komplexitätserweiterung kann Sprache vieldeutig und mehrperspektivisch sein. Auch eine erlebnisaktivierende Sprache ist Teil von Komplexitätserweiterung. Teamberaterinnen können sie befördern, wenn sie selbst ihr emotionales Erlebnisspektrum im Kontext der Beratung zur Verfügung stellen und die Teilnehmer

ermutigen, auch ihre ungeordneten Assoziationen und Gefühle auszudrücken. Ich (KO) sage dann Sätze wie zum Beispiel: »Ich sage
jetzt erst mal geradeaus, welche Gefühle Ihr Bericht in mir auslöst.
Später werde ich dann versuchen, mich wieder davon zu distanzieren, um einen nüchterneren Blick auf die Angelegenheit zu werfen.«

Komplexitätsreduktion ist durchaus erwünscht, wenn es darum
geht, die Arbeitsspannung zu erhöhen. Klare, kurze Sätze sind dann
hilfreich. Nebensätze und Erklärungen verwässern nur die Spannung
des Nichtabgeschlossenen und behindern die gedankliche Ausfül-
lung durch die Teilnehmerinnen.

Grundsätzlich ist jede sprachliche Einlassung zugleich komplexitätserweiternd und komplexitätsreduzierend. Sie hebt bestimmte
Bedeutungsaspekte hervor und vernachlässigt andere. Sprache bleibt
zwangsläufig fragmentarisch und unvollständig – ein Paradox, das
es gelegentlich ganz grundsätzlich schwer machen kann, zu sprechen. Kaum ist ein Satz ausgesprochen, entwickelt er in der bedeu-
tungsgebenden Interpretation der Zuhörer ein vom Sprecher unab-
hängiges Eigenleben. Dieses entzieht sich der Kontrolle durch den
Sender. Es war dieses Phänomen des Kontrollverlusts, das Jean-Paul
Sartre (1949/1991, S. 59) zu der Zuspitzung bewog: »Die Hölle, das
sind die anderen.«

Ein Prototyp für dieses Dilemma sind die in der beraterischen
Sprache unverzichtbaren Metaphern. Das Wort »Metapher« (aus dem
Griechischen) bedeutet wörtlich so viel wie »etwas von einem Ort an
den anderen tragen«. Um eine Metapher zu bilden, wird ein Teil der
wörtlichen Bedeutung eines Wortes aus der ursprünglichen Situation
herausgeschält und auf eine andere Situation übertragen. Somit wird
einer bereits bestehenden Vorstellung eine neue Dimension verliehen.

So gesehen haben Metaphern immer einen deutlich komplexi-
tätsreduzierenden Charakter. Bestimmte Aspekte werden durch den
metaphorischen Bezug hervorgehoben, andere werden völlig oder
teilweise vernachlässigt. Gleichzeitig entwickeln Metaphern quasi
ein Eigenleben und verleihen dem Sachverhalt, der metaphorisch
beschrieben wird, rückwirkend eine zusätzliche Dimension. Lacan
spricht vom »schöpferischen Funken« der Metaphern (zit. nach
Lohmer u. Möller, 2014, S. 172). Metaphern wirken sowohl reduk-
tiv als auch konstruktiv. Ernst von Glasersfeld (2005) weist darauf

hin, dass Metaphern im Prozess der Übertragung und späterer Rückübertragung in den Alltag immer eine hohe Unschärfe haben. Was metaphorisch gesagt wird, ist in seltenen Fällen präzise und klar. Es hängt vielmehr in hohem Maß von den Interpretationsspielräumen ab, welche die Beobachter im Umgang mit Metaphern nutzen.

Vor diesem Hintergrund wird plausibel, warum Metaphern auch in der Beratung keineswegs pauschal wirksam werden. Grundlegend ist die Frage, ob Metaphern im Erleben der Klienten tatsächlich anschlussfähig sind. Der Einsatz von Metaphern kann sowohl problemlösend als auch problemstabilisierend wirken. Oder: Eine Metapher, die in einer bestimmten Entwicklungsphase eines Teams nützlich ist, kann in einer späteren Phase zum Hemmschuh werden.

Ohne Zweifel wird sich eine möglichkeitserweiternde Sprache Metaphern, Bildern und Analogien bedienen. Letztendlich ist ja auch die Arbeit mit Spiegelphänomenen nichts anderes als eine metaphorische Analogiearbeit. Es liegt in der Verantwortung der Beraterin, die Janusköpfigkeit von Sprachbildern im Auge zu behalten, das heißt, sich nicht nur um die Konstruktion von Metaphern, sondern auch um deren rechtzeitige Dekonstruktion zu sorgen.

Die Wahrscheinlichkeit, dass Metaphern in der Beratung gedeihliche Wirkungen entfalten, wird sich erfahrungsgemäß erhöhen, wenn ...

- die Metaphern gut mit der Kultur des jeweiligen Systems kompatibel sind und vom Klientensystem selbst erfunden werden,
- die Metaphern dazu geeignet sind, die Ressourcen und Stärken des jeweiligen Klientensystems zu fokussieren,
- die Metaphern geeignet sind, die Problembeschreibungen des Klientensystems als wertschätzbare Lösungsversuche zu rekontextualisieren. Also in einen neuen Kontext zu stellen, etwa im Sinne des Reframing.

Das Team eines Beratungsunternehmens zeigt sich in der Beratung deutlich geängstigt hinsichtlich einer bevorstehenden Fusion mit einem anderen Unternehmen und den damit verbundenen Veränderungen. Schließlich findet das Team im Gespräch Halt in der Metapher, es sei doch in vielerlei Hinsicht mit dem »gallischen Dorf« vergleichbar, wie es in der Geschichte der unbesiegbaren Comic-Helden Asterix und

Obelix beschrieben wird. Alte Geschichten werden erzählt: Das Team
habe in der Vergangenheit unliebsamen Interventionen der Unternehmensleitung getrotzt. Die Leitung habe immer mehr Angst vor den
Teammitgliedern gehabt als umgekehrt. Man habe immer gut und
solidarisch aufeinander aufgepasst und habe sich wehrhaft gezeigt. Es
sei beruhigend, dass das Team auch in Zukunft auf diese Ressourcen
zurückgreifen könne. Die Anregung des Supervisors (KO), auch die
größenfantastischen Züge dieser Metapher ins Auge zu fassen, werden eher amüsiert aus dem Pelz geschüttelt. Die Metapher ist bereits
voll unter Segeln und das Team möchte sich diesen kraftspendenden
Zaubertrank nicht durch verkopfte Relativierung verwässern lassen.

In den folgenden zwei Jahren dieser Beratung – die Unternehmens-
fusion wurde zwischenzeitlich vollzogen – war immer mal wieder vom
»gallischen Dorf« die Rede. Im Nachdenken über die Zusammenarbeit
mit der inzwischen personell erneuerten Standortleitung beobachtet
sich das Team später dabei, wie es in einer fast ritualisierten Form
immer wieder in Kampfszenarien gerät, die nunmehr erstmals als eher
kontraproduktiv infrage gestellt werden. Nun gibt es Stimmen, die zu
bedenken geben, man sei dabei, sich den Ast abzusägen, auf dem
man sitze, wenn die Kooperation mit der neuen Leitung weiter trotzig
verweigert werde. Anknüpfend an die Metapher vom gallischen Dorf
wird vorgeschlagen, Asterix und Obelix beim nächsten Besuch der
Standortleitung an einen Baum zu fesseln und stattdessen im übertragenen Sinn »Wildschweinbraten« in Form einer Präsentation der
aktuellen Kundenprojekte des Teams zu servieren. Das Team erlebte
sich dabei durchaus erfolgreich und auch die Standortleitung schien
angenehm vom Zusammentreffen mit dem Team überrascht. Dennoch
wurde betont, was für ein unverzichtbarer Schatz es sei, Asterix und
Obelix jederzeit wieder loslassen zu können.

Bildhaft-metaphorische Sprache ist besonders langlebig und findet Zugang zu unwillkürlichen Ebenen des Erlebens. Vieles spricht
dafür, dass das Unbewusste weitgehend bildhaft, wortwörtlich oder
szenisch – wie im obigen Beispiel – organisiert ist. Sprache hat, ob
wir es wollen oder nicht, immer auch suggestive Anteile. Sie fokussiert die Aufmerksamkeit. Dies betrifft auch die zeitlich und räum-
lich orientierenden Aspekte unserer Sprachbilder. Es macht einen

Unterschied, ob wir sagen »Sie haben dieses Problem« oder ob wir formulieren »In der Vergangenheit hatten Sie dieses Problem« – das ja im Hier und Jetzt der Beratungssituation in der Regel nicht unmittelbar aktualisiert ist. In ähnlicher Weise entsteht ein Unterschied, wenn wir anstelle der Formulierung »Sie scheinen nicht arbeitsfähig zu sein«, sagen »ein innerer Teil von Ihnen scheint sich als wenig arbeitsfähig zu erleben« und damit die potenzielle Verfügbarkeit von Ressourcen nicht aus dem Sprachbild ausgrenzen (vgl. Prior, 2002, S. 54).

Selektives Sprechen

Die Sprache der Beraterin in der Teamberatung ist selektiv. Dies bezieht sich zunächst auf die grundsätzliche Frage, ob überhaupt gesprochen oder besser geschwiegen wird. Des Weiteren differenzieren Berater sprachlich auf einem Kontinuum zwischen Klarheit und Konfrontationswucht einerseits und einer eher verhüllenden, indirekten Sprache im Sinne des Euphemismus andererseits. Sprechen in der Beratung ist schließlich auch selektiv hinsichtlich eines Spektrums zwischen hermeneutischer bzw. deutender Tiefung und einer eher an der Oberflächenstruktur orientierten Fortschreibung der von den Klienten angebotenen Narrative.

Sprechen und Schweigen

Insbesondere Berater, die sich einer gruppenanalytischen Haltung verpflichtet fühlen, akzentuieren den Wert des Schweigens. Die zurückgenommene Sprechaktivität des Supervisors rahmt einen niedrigstrukturierten Raum, in dem sich auch tiefe emotionale Schichten entfalten können. Dazu kommt der Leitgedanke aus der Gruppendynamik, die Gruppe nicht durch überschießende Interventionen des Leiters klein zu machen und in ihrer autonomen Kompetenzentfaltung zu beschneiden. Was die Gruppe selbst leisten kann, soll sie selbst leisten. Um dies zu ermöglichen, muss sich Leitung zurückhalten. Weisbord und Janoff (2011) haben kürzlich ein ganzes Buch zur Organisationsberatung mit dem augenzwinkernden Titel »Einfach mal Nichts tun!« herausgebracht. »Zuhören ohne zu handeln heißt, die Tür offen halten. Jedes Mal wenn wir die Stille unterbrechen, nehmen wir jemandem die Chance, eine wertvolle Beobachtung beizusteuern. Wenn wir Stille als ein Problem behandeln, das gelöst werden muss, berauben wir andere der Möglichkeit, sich um sich selbst zu kümmern. Häufig braucht eine Gruppe nur eine Begleitung, die einfach Nichts tut, damit sie ihren Dialog wieder aufnehmen kann, überprüft, wo sie ist, und ihre Zusammenarbeit weiterführt« (S. 158).

In einer Supervisionssitzung eines Geschäftsleitungsteams eines Familienunternehmens wird zu Beginn – ganz untypisch für dieses Team – ausgiebig geschwiegen. Obwohl ich (KO) als Supervisor kein besonders kompetenter Schweiger bin, unterbreche ich das Schweigen nicht, da ich mit eigenen privaten Sorgen, aber auch mit der Frage beschäftigt bin, ob es nach langen Jahren der Begleitung dieses Teams nicht höchste Zeit ist, über eine Beendigung der Zusammenarbeit nachzudenken. Nach etwa fünf Minuten der Stille meldet sich einer der Geschäftsführer zu Wort. Er wolle etwas ansprechen, worüber er eigentlich seit zwei Jahren schweige. In den vergangenen Minuten der Stille sei ihm in den Sinn gekommen, wie viel Unaufrichtigkeit es doch in ihm gebe. Er habe in den letzten Jahren immer mehr innere Impulse verspürt, das Unternehmen zu verlassen. Er denke, es sei Zeit darüber zu sprechen und seinen Ausstieg auf eine faire Weise vorzubereiten. Die weitere Arbeit an diesem Thema entfaltete großes Potenzial, lange bestehende Entwicklungsblockaden im Unternehmen zur Sprache zu bringen und den Loyalitätsdruck im Team zugunsten größerer Dynamik relativieren zu können. Bemerkenswert, dass ich in der Phase der Stille selbst auch zum Thema »Ausstieg« assoziiert habe. Fünf Minuten Schweigen schienen hier mehr wert als stundenlanges Sprechen.

Soviel in aller Kürze zu den Vorzügen des Schweigens, die in der geschäftigen Praxis heutiger Unternehmen oft gar nicht ohne Weiteres vermittelbar sind.

Die Kehrseite des Schweigens liegt im hohen Angstlevel, das damit verbunden sein kann. Um uns und die Supervisanden zu schonen, plädieren wir deshalb per Saldo auch eher für einen aktiven Beratungsstil, in dem wir den Ablauf der Sitzung strukturieren und uns selbst sprechend einbringen. Unsere Erfahrungen zeigen, dass dies auch den Wünschen und Bedürfnissen der meisten Teams entgegenkommt. Dies reflektiert den in der Beraterrolle auch immer enthaltenen Funktionsaspekt der Leitung auf Zeit (vgl. Pühl, 2012). Die aktuellen arbeitsweltlichen Veränderungen erodieren in vielen Fällen den strukturell haltgebenden Rahmen vieler Arbeitsteams. Die dadurch spürbar eingeschränkte angstbindende Kraft der Teams und die hohe Ambivalenz hinsichtlich der kohäsiven Herausforderung von Teamarbeit erfordert in der Regel ein strukturstützendes und haltgebendes Intervenieren. Teams in den oft strukturell fragilen Umwelten heutiger Organisationen brauchen Beraterinnen, die sich zunächst solidarisch und empathisch hinter sie stellen, sich später neben sie stellen, um mit ihnen gemeinsam ihre Arbeitssituation zu untersuchen und sich ihnen schließlich auch gegenüberstellen, um spiegelnde Antworten zu geben, die gegebenenfalls auch die Alterität – also das »Anderssein« der eigenen Haltung akzentuieren.[27] Diese Trias von Empathie, Forschergeist und Gegenüber vermittelt sich über den lebendigen sprachlichen Ausdruck des Beraters. Die Arbeit mit dem Schweigen ist potenziell produktiv und reizvoll. Sie erfordert allerdings ein gut entwickeltes Arbeitsbündnis und eine ausreichende Unsicherheitstoleranz im Team.

Klären und Verhüllen

Teamberater wählen ihren sprachlichen Ausdruck aus unterschiedlichen Schattierungen im Spektrum von direkter Klarheit und indirekter Umschreibung. Es kann erforderlich sein, zuzuspitzen und mit einiger Wucht zu konfrontieren. Damit verbunden ist die Intention, die Dinge bis zur Kenntlichkeit zu vereinfachen. Wir haben gelegentlich das Gefühl, als liefe uns bei derartigen klärenden Interventionen ein kalter Schauder über den Rücken. Dies ist ein Indiz dafür, dass solche in aller Direktheit gesprochenen Sätze den Prozess befördern, aber gleichzeitig auch ein Risiko für das Arbeitsbündnis sind.

---

27 Diese Dreiheit der Grundhaltungen weist eine direkte Analogie zu den Empfehlungen auf, die im Bereich der Psychotherapie für das Interventionstableau in der Behandlung sogenannter früher bzw. struktureller Störungen gegeben werden (vgl. etwa Rudolf, 2004).

In unserem Arbeitsstil neigen wir beide manchmal – wenn auch in unterschiedlicher Ausprägung – wie wir sagen – zum »Drastifizieren«. Damit verbunden sind Zuspitzungen, die Spannung erzeugen, da wir davon ausgehen, dass Beratung ohne Spannung keine Wirkung zeigt. Dabei geht es freilich darum, die Spannung zu balancieren und mit den Klienten im Falle sprachlicher Zuspitzung auch direkt zu verhandeln, ob sie mit einer solchen Art zu sprechen einverstanden sind. Auch der Sprachstil ist unter Umständen Bestandteil des Kontrakts. Die Spannung darf nicht zu hoch sein und Angst erzeugen. Der Stil sollte aber auch nicht so spannungslos sein, dass die Teilnehmer gegen das Einschlafen kämpfen.

Eine weniger drastische Intervention ist das Fokussieren. Dazu gibt es von Michael Balint das schöne Bild von den Strom abwärts treibenden Holzstämmen. Es kommt zu einem Stau, wenn sich ein Stamm quergelegt hat und so das gesamte Treibholz blockiert. Eine gezielte sprachliche Aufrüttelung kann auf blockierende Stämme einwirken, sodass alle Stämme wieder in Fluss kommen. Die Arbeit mit dem Fokus kann eine gezielte Maßnahme sein, um die Auflösung des Hindernisses zu bewirken. Bezogen auf den Beratungskontext zeigt es sich häufig, dass das Wesentliche in Nebensätzen, so quasi nebenbei, angesprochen wird. Hier zeigt sich die Kunst des Beraters, genau diese Nebenbemerkung festzuhalten und zur Sprache zu bringen. Dies kann eine ungeahnte Dynamik entfalten.

In einer Supervisionssitzung eines Teams einer Notunterkunft für wohnungslose Menschen kommt die eigentlich für diese Sitzung kontraktierte Fallberatung nicht richtig in Gang. Die Arbeit bleibt energielos und unkonzentriert. Ich (KO) erlebe in mir Anmutungen von Traurigkeit, die ich nicht einordnen kann. Schließlich erinnere ich mich daran, dass die Supervisanden im Anfangsblitzlicht kurz von der Entdeckung einer lebensbedrohlichen Erkrankung eines Klienten und von der in etwa einem Jahr anstehenden Berentung eines altgedienten Kollegen berichtet hatten. Ich spreche schließlich an, dass ich die Atmosphäre als verhangen und wie ich spekuliere auch traurig, fast im Sinne einer schmerzlichen Abschiedszeremonie, erlebe. Das weitere Gespräch führt tatsächlich zurück zu den Fantasien über bevorstehende Trennungen von lieb gewonnenen Klienten und Kollegen. Nachdem dieser verkeilte Baumstamm – im Sinne Balints – wieder in einen emotionalen Fluss kommt, kann das Team mit mehr Energie wieder zu seinem Arbeitsfokus zurückkehren.

Direktheit ist allerdings keineswegs immer die Methode der Wahl. Teamsupervisionen sind sensible mikropolitische Prozesse vor dem Hintergrund der Organisationsdynamik. Es macht Sinn, sich behutsam auszudrücken. In einer spannenden Auseinandersetzung mit unter Beraterinnen verbreiteten Begriffen wie »einladen« oder »anbieten« reflektiert Ulrike Stöwer (2013) kritisch die machtverhüllende Funktion eines solchen Sprachgebrauchs.

»Gegenwartssprachlich verbinden wir mit dem Satz *ich lade dich ein* zunächst einmal etwas Positives, denn es könnte sich um eine Kontaktaufnahme auf der Grundlage der Sympathie handeln, also um eine Wertschätzung der *eingeladenen* Person [...]. Nicht immer allerdings ist die Freude darüber, dass man eingeladen wird oder selbst einlädt, ungeteilt groß: Der Eingeladene fühlt sich aus unterschiedlichen Gründen möglicherweise verpflichtet [...]. Bestimmte Umstände zwingen ihn, die Einladung anzunehmen« (S. 354 f.). Stöwer gibt hier zu bedenken, auch den direkteren sprachlichen Weg zu erwägen – etwa in der Formulierung: »Ich fordere Sie auf.« Was unsere Arbeit betrifft, so benutzen wir tatsächlich gern das Wort »einladen«. Es gibt der Machtdynamik und Asymmetrie zwischen Berater und Klienten und vor allem der begründeten Ambivalenz der Teammitglieder hinsichtlich ihres Engagements in der Beratung (vgl. Kapitel 1.6) ein erträgliches sprachliches Kleid. Es geht nicht um Verleugnung, sondern um die Verhüllung der Verhältnisse aus Gründen des Takts – ein klassischer Euphemismus. Wenn wir in einer verordneten Supervision sagen: »Fühlen Sie sich frei zu sagen, wenn Sie sich unwohl fühlen«, dann verhüllt dies den Zwangskontext. Gleichzeitig wird eben dieser Zwangskontext versteckt angesprochen, indem das Interesse an einem möglichst hohen Maß an kooperativer Gestaltung der Situation akzentuiert wird. Euphemismen bewegen sich im Spannungsfeld von Verleugnung, Tarnung und Vertuschung einerseits und respektvoller Schonung und Milderung andererseits. Auch wenn die Übergänge fließend sind: Es gibt einen Unterschied zwischen Verschleierung und Verhüllung (vgl. Luchtenberg, 1985). Verhüllende Formulierungen finden sich verbreitet in diplomatischen Kontexten, aber auch bei sensiblen, schambedrohten Themenbereichen wie beispielsweise Tod und Sterben (»er ist entschlafen«) oder Leiblichkeit (»von kräftiger Statur«). Verhüllung ist eine unverzichtbare Spielart beraterischen Sprechens. Es geht darum, schwierige Sachverhalte in einer die Beziehung schonenden Weise zur Sprache zu bringen. Ein humorvoller Sprachgebrauch kann im günstigen Fall ebenfalls eine gedeihlich-verhüllende Funktion erfüllen, selbst wenn dies im Wege der Überzeichnung geschieht:

In der Supervision des Teams einer Dienstleistungsorganisation wird zu Beginn der Sitzung berichtet, dass der Leiter einen psychischen Zusammenbruch erlitten und sich jetzt »in ein längeres Burnout verabschiedet« habe. Die Arbeit gehe ohne den doch eher störenden Leiter deutlich leichter von der Hand. Auch vormalige teaminterne Konflikte seien kaum mehr relevant. Als Supervisor (KO) empfinde ich einen unbändigen Zorn, den ich für mich behalte. Ich bin aus vielen Gründen mit dem Leiter identifiziert und der scheinbar ohne jede Anteilnahme vorgetragene Bericht über seine Krise empört mich. Ich beschließe, zunächst möglichst wenig zu sagen, da ich ahne, dass sich mein Ärger nicht würde bändigen lassen, sobald ich den Mund aufmache. Im weiteren Verlauf der Sitzung gerät das Team in ein Streitgespräch über unterschiedliche Auslegungen von Qualitätsstandards und beklagt schließlich das Fehlen einer Instanz, die bei derartigen Meinungsverschiedenheiten eine klärende Entscheidung trifft. Erst jetzt – als die Ambivalenz hinsichtlich Leitung im hellen Licht offenliegt – wird es mir möglich, mich zur Frage der Leitung zu äußern. Ich kann sagen, dass es hier aus meiner Sicht drei unumstößliche, wenn auch nicht widerspruchsfreie, Gesetze zu geben scheint: »1. Wir scheren uns nicht um Leitung, 2. jeder hier macht, was er will und 3. wenn einer hinsichtlich der Spielräume den Bogen überspannt, rufen wir nach einer starken Hand.« Team und Supervisor sind in dieser Sequenz des Gesprächs durchaus amüsiert. Die humorvolle Überspitzung kann helfen, das Leitungsthema wieder zur Sprache zu bringen, auch weil das allseits hohe Aggressionslevel darin verhüllt ist. Im weiteren Gespräch kann reflektiert werden, welche paradoxe Herausforderung das Team für die Leitung konstelliert. Gleichzeitig wird mir als Supervisor deutlich, wie sehr sich das Team vom Leiter in der Vergangenheit alleingelassen gefühlt hat. Ein altes Muster, das in der aktuellen Erkrankung des Leiters eine schmerzliche Zuspitzung erfährt.

Tiefe und Oberfläche

Supervision zielt traditionell in vielerlei Hinsicht auf Verstehen, in einer der Moderne verpflichteten hermeneutischen[28] Perspektive. Manche sprechen ganz grundsätzlich von einem tiefenhermeneutischen Verfahren (etwa Münch, 2011). Im Mittelpunkt dieses Herangehens steht die Suche nach einer Tiefendimension der gesprochenen Texte und erlebten Szenen. Die Oberflächenstruktur der Sprache, Zeichen und Symbole werden dabei lediglich als Sprungbrett zu einer tieferen Bedeutungsdimension verstanden, die es im Prozess des Verstehens freizulegen gilt. Es geht um die Differenz von Bezeichnendem (Sprache, Symbol) und Bezeichnetem (Bedeutung). Die philosophische Klammer dieses Denkens sind die verschiedenen Varianten des Strukturalismus, deren gemeinsamer Nenner darin besteht, Strukturen als verborgene Eigenschaften von Systemen zu verstehen, denen man sich mithilfe geeigneter Fragestellungen und Hypothesen nähern muss. Das eigentlich Erhellende und damit Nützliche wird im Verborgenen gesucht. Diese Denkfigur ist konstituierend für die vorrangig am Unbewussten interessierten psychoanalytischen Schulen von Freud bis Lacan, aber auch für die Systemtheorien in der Nachfolge der Palo-Alto-Gruppe um Gregory Bateson. Auch hier wird nach den verborgenen Strukturen (Tiefenstruktur) der jeweiligen konkreten Systemdynamik (Oberflächenstruktur) und der Beziehung zwischen diesen beiden Ebenen gesucht.

Die poststrukturale Philosophie – insbesondere die Arbeit Jacques Derridas – markiert hier einen relevanten Paradigmenwechsel. Derridas Theorie der Dekonstruktion betont den immerwährenden Wandel der Bedeutungen sowohl der Zeichen und Symbole (Sprache, Szene etc.) als auch der ihnen zugeschriebenen Bedeutungen. *Beides* befindet sich von Sekunde zu Sekunde des Gesprächs im fortwährenden Wandel. Dadurch geht die strukturelle Hierarchie

---

28 Hermeneutik = altgriechisch: ›erklären‹, ›auslegen‹, ›übersetzen‹.

zwischen Oberflächenstruktur und Tiefenstruktur verloren. Das Eine
ist salopp gesagt nicht mehr wert als das Andere. Nach Derrida hat
die strukturale Auffassung der Sprache »keinerlei Bedeutung mehr,
[…] weil die Natur des Feldes – nämlich Sprache, […] Totalität aus-
schließt. Dieses Feld ist dann ein Feld des *Spiels,* das heißt, ein Feld
von unbegrenzten Substitutionen, nur weil in ihm etwas fehlt: ein
Zentrum, das das Spiel der Substitutionen festhält und erdet« (Derrida, 1997, S. 289). Alles ist permanent im Fluss. Sinn und Bedeutung
existieren also genaugenommen nirgendwo außerhalb des sozialen Ereignisses des Gesprächs. »Für Derrida sind Bezeichnung und
Bezeichnetes austauschbar. Das Eine ist die Differenz des Anderen.
Das heißt, dass Missverständnisse kein Missgeschick zwischen den
Benutzern einer Sprache sind. Vielmehr sind es gerade jene Missverständnisse, die es ermöglichen, dass Bedeutung zu Stande kommt,
dass etwas einen, wenn auch noch so flüchtigen Sinn bekommt« (De
Shazer, 2012, S. 43 f.). Wir irren uns im Gespräch interaktiv voran –
um eine Redewendung von Fritz Simon aufzugreifen.

In Derridas (1994, S. 22) Zuspitzung ist es »der hermeneutische
Zwang, […] was Aberglauben und (normale) Psychoanalyse gemeinsam haben.«

Die gemeinsame Kreation flüchtiger Sinnstrukturen im Gespräch
als spielerisches Zusammenwirken hat in unserem Denken Vorrang
vor der Idee der Interpretation und Hermeneutik.

Bezogen auf unser Thema können die Denkanstöße der Dekonstruktion zu einer Rehabilitierung der Oberflächenphänomene der
Sprache anregen. Am konsequentesten ist dieser Schritt bisher wohl
in den Konzepten Steve de Shazers zur lösungsorientierten Kurz-
zeitberatung nachvollzogen worden.[29] Ihm wird zum Beispiel die
Behauptung zugeschrieben, man müsse ein Problem nicht kennen,
um dessen Lösung erarbeiten zu können. Oder auch der schöne Satz:
»Wenn Dir eine Hypothese in den Sinn kommt, setze dich in eine
Ecke, nimm eine Aspirintablette und warte bis der Anfall vorbei ist«
(zit. nach Trenkle, 2011, S. 9). Die Arbeit mit Skalierungen, den Fragen nach Ausnahmen zum Problem oder die legendäre »Wunder-

---

29 Vgl. hinsichtlich der Sprache vor allem de Shazer »Worte waren ursprüng-
     lich Zauber. Von der Problemsprache zur Lösungssprache« (2012).

frage« sind Interventionen, die allein die Oberflächenstruktur des Gesprächs in einen lösungsorientierten Fluss bahnt – ohne je über die Bedeutung des Problems zu spekulieren.

Wir haben uns in unserer Arbeit nie wirklich vom Charme der hermeneutischen Suchbewegungen trennen können. Es scheint für unsere Klienten hilfreich, überraschende und irritierende Deutungen zu erarbeiten, wenn diese für sie anschlussfähig und evident sind. Außerdem sind wir vermutlich einfach zu abendländisch sozialisiert, um nicht an der Poesie psychoanalytischer oder organisationsdynamischer Denkmodelle festzuhalten. Wir gehen also nicht den ganzen Weg mit de Shazer. Wir halten es aber für zentral, die engen Wechselwirkungen zwischen Oberfläche und Tiefe der Sprache zu beachten. Es zählt nicht nur, *was* inhaltlich in der Supervision gesprochen wird, sondern vor allem auch *wie* dies geschieht.

De Shazer unterscheidet in enger Anlehnung an Derrida zwischen textfokussiertem und leserfokussiertem Lesen (de Shazer, 2012, S. 52 ff.)[30]. Letzteres meint eine Art des Lesens, »die an einen Text von außerhalb seines Anliegens herangeht, und dies oft mit einer Logik, die nicht Bestandteil des betrachteten Textes ist« (S. 53). Dies umschreibt die seit Langem hoch geachtete Kultur der interpretativen Hermeneutik. Textfokussiertes Lesen ist demgegenüber an einer möglichst dichten Orientierung an der Wortwörtlichkeit des geschriebenen bzw. gesprochenen Textes interessiert. Ein Zuhören bzw. Lesen voller Respekt und Sympathie, das den Spielraum schafft, das weitere Gespräch direkt aus der Struktur und der Logik des Gesagten heraus fortzuspinnen. In einem auf textfokussiertem Zuhören basierendem Gespräch geht es weniger um Interpretation und Deutung als um eine kokreative Textarbeit der Anknüpfung und Ergänzung. Je besser dies gelingt, desto weniger ist im Übrigen auch mit Widerstand des Gegenübers zu rechnen, da es sich im besten Sinne dort abgeholt fühlt, wo es tatsächlich steht.

Ein Projektteam aus einem Dienstleistungsunternehmen berichtet in der Teamberatung frustriert von einer vor wenigen Tagen stattgefunde-

---

30 Im Kontext von Beratung sollte hier statt Lesen eher Zuhören gedacht werden.

nen Besprechung. Man habe sich in Streitgesprächen um Nebensäch-
lichkeiten verloren, die Stimmung sei aggressiv unterlegt gewesen. Es
sei nicht möglich geworden, die »eigentlich wichtigen Arbeitsfragen«
miteinander zu beraten. Das Wichtige habe man »verfehlt«. Als Supervisor wäge ich (KO) innerlich ab, ob es Sinn macht, auf die scheinbar
vorhandenen Konfliktspannungen im Team zu fokussieren. Ich verwerfe
diese Idee, da ich in diesem Moment den kooperativen Kompetenzen
des Teams vertraue. Stattdessen bitte ich die Teammitglieder, jeweils
für sich auf Karteikarten festzuhalten, welches denn die »eigentlichen
wichtigen Arbeitsfragen« seien, deren Bearbeitung man »verfehlt« habe.
Aus der Sammlung dieser Themen entsteht innerhalb weniger Minuten
eine visualisierte Liste offener Arbeitsthemen und der Vorsatz, diese
Themen in einer bevorstehenden weiteren Besprechung zu bearbeiten. Letzteres gelingt im zweiten Anlauf in für das Team zufrieden-
stellender Weise. In der darauffolgenden Supervisionssitzung frage
ich lediglich, wie es dem Team denn gelungen sei, sich diesmal gut
zu fokussieren und wo die Aggression geblieben sei. Stichworte zu
den Gelingensbedingungen waren: Die Struktur sei klar gewesen und
damit eine stringente Leitung der Besprechung möglich geworden. Die
»Aggressionen« habe man schon beim letzten Mal »rausgelassen«. Sie
seien wohl vor allem Resultat eines zuvor veröffentlichten schlechten
Quartalsergebnis gewesen. Beim zweiten Versuch sei die Arbeitsatmosphäre gut gewesen.

Das skizzierte Beispiel illustriert eine Gesprächsstrategie, die für den
Moment stringent an der Oberflächenstruktur der Sprache bleibt
und diese quasi fortführt. Ein Ausleuchten der geschilderten kon-
flikthaften Aspekte und des Problemerlebens unterbleibt. Damit
bleibt die Sache an der Oberfläche und handlungsorientiert.

Supervisorische Sprache – Aspekte der Tiefenstruktur

- Benennen der Korrelationen zwischen Fall-, Team- und Institutionsdynamik
- Deutung der Szenen auf Grundlage des szenischen Verstehens
- Benennen der Resonanzphänomene zwischen Team und Supervisorin
- Theoretisierung der arbeitsweltlichen Erfahrungen der Supervisanden durch psychodynamische, organisationssoziologische oder anderer Hypothesen
- Veröffentlichung von Aspekten der inneren Arbeit des Supervisors im Fall seiner persönlichen Verwicklung und deren Bearbeitung
- Bereitstellen von Expertenwissen des Supervisors im Sinne der Pädagogik
- Schweigen des Supervisors im Interesse weiterer Räume für die Entfaltung der teamdynamischen Szene

Abbildung 5: Tiefenstruktur der Sprache

Supervisorische Sprache – Aspekte der Oberflächenstruktur

- Freundlichkeit
- Balance von Ernsthaftigkeit und Humor in der Sprache
- Balance von Problemfokus, Ressourcenfokus und Lösungsfokus im Gespräch
- Letzteres entspricht in der Regel einer Balance der Gesprächsanteile hinsichtlich Vergangenheit, Gegenwart und Zukunft
- Anknüpfen am sprachlichen Habitus der Supervisanden bzw. dessen bewusste Kontrastierung
- Anknüpfen an den subjektiven Theorien und der Wortwörtlichkeit der Rede der Supervisanden
- Benennung von Gegensätzlichkeiten und Widerstreitendem im Diskurs ohne Vereinheitlichungsdruck
- Lösungsorientiertes Sprechen entlang der von den Supervisanden artikulierten Wünsche und Bedürfnisse
- Fortlaufende Validierung des Gesprächskontakts durch Nutzung von Missverständnissen

Abbildung 6: Oberflächenstruktur der supervisorischen Sprache

In unserer Beratungsarbeit versuchen wir zwischen den beiden in den Abbildungen 5 und 6 umrissenen Polen zu oszillieren. Wir wollen nicht auf tiefende Deutungen und Interpretation verzichten, wenn wir einschätzen, dass die damit verbundenen Hypothesen für die Supervisanden förderlich und verträglich sind. Gleichzeitig sind wir darauf bedacht, die Oberflächenstruktur des Gesprächs so zu gestalten, dass sich das Arbeitsbündnis vertieft und die Möglichkeits- bzw. Lösungsräume weiter werden. Welchem der beiden Pole jeweils im Gespräch vom Berater besondere Aufmerksamkeit geschenkt wird, ist ein fortlaufender selektiver Entscheidungsprozess.

7.3 Arbeit an institutionellen Mythen

Institutionelle Mythen sind oft bereits am Anfang der jeweiligen Institutionsgeschichte begründet. Auch wenn sie den Begründern als solche noch nicht deutlich sind, umreißen sie die Basisannahmen der neuen Institution. Der institutionelle Mythos ist eine Melange von Wirklichkeit und Illusion. Wir könnten auch von der »Firmen- ideologie« sprechen. Die Bedeutung des Mythos wird oft unter- schätzt. Er ist hochwirksam, auch wenn er nicht direkt ersichtlich oder erschließbar ist. Ihm kommt eine tragende Bedeutung für die Institution zu: Er vermittelt ihr Identität und Orientierung. Sicher ist, dass der Mythos für die Institution eine Angstabwehrfunktion übernimmt, die sich bei genauer Betrachtung allerdings in vielen Fällen als dysfunktional erweist.

Institutionelle Mythen geben zum einen Aufschluss über die Geschichte der Institution. Sie sind sozusagen ihr konzentrierter Ausdruck. Zum anderen sind sie ihrem Charakter nach konserva- tiv. Sie haben ein großes Beharrungsvermögen und sind von daher hochwirksam und erschweren oder blockieren notwendige institu- tionelle Veränderungsprozesse.

Das Besondere des Mythos scheint gerade darin zu liegen, extreme Spannungen, die angstmachend sind, zu verhüllen oder durch Spaltung zu reduzieren. Der Mythos selbst, in seinen erfahrba- ren und oft in Geschichten materialisierten Aspekten, ist den Betei- ligten selten gänzlich unbewusst. Unbewusst sind fast immer die im Mythos gebundenen Ängste. Deshalb stehen Mythen und Tabus in so engem Zusammenhang. Wir verstehen den Mythos analog zu einem neurotischen Symptom: Das Symptom steht im vollen Bewusstsein der Betroffenen. Unbekannt und unbewusst hingegen ist der Sinn, den das Symptom zu einem solchen gemacht hat und erhält. Ähnlich einem Neurotiker, der einen Großteil seiner Energie und Lebenstätigkeit in die ständige Verdrängungsarbeit investiert, bedarf es auch seitens der Institution entsprechender Anstrengungen, die Mythenbildung lebendig zu halten. Das bindet Energie, die der Aufgabenerfüllung verloren geht.

Institutionelle Veränderung schließt die Veränderung institutioneller Mythen ein. Sie kommt nur durch äußeren oder inneren Druck zustande, dem in aller Regel ein Konflikt zugrunde liegt. Institutionen suchen sich oft dann einen außenstehenden Berater, wenn die eigene Struktur besonders labil ist oder gar auseinanderzubrechen droht. Dann wird am ehesten klar, dass es so nicht weitergehen kann. Diese chancenreiche Einsicht ist aber von Ambivalenzen und tief liegenden Widerständen begleitet. Nicht zuletzt deshalb werden Lösungen zunächst häufig auf der vermeintlich unverfänglichen Strukturebene der Organisation gesucht. Die Interventionen der Beratung zielen spontan auf scheinbar notwendige strukturelle Veränderungen. Weil sie auf der Oberfläche bleiben müssen, fehlt ihnen unter Umständen das Instrument, um die tiefer liegenden Ängste und Widerstände zu bearbeiten. So werden beraterische Interventionen auf einem tieferen Niveau nötig, um die Ängste der Mitarbeiter vor Veränderungen zu erreichen. Als solche Form der tieferen Intervention sehen wir die Institutionsanalyse an (Schmidbauer, 1999a; Braun u. Brüggen, 2013). Sie versucht, die Widerstände zu verstehen und zu bearbeiten, die zwangsläufig dann aufbrechen, wenn vertraute Strukturen – und dazu gehören auch institutionelle Mythen – sich verändern.

Anhand eines Mitarbeiterkonflikts in einer gemeindenahen psychiatrischen Einrichtung werde ich (HP) die Bedeutung des institutionellen Mythos verdeutlichen. Bei der Gründung dieses Projektes hatten die Gründungsmitglieder sich vorgenommen, dass sie psychiatrischen Patienten eine echte Lebensalternative bieten möchten: ohne Ausgrenzung, mit demokratischem Anspruch. Dazu gehörte vor allem die Vorstellung, dass Patienten möglichst nicht in die stationäre Psychiatrie zurückverlegt werden sollten. In der Praxis ließ sich dieses anspruchsvolle Vorhaben freilich nicht durchhalten. Immer wieder mussten schwer behandelbare Patienten in klassische psychiatrische Kliniken verlegt werden. Konzeptionell fand dies keinen Eingang, der Mythos der demokratischen Behandlung psychisch Kranker wurde unverändert aufrechterhalten.

Die Vorstellungen einer gerechten, demokratischen Lebensweise ohne Ausgrenzung setzten sich auch auf der institutionellen Ebene fort. In der Aufbauphase wurde das Projekt noch ehrenamtlich mit viel Enthusiasmus und Engagement getragen. Mit zunehmender gesellschaftlicher Akzeptanz wuchs das Projekt und wurde zu einer professionellen Institution. Daneben lebte aber der Kollektivgedanke aus der Gründungszeit weiter. Eine Kollektivvertretung diskutierte alle wichtigen Projektentscheidungen. Beide Strukturelemente standen nebeneinander, was bei allen Beteiligten zu regelmäßigen Unklarheiten und Konfusionen führte. Besonders bei zu treffenden Entscheidungen tauchte das Problem der Entscheidungsbefugnis auf: War es der Leiter, der Geschäftsführer oder die Kollektivvertretung, die zu entscheiden hatte? Wie auch immer entschieden wurde, mindestens eine Fraktion war frustriert und fühlte sich nicht ausreichend berücksichtigt.

An einem Mitarbeiterproblem spitzte sich diese Unklarheit besonders deutlich zu. Bereits nach relativ kurzer Zeit stellte sich bei einem Mitarbeiter heraus, dass er große Kooperationsprobleme mit den unmittelbaren Kollegen hatte. Es gab auch Zweifel, ob die Art seiner Betreuung für die Patienten hilfreich ist. Über ein Jahr lang beschäftigte sich die Institution mit dem »Fall«. In endlosen internen Sitzungen wurde versucht, das Problem zu verstehen und zu lösen. Immer wieder wurde betont, niemanden ausgrenzen zu wollen. Eine Lösung war nicht in Sicht. Eine externe Supervision führte genauso wenig weiter wie eine externe Organisationsberatung. Der erste interne Supervisor gab seinen Posten nach kurzer Zeit auf. Auch er war an seine Grenzen gestoßen. Obwohl er sich eigentlich nicht in interne Entscheidungen einmischen wollte, empfahl er die Versetzung des Kollegen. Schließlich quittierte er seinen Dienst, als er mit dem Projektleiter keinen Konsens mehr fand. Der folgende interne Supervisor biss sich ebenfalls die Zähne aus, wollte den Konflikt verstehend bearbeiten, was nicht gelang.

Trotz der Kritik der unmittelbaren Kollegen und eines Votums des ersten internen Supervisors wurde der Kollege weder in einen anderen Bereich versetzt noch wurde mit ihm über seine Grenzen gesprochen.

Vielmehr zeichnete sich der Kollege durch eine überraschend starke Position innerhalb der Gesamtinstitution aus. Er stellte Forderungen, wie mit der Bearbeitung seines Konfliktes umgegangen werden sollte und fand dafür auch Mehrheiten.

Wie lässt es sich erklären, dass eine Institution sich über ein Jahr so intensiv mit einem internen Problem beschäftigt und dabei das vorrangige Ziel – nämlich die Betreuung der Patienten – in Teilbereichen zu kurz kommt? Und wie lässt sich die sichere Position des kritisierten Kollegen erklären?

Hier hilft es, sich den institutionellen Mythos genauer anzuschauen. Dieser lautete verkürzt: Es darf niemand entlassen und ausgegrenzt werden! Wie gesagt, ließ sich diese Idealvorstellung, die sich eigentlich auf die Patienten bezog, hier nicht durchhalten. Nun konnte sich der kritisierte Kollege auf sie beziehen. Er stellte sich als hilfloses Mobbing-Opfer hin und machte so die kritisierenden Kollegen zu Tätern. Die Dynamik gedieh auf dem Boden der institutionellen Mythen. Diese wurden in erster Linie vom offiziellen Leiter und Gründungsmitglied verkörpert und immer wieder propagiert. Schuldgefühle gab es auf allen Seiten: Bei den Mitarbeiterinnen, da sie das institutionelle Gebot nicht einhalten konnten und immer wieder schwierige Patienten entlassen mussten; beim Leiter, da er seinem ursprünglichen Demokratiegedanken nicht gerecht wurde und immer wieder Entscheidungen aus Zeitgründen im Alleingang treffen musste. Dies führte zu einem undurchsichtigen Brei nicht nur von Schuldgefühlen, sondern damit verbunden von gegenseitigen Erpressbarkeiten und Abhängigkeiten.[31]

Der kritisierte Kollege verstand es – vermutlich unbewusst – sich diese Dynamik zu eigen zu machen. Eine Entscheidung gegen seine Mitarbeit in der bisherigen Form hätte auch den Institutionsmythos infrage gestellt und die Verantwortlichen gezwungen zu handeln. Aber wer war verantwortlich? Der Leiter, der Geschäftsführer oder die Kollektivvertretung? Eine sanktionierende Entscheidung hätte den gesamten Kollektivmythos offenbart, denn die Kollektivvertretung war ambivalent und wollte sich nicht nachsagen lassen, unkollegial gehandelt zu haben. Ebenso ging es dem Leiter und dem Geschäftsführer. Hätte der

---

31 Zur Unvermeidlichkeit von Machteingriffen als grundlegendem »Sündenfall« der Institution Sozialpsychiatrie vgl. Leuschner (2001).

Leiter eine Entscheidung gegen den Kollegen getroffen, hätte er gegen
seine eigene Ideologie handeln müssen: Damit wäre bewiesen, dass
man manchmal doch Menschen ausgrenzen muss, ihnen zumindest
nicht an einem bestimmten Ort helfen kann.

Wie gesagt, kommt institutionellen Mythen die Funktion zu, Angst
abzuwehren. In diesem Falle wurde ganz »übersehen«, dass der Kollege
aktiv an dem Spaltungsgeschehen beteiligt war. Er beanspruchte für
sich die Opferrolle und konnte sich so jeder Eigenverantwortung und
-beteiligung entziehen. Und genau diese Spaltungsdynamik scheint in
dem Institutionsmythos ausgeklammert zu sein. Denn der Anspruch,
allen psychiatrischen Patienten in dieser Gesellschaft einen menschen-
würdigen und entwicklungsfähigen Platz zu bieten, dürfte uneinlösbar
sein und musste zu Widersprüchen führen. Diese Widersprüche sind
aber so angstbesetzt, dass sie durch den institutionellen Mythos unter
Kontrolle gehalten werden.

Verständlicherweise lässt sich der institutionelle Mythos nicht wie eine
alte Jacke abstreifen. Er ist mit der Institution gewachsen und zu einem
Teil ihrer Identität geworden. Man muss sich vorstellen, dass er auch
einen festen Platz in der Psyche der Mitarbeiter eingenommen hat.
Gerade in Institutionen und Firmenabteilungen, in denen die Beziehung der Mitarbeiter zum »Produkt« und damit zur Institution eine
wichtige Arbeitsvoraussetzung ist, findet eine kulturell passgenaue
Mitarbeiterauswahl statt. Diejenigen Mitarbeiter, die sich mit dem
institutionellen Mythos bzw. der Firmenideologie, die sich in Regeln,
Riten und Einstellungen zeigt, identifizieren können, bleiben der Insti-
tution treu. Diejenigen, denen diese Identifizierung höhere psychische
Kosten als psychischen Gewinn bringt, verlassen die Institution wieder. So werden Mythen auch personalpolitisch stabilisiert. Die Mythen
bzw. die Ideologie nimmt quasi-religiöse Züge an. Eine individuelle
Emanzipation gibt es nicht. Genauso wie ein wichtiges Mitglied einer
Kirchengemeinschaft bei der Offenlegung bzw. Diskussion interner
Tabus und Widersprüche unweigerlich mit interner Isolierung oder
Ausschluss aus der Sozietät rechnen muss, ergeht es einem vereinzel-
ten Mitarbeiter in der Institution. In jedem Falle wird er isoliert oder
geächtet, seine Erkenntnisse setzen keinen institutionellen Diskurs in
Bewegung (vgl. den Abschnitt über Außenseiter in Kapitel 8).

Institutionen oder Arbeitsteams suchen sich erst dann einen externen Berater, wenn die Konfliktdynamik bereits eine gewisse Eskalationsstufe erreicht hat. Dies wird auch an dem bereits skizzierten Beispiel deutlich. Erst wenn klar wird, dass man mit den eigenen Klärungs- und Konfliktinterpretationsressourcen nicht weiterkommt, gibt es eine Bereitschaft, sich von Außenstehenden Hilfe zu holen. Dieser Schritt kann nur hochambivalent gegangen werden. Mehr oder weniger ist allen Beteiligten bewusst, dass in einem Beratungsprozess die institutionellen Widersprüche, die im Mythos mühsam zusammengehalten wurden, aufbrechen könnten. Ein ebenso angstbesetzter wie kränkender Prozess.

Die Bearbeitung institutioneller Konfliktstrukturen und -kulturen lässt den Berater nicht unberührt. Auch hier wird er selbst Teil des Forschungsprozesses. Von Anfang an wird er in die institutionelle Dynamik einbezogen, meist ohne es selbst sofort zu merken. Schon die Art der Kontaktaufnahme der Institution mit der Beraterin, die Mitteilung der ersten Informationen und das Zustandekommen des ersten Treffens geben wichtige Hinweise auf die versteckte institutionelle Konfliktdynamik. Gerade weil der Eintritt des Beraters in die Institution das vertraute Gefüge infrage stellen könnte, wird er in seinen Handlungsmöglichkeiten gegebenenfalls unbewusst neutralisiert. Dass sich die verborgene institutionelle Konfliktdynamik szenisch immer in der Beziehung zum Berater konstelliert, ist etwas Typisches für alle Formen von Teamsupervision und Institutionsberatung(-analyse) wie wir durch Wellendorf (1991) wissen: Dem Supervisor »werden Probleme vorgetragen, unter denen die Mitarbeiter leiden; Beziehungen vorgeführt, die das Leben in der Institution strukturieren; Orte des Konfliktes benannt, damit er seine Aufmerksamkeit ihnen zuwende; Diskrepanzen zwischen erklärten Zielen und den Weisen ihrer Verwirklichung vor Augen geführt – all das mit der expliziten oder impliziten Aufforderung, hilfreich zu intervenieren« (S. 53).

Naheliegenderweise wird dem Berater in solchen Konfliktdynamiken die Position des Schlichters oder parteiischen Richters angeboten. Für den Berater ist dies oft schwer zu erkennen. Die widersprüchlichen Angebote seitens der Institution und die damit einhergehende Verunsicherung seitens der Beraterin können

schnell den Blick für das Ganze verstellen. Hier liegt eine gefährliche
Klippe für den Beratungsprozess. Fällt der Berater nämlich auf die
Uneinigkeiten in der Institution bzw. im Team herein und versucht,
die offensichtlichen Konflikte vorschnell zu schlichten, reiht er sich
gegebenenfalls unmerklich in die Choreografie des unbewussten
Institutionsprozesses ein.

Um die beschriebenen massiven Aggressionen zu verstehen, die
schließlich auch Angstäußerungen sind, ist uns Max Pagés (1974)
immer noch hilfreich. Er nahm an, dass direkte, unmittelbare
Beziehungen unter den Mitgliedern einer Institution oftmals deshalb behindert sind, weil das gleichzeitige Verlangen nach direkten
Beziehungen und Gemeinschaft angstbesetzt ist.[32]

So pendelt jede Institution in dem Konflikt und der Notwendigkeit, ihre Ängste auszudrücken und der, die Ängste so weit zu verleugnen, um das Angstlevel für alle Mitglieder erträglich zu halten.
In diesem Prozess sind sie unbewusst solidarisch und entwickeln
entsprechende gemeinsame Abwehrhaltungen. So drückt sich in
der Struktur von Institutionen gleichzeitig die Form der Angstbewältigung aus. Auch Feindseligkeiten und Verletzungen beruhen
nach Pagés auf diesem unbewussten solidarischen Arrangement aller
Beteiligten. Schließlich bildet sich eine gemeinsame Gefühlsorgani-
sation heraus, an der alle teilhaben.

Zum einen wird – so Pagés – das Getrenntsein abgewehrt und in
Qualitäten possessiver (anklammernder) Verbundenheit verwandelt.
Demgegenüber steht die abgewehrte Bindung und Abhängigkeit, die
sich in Hass und Feindseligkeit zeigt. Verbündet sich der Berater mit
einer dieser abgewehrten Seiten, kann er die zentrale Ambivalenz
nicht mehr halten und bearbeiten.

Die Übernahme einer solch in der Tendenz parteiischen Position geschieht klassischerweise in der angebotenen Rolle eines Leiters. Wenn der Berater aus einer solchen Bündnisposition heraus
schlichten will, bekommt er es unter Umständen mit der solidarischen Aggression des gesamten Teams zu tun. Weiter bringt der
Berater das Team, wenn er selbst soweit konflikt- und belastungs-

---

32 Diese Ambivalenz wirkt heute vermutlich noch stärker als vor einigen Jahr-
    zehnten (vgl. dazu Kapitel 1).

fähig ist, dass er die angstbesetzte Spannung aushält, ohne konkret helfen zu müssen.

In diesem schwierigen Prozess, den wir die »Berater-Testung« nennen, empfinden die zerstrittenen Mitarbeiterinnen wieder ein neues Gefühl der Gemeinsamkeit, freilich größtenteils unbewusst. In der Projektion ihrer Ängste auf den Supervisor entlasten sie sich so weit, dass sie sich diesen Ängsten auch selbst wieder ein Stück nähern können.

Die Angstannäherung vollzieht sich also paradoxerweise im Prozess der projektiven Angstabwehr auf den Berater. Dieser wird zum Kristallisationspunkt, an dem die bedrohlichen und diffusen Ängste einen Anker finden können. Für die Eigenreflexion des Beraters ist dies wohl die schwierigste Stelle, denn er spürt gegebenenfalls seine Isolation sehr deutlich. In diesem Moment wird seine Neigung zum Agieren besonders groß sein. Vor dem Hintergrund eigener Ängste und ungestillter Bedürfnisse kann er in Kollusionen geraten, die den supervisorischen Prozess stagnieren lassen (vgl. Kapitel 4.5). Er und das Team stehen an der entscheidenden Schwelle, an der es ideal-typisch um die Durcharbeitung der dem Widerstand zugrunde liegenden Angst geht. Paradoxerweise setzt dies voraus, den Zustand diffuser Angst in der Beratung nicht durch vorschnelle Handlungen und Aktionen überwinden zu wollen. Zu viel zu wollen kann bei uns Beratern durchaus ein versteckter Widerstand gegen die vermeintlich erwünschte Entwicklung sein.

Institutionsanalyse soll Klienten darin unterstützen, ihre eigene unbewusste Verwicklung in der Institution zu verstehen. Dafür hat es sich nach unseren Erfahrungen bewährt, wenn die Beraterin sich selbst zum Katalysator dieses Erkenntnisprozesses macht. Anstatt das Unbewusste in erster Linie zu deuten, was sowieso die Gefahr beinhalten würde, die Abwehr zu stärken, versuchen wir möglichst entlang unserer inneren Resonanz mitzuteilen, was in uns vorgeht. Dieses »Prinzip Antwort« (Heigl u. Heigl-Evers, 1988) liefert dem Team Anhaltspunkte für seine Selbstreflexion. Je besser es gelingt, nahe an eigenen Empfindungen zu sein, desto leichter fällt es den Klienten, ihrerseits einen Zugang zu ihrem Unbewussten zu finden. Die Wahrnehmungen aus dem inneren Erleben der Beraterin werden zu den Bewegungs- und Aktionsformen des Teams in

Beziehung gebracht. Auch wenn es an dieser Stelle abstrakt bleibt: Es geht darum, mithilfe des Beraters die von der Institution inszenierten Themen im Beratungssetting szenisch zu entfalten. Dies eröffnet die Chance für alle Beteiligten, die Szenen und unbewussten Botschaften erlebnisnah zu enträtseln und zu verstehen. Indem wir als Berater ständig eine Brücke zwischen der Bewegungsform der Subgruppen (zum Beispiel Team, Leitung, Funktionsgruppen) im Kontext der spezifischen institutionellen Arbeitsaufgabe und unserer damit korrespondierenden (Gegen-)Übertragung herstellen, schaffen wir die Voraussetzungen für einen Prozess der kritischen Selbstreflexion, und zwar mit den dazugehörenden Zweifeln und sich neu entfaltenden Inszenierungen. Sicherlich ein Prozess, der von allen Zeit, Geduld und eine gehörige Portion Neugierde erfordert. Jeder, der in dieser Arbeit zu Hause ist, weiß, wie schwer das in der Praxis zu realisieren ist und wie oft der Wunsch nach schneller, schmerzfreier Veränderung auftaucht. Patentrezepte gibt es nicht, zumal wir davon ausgehen müssen, dass Organisationen selten explizit nach Veränderungen und Bearbeitung ihrer unbewussten Anteile streben.

Mythen können in eher kollektiv geprägten Organisationen dieselbe Funktion übernehmen wie die Hierarchie in traditionellen Organisationen. Wir gehen davon aus, dass die angstbindende Kraft institutioneller Mythen in den heute propagierten, eher auf Fluidität und Selbstorganisation in flachen Hierarchien setzenden Organisationsmodellen an Bedeutung gewinnen. Die Ausprägung der spezifischen Institutionsmythen bilden sich auf der Grundlage der entsprechenden Norm der Sozietät aus. In jedem Falle dienen sie dazu, den Gruppenzusammenhalt zu sichern und zu große abweichende Äußerungen von der Kollektivnorm auszuschließen oder zu sanktionieren. In diesem Sinne übernehmen die Mythen eine strukturierende und identitätsstiftende Funktion. Als kollektives Über-Ich vermitteln sie Orientierung und wirken dadurch angstmindernd. Auch wenn Mythenbildung und Hierarchie zwei bevorzugte Systeme zur Angstbewältigung in sozialen Organisationen darstellen, unterscheiden sie sich doch wesentlich. In der kollektiven oder – heute verbreiteter – in der fluiden Organisation bleibt ein gewisses Maß an Angst aufgrund des geringeren Strukturniveaus immer virulent und forciert immer wieder neue Auseinandersetzungen. Dies kann überfordern oder aber Entwicklung und Veränderung anregen. Hierarchische Institutionen – zum Beispiel im Sektor der öffentlichen Verwaltung – stehen hingegen vor dem Problem, dass ein Teil der Angst in der Bürokratie zur Leblosigkeit erstarrt. Gleichzeitig mobilisiert diese Struktur beim Einzelnen Angst und Scham, weil sie ihn mit seinem Ausgeliefertsein und seiner Abhängigkeit von der Organisation konfrontiert. Der Versuch, die Autorität zu vernichten und die Führung impotent zu machen, ist ein beständiger Aspekt des Verhältnisses zwischen Führern und Geführten, in dem latent Feindseligkeit angelegt ist. Uneindeutiges Leiterverhalten dient der Abwehr dieser Ängste und ist besonders häufig in Institutionen mit sozialer Aufgabe zu beobachten. Die Leitungsinsuffizienz führt zu heimlichen, informellen Leitern. Die damit verbundenen latenten Ängste beeinträchtigen die Leistungsfähigkeit von Teams und können nur selten im Sinne einer positiven Veränderung genutzt werden, da sie von den Mitarbeitern meist regressiv verarbeitet werden und Gefühle der Abhängigkeit und Lähmung verstärken. Sie legen entweder feindseliges Agieren oder eine eher indifferente »Selbststilllegung« (Jaeggi, 2005, S. 184) nahe.

Neben der bereits beschriebenen konstanten Aufmerksamkeit für die im Berater lebendigen Resonanzen und deren respektvoll-hypothetischen Deutung in ihrem möglichen Bezug zur unbewussten Organisationsdynamik kann die Beforschung folgender Fragen zu einer Annäherung an institutionelle Mythen beitragen:

- Was ist der Gründungsmythos der Organisation? Welche Ideen, Werte, Illusionen standen an der Wiege der Organisation und was ist daraus geworden?
- Welche identitätsprägenden Geschichten werden in der Organisation tradiert? Relevant sind Geschichten über »Helden und Verräter«, besondere Erfolge und Misserfolge bzw. Verluste, wünschenswerte Zukunft (vgl. Loebbert, 2003, S. 57 ff.).
- Welche Tabus könnten möglicherweise in der Organisation wirken?
- Welche möglichen professionellen Deformationen bedrohen die Subjekte in der Organisation?
- Welche guten Gründe gibt es für schlechte Stimmung, Aggres-

sion, keine Wertschätzung etc. (vgl. Zwack, Muritatis u. Schweitzer-Rothers, 2011)?

- Welche Grundannahmen über das Wesen des Menschen, über Raum und Zeit, über Realität und Wahrheit, über menschliche Beziehungen spielen möglicherweise eine Rolle in der Organisation?[33]

---

33 Diese Grundannahmen entsprechen der fundamentalsten Ebene in Edgar Scheins Modell der Organisationskultur. Auch Schein geht davon aus, dass diese Ebene unbewusst, aber deshalb nicht weniger wirksam ist (vgl. Schein, 2003).

> »Und die Erfindung entsteht immer
> in der Meinungsverschiedenheit.«
> J. F. Lyotard (2005, S. 16)

8 Schwierige Situationen in der Teamberatung

In diesem letzten Kapitel möchten wir uns mit einigen Konstellationen befassen, die in Teamberatungen auftauchen können und deren Handhabung wir als durchaus herausfordernd und komplikationsreich erleben. Zunächst geht es uns um die Frage, wie mit Situationen umgegangen werden kann, in denen sich Teams vor allem in einer Situation des Ausgeliefertseins erleben und sich überdauernde Opferhaltungen herausbilden. Etwas ausführlicher setzen wir uns mit Außenseiter- oder Sündenbockdynamiken auseinander, die sich gerade in Organisationen unter Stress leicht entfalten. Es folgen einige Gedanken zu süchtigem Verhalten am Arbeitsplatz und zu guter Letzt einige Überlegungen zu dem ja durchaus nicht nur unerfreulichen Phänomen intimer Kontakte in Teamkontexten.

8.1 Zur Opferhaltung

Im Zusammenhang mit Teamberatung über »Opfer und Täter« zu sprechen, ist ein gewagtes Unternehmen, denn in der Praxis der sozialen Berufe haben wir es oft mit Opfern massiver sexueller, psychischer oder physischer Gewalt zu tun. Bekannt ist, dass es massive Repressalien, Unterstellungen und dergleichen gegen Mitarbeiter und Betriebsräte in Organisationen gibt, die deutliche Opfer-Täter-Dynamik entfalten. Wenn wir hier von Opferhaltung sprechen, geht es uns um einen festgefahrenen anmutenden Habitus in Teams, in der die Erfahrung des Ausgeliefertseins dominiert und in der eine Verbindung mit Ressourcen und gestaltenden Handlungsentwürfen nicht mehr möglich scheint. Opferhaltung ist vermutlich leichter zu verstehen als eine Einstellung, die ausdrückt »ich kann nichts dafür, ich bin hilflos, ich bin ohnmächtig«.

Werfen wir einen Blick in die Beraterrealität, so begegnen wir häufig dem unausgesprochenen Wunsch unserer Klienten, wir mögen auf ihrer Seite stehen, sie in ihrem Leid verstehen, sie trösten oder gar bedauern, dass es ihnen so schlecht geht.

In einem Team der Druckindustrie – unmittelbar nach einer Fusion des Unternehmens im Stil einer feindlichen Übernahme – eskalieren die Belastungsphänomene: Berge unbezahlter Überstunden, galoppierender Krankenstand – vor allem in Form von psychosomatischen Erschöpfungszuständen sind Begleiterscheinungen einer Situation, in der es für die Teammitglieder aufgrund anhaltender Arbeitsplatzunsicherheit um die Existenz geht. Aus zutiefst nachvollziehbaren Gründen ist die Atmosphäre klagsam und gelähmt. Doch was hilft es, wenn der Teamcoach es dabei belässt, mit Tröstungen und Empathie zu reagieren? Diese Qualitäten erfahren die Kollegen zum Teil auch beim Betriebsrat und den Führungskräften.

Zunächst wirken Anteilnahme und Empathie entlastend. Sie sind unabdingbare Voraussetzungen, um überhaupt in einen respektvollen Kontakt zu kommen. Doch wie kann es weitergehen? In solchen Situationen regen wir an, von der Opferseite zur Täterseite zu wechseln. Irritiertes Staunen ist nicht selten die erste Reaktion. Deutlicher wird es schon, wenn wir es folgendermaßen auflösen: Mit Täter meinen wir keine Handlungen im Sinne des Strafgesetzbuchs, sondern ein Verlassen der Opferseite mit der Perspektive zu schauen, wo Sie aktiv etwas tun können. Denn aus der Opferhaltung ist keine Veränderung möglich.

Rational ist das meistens verständlich, emotional ist die Verhaftung im Gefängnis der Aussichtslosigkeit jedoch oft übermächtig. Dann beginnt der Weg des Suchens nach Alternativen, nach Bewegungsmöglichkeiten und damit nach Veränderungsoptionen. Im Beispiel des verzweifelten Druckereiteams etwa mit der Frage, welche Optionen den einzelnen Teammitgliedern im Falle des Super-GAUs eines Arbeitsplatzverlustes zur Verfügung stehen? Oder der Frage, wie die Beteiligten in der Vergangenheit dramatische Krisen und Brüche im (Arbeits-)Leben bewältigt haben?

Wenn es nicht gelingt, aus dieser Opferdynamik auszusteigen, befinden wir uns schnell mitten im »Drama-Dreieck«, wie es Eric Berne (2005) in seinem Konzept der Transaktionsanalyse beschrieben hat. Drei sich ergänzende – und auch wechselnde Rollen – sind charakteristisch: Opfer, Täter und Retter.

Das *Opfer* sieht sich in der vermeintlich »schwachen« Position. Es übernimmt die Rolle als passives Opfer, indem es sich selbst als machtlos erlebt und die anderen beiden Rollen im Drama-Dreieck als mächtig. Der Gewinn dieser Rolle ist, dass man klagen darf und die anderen für sein Leid verantwortlich macht. Da man sich selbst nicht in der Lage sieht, die Situation zu ändern, gibt das Opfer die gesamte Verantwortung für sein Handeln und dessen Folgen an andere ab. Die Spaltungsdynamiken in Opfer-Täter, schuldig-unschuldig, stark-schwach haben immer zur Folge, dass der vermeintlich Unterlegene einen Gutteil seiner vitalen Energie an den vermeintlich Überlegenen abgibt und ihm so die nötige Veränderungsenergie fehlt.

Der *Retter* im Drama-Dreieck ist der vermeintlich »Gute«. Der Berater reagiert auf die Hilferufe des Opfers und greift helfend als Verbündeter ein und beraubt sich somit ebenfalls eines guten Stücks seiner potenziellen Wirkungsmacht.

Der *Verfolger* im Drama-Dreieck ist der vermeintlich »Mächtige« (zum Beispiel die Unternehmensleitung). Es scheint, als wolle er das Opfer bestrafen oder zur Rechenschaft ziehen.

Wenn alle in ihren Rollen bleiben, dreht sich das Rad unaufhörlich und wird für alle Beteiligten zunehmend zu einer unveränderbaren Realität. Die Furche, in der das Drama läuft, wird immer tiefer und der Ausstieg immer schwerer.

Wir beobachten solche Dynamiken in mehr oder weniger starker Ausprägung in sehr vielen Organisationen, vornehmlich als »institutionelles Grundjammern«. Dabei spielt es keine Rolle, auf welche Funktionsgruppe wir schauen. Aber in ihrer Bedeutung lassen sich gravierende Unterschiede beobachten. Während die Führungsebene Einsparungen durch ihr Jammern zu legitimieren versucht, verhindern die Mitarbeiter in den Teams mit dem Jammern jede Auseinandersetzung über Veränderungen und entziehen sich so ihrer Verantwortung.

In der Supervision eines Krankenhausteams wurde Stunde um Stunde darüber geklagt, wie schlimm die Verhältnisse sind, wie entsetzlich die neue Chefärztin ist, der Oberarzt nicht erreichbar und Veränderungen nur Verschlechterungen bringen. Ich (HP) kannte den Oberarzt und konnte die Klagen verstehen, von der Chefärztin hatte ich auch nicht das Beste gehört. Aber was nutzte das? Allein Anteilnahme zu signalisieren, führte zu keiner Veränderung, vielleicht bestärkte es die Mitarbeiter sogar in ihren Klagen. Eines Tages wurde es mir zu viel und ich sagte, dass uns die Situation hinreichend bekannt sei und sich wohl auch nicht ändern lässt. Ich stellte das Team vor die Alternative, die Teamsupervision zu beenden oder zu schauen, wie sie unter den gegebenen Bedingungen trotzdem noch Gestaltungsmöglichkeiten nutzen können. Als einige Sitzungen später wieder das Jammern die Runde machte, sagte eine Mitarbeitern: »Herr Pühl hat doch gesagt, dass mit dem Jammern jetzt Schluss ist.« Befreiendes Lachen machte die Runde und wir konnten mit Energie an ihren Themen arbeiten.

Wir sind als Berater leicht verführt, uns unreflektiert einer Partei besonders zuzuwenden. Oft ist dies das Klientel, das uns am nächsten ist. Wir werden dann Verbündete, ohne es zu merken und bleiben auch in unsere inneren Bilder verliebt. Beispielsweise das Bild des Oberarztes, den man »abschreiben« kann, da er sich nie verändern wird.[34] Wenn wir als Berater unreflektiert in dieser Position verharren, werden wir zusehends zum Co-Abhängigen und damit selbst zum Opfer. Ein zeitweiliges Hineinrutschen in diese Position ist kein Drama, vielleicht eher die Chance einer Innenschau aus der Rolle des Ratsuchenden. Die Kunst ist das Oszillieren zwischen den unterschiedlichen Systemanteilen der Organisation. In der Mediation sprechen wir von Allparteilichkeit, ein Begriff, der es für uns gut auf den Punkt bringt. Es geht darum, die relevanten Positionen gut zu verstehen und dabei innerlich dicht ranzugehen, ohne sich zu verbrennen und ohne das Verstehen mit Gutheißen gleichzusetzen.

---

34 Die Klage über sogenannte »Leitungsschwäche« gehört zu den fast rituell wiederkehrenden Denkfiguren unter Beratern. Sie dient – wie wir es zum Teil auch an uns selbst erleben – wohl am ehesten der eigenen Entlastung in der hilflosen Retter-Position des Drama-Dreiecks.

In der Teamentwicklung von Kundenberatern eines Industriebetriebes wurde mir (HP) dies sehr deutlich. Der Leiter dieses Teams war ein ehemaliger Kollege, den seine alten Kollegen als wenig durchsetzungsfähig gegenüber seinen Vorgesetzten und nicht fassbar beschrieben. In unseren regelmäßigen gemeinsamen Sitzungen hinterließ das Bild der Mitarbeiter auch bei mir einen ähnlichen Eindruck. Wie im obigen Beispiel konzentrierten wir uns zukünftig auf die eigenen Potenziale des Teams und die Nutzung ihrer strukturellen Ressourcen, die durchaus vorhanden waren. Im Laufe eines guten Jahres veränderte sich die Teamstruktur grundlegend, da über die Hälfte der Berater in Rente ging und neue Kollegen eingestellt wurden. Da diese frei von den überlieferten Bildern waren, forderten sie einen Teamtag mit dem Leiter unter externer Begleitung. Dem stimmte der Leiter zu. Wie mir die Mitarbeiter – die alten wie die neuen – bestätigten, hatte sich ihr Vorgesetzter total verändert, war präsent, diskussionsoffen und erreichbar. Im Auswertungsgespräch mit dem Vorgesetzten berichtete er mir von dem Teamtag, wie ihn der Moderator auf den heißen Stuhl gesetzt habe und er sich einiges von den Mitarbeitern anhören musste. »Aber es war gut so.« Ich war wirklich überrascht, wie durch die Veränderung der Strukturen (neue Mitarbeiter) und das ungeschminkte Feedback auf dem Teamtag eine solch grundlegende andere Haltung des Vorgesetzten möglich war. Oder wie der Werbeslogan von Toyota so treffend sagt »Nichts ist unmöglich!« Es hat noch mal sinnlich deutlich gemacht, die vermittelten Bilder ernst zu nehmen, ohne sie zu übernehmen.

Wir machen immer wieder die Erfahrung, dass für fruchtbare Beratungsprozesse die innere Haltung des Supervisors große Auswirkungen hat: Wenn wir in uns über längere Strecken keine Hoffnung spüren, etwas Positives zu bewirken, entwickelt sich im Wege der Projektion eine sich selbst erfüllende Prophezeiung. Ohne diese innere Hoffnung oder den Glauben an Bewegung nehmen wir keine Aufträge mehr an. Dies hat sich für uns als richtungsweisender Indikator bewährt. Damit sind auch höchst subjektive und individuelle ethische Entscheidungen berührt. Aus unserer Sicht können wir nur gut für Organisationen arbeiten, mit deren Zielen und mit deren Geschäftspolitik wir uns – vielleicht nicht ohne Einschränkungen – aber doch im Grundsatz identifizieren können.

Den Umgang mit Macht – oder auf der anderen Seite mit Ohnmacht – erleben wir regelmäßig aus zwei Perspektiven. Aus der Sicht von Teams und im Coaching aus der Sicht von Leitungskräften. Teams beklagen häufig ihre Ohnmacht. Man könne nichts machen. Schuld sind die da oben. Lässt man sich aber als Teamsupervisor auf dieses Spiel ein, unterstützt man die Spaltung in »Die da oben und wir da unten« – wie es Günter Wallraff in einem seiner ersten Bücher zuspitzte. Ohne Zweifel: Das hierarchische Machtgefälle in Organisationen ist unhintergehbar. Als Berater sind wir allerdings mit der Suche nach Spielräumen und Ermächtigung identifiziert. Die Frage muss bleiben: Was können die Teams trotz widriger Umstände dennoch für sich tun? Wo gibt es Gestaltungs- und damit Handlungsräume?

Aus der Perspektive der Leitungsebene erleben wir häufig ähnliche Prozesse. Notwendige Veränderungen werden verschleppt aus Angst vor den Reaktionen. Die Folge: Veränderungskonflikte eskalieren, bis sie im Hauruckverfahren doch realisiert werden müssen. Kommunikation im Sinne von Orientierung ist in diesem zugespitzten Stadium kaum noch möglich. Beklagt wird dann der Veränderungswiderstand der Mitarbeiter.

Organisationen zeichnen sich immer durch Widersprüche aus, nicht alle lassen sich auflösen. »Für die Führungskraft als Schnittstelle zwischen unterschiedlichen Funktionen und Interessen bedeutet dies, dass sie immer wieder neu zwischen den unterschiedlichen Wert- und Zielsetzungen entscheiden muss, für den einzelnen Mitarbeiter, dass Widersprüchlichkeit der Normalfall ist« (Zwack, 2009). Dennoch: Wo sind die Grenzen? Oder wie eine Supervisandin fragt: »Was bringt es schon, Dinge zu besprechen, die man dann doch nicht ändern kann?«

Besonders prägnant stellt sich eine solch vermeintlich »ausweglose Situation« im Pflegebereich dar. Pflegeanforderungen und verfügbare Ressourcen klaffen meilenweit auseinander. Vorgeschriebene Tätigkeiten können aufgrund der unzureichenden Personalbesetzung nicht oder nur teilweise ausgeführt werden. Mit der Folge, dass sich sogar die Pflegerinnen schuldig machen und juristisch belangt werden können. Wenn die Durchsetzungsmacht anonymisiert außerhalb des zu beratenden Systems angesiedelt ist, es also keine verantwortlichen Adressaten gibt, stellt das einen besonders fruchtbaren Boden für Resignation und psychische Erkrankungen dar. Wie im Fall der Pflege kommen die Vorgaben von den Kostenträgern und der Gesetzgebung. Leitung wie Pflegekräfte stoßen oftmals an Grenzen des Machbaren, ohne dies hinreichend kommunizieren zu können.

Die Kollegin Silke Dinius (2013) beschreibt ihre Erfahrung anhand eines Falles und kommt zu dem Ergebnis, dass es trotzdem ethisch richtig ist, die Situation geduldig zu analysieren, auch um die beteiligten Pflegekräfte zu entlasten und ihnen Mut zu machen, sich zu positionieren. In diesem Fall dauerte es zwar mehrere Monate, bis sich die Mitarbeiterinnen durchringen konnten, eine Überlastungsanzeige an die Leitung zu schreiben. Auch die Dokumentation unterschiedlicher und vielleicht unvereinbarer Positionen kann helfen, Würde aufrechtzuerhalten und gegebenenfalls Räume eröffnen (vgl. Lyotard, 1989). Helmut Wilke (2004, S. 62) vertrat auf unserer Triangel-Fachtagung die Haltung, dass »einiges dafür spricht, dass die Präzisierung von Dissens zumindest ebenso Anschlussmöglichkeiten für weitere Kommunikation schafft wie die Erzeugung von Konsens«.

8.2 Außenseiterkonstellationen in der Teamberatung. Balanceakt um die dunkle Seite der Organisation

Subjektivierung von Arbeit geht mit der Emotionalisierung der Arbeitserfahrungen einher (Haubl, 2012, S. 55). Fehlende Sicherheit und Orientierung stellen eine Bedrohung des Selbstwerterlebens der Menschen in den Organisationen dar. Wenn Paradigmen der Zweckrationalität dominieren, gibt es wenig Raum, um emotionale Erfahrungen gemeinschaftlich zu verarbeiten. Die emotionalen Themen wandern sozusagen in den Untergrund und befeuern – unter anderem – dynamische Prozesse der Spaltung. Spaltungsprozesse in Teams können sich gegen die Leitung richten oder die Gestalt von Untergruppenkonflikten in Teams annehmen. Denkbar ist auch, dass Teams ihre spaltende Energie gegen Aspekte der Außenwelt – etwa die eigenen Kunden bzw. Klienten – richten.

Im Folgenden soll auf einen Spezialfall der Spaltung eingegangen werden – sogenannte Außenseiter- oder »Sündenbockdynamiken«, die von den betroffenen Individuen oft auch als Mobbing-Dynamiken erlebt und bezeichnet werden. Der Umgang mit Außenseiterpositionen stellt für die Teamberatung eine besondere Herausforderung dar. Die Dramatik liegt einerseits in den teilweise einschneidenden Folgen, die solche Dynamiken für die Personen haben, deren Zugehörigkeit infrage gestellt wird. Andererseits sind aber auch die vermeintlichen Täter durch den Sog der Ausgrenzungsdynamik massiv in ihrer Handlungsfreiheit und Kreativität beeinträchtigt. Derartige Dynamiken fühlen sich für alle Beteiligten überaus belastend an. Sie sind ernstzunehmende Produktivitätsbremsen.

Was macht den »Außenseiter« aus? Soziologische Theorien des Labeling Approach (Goffman, 1967) und des Symbolischen Interaktionismus (Mead, 1968) heben hervor, dass Außenseiterpositionen vor allem Resultat eines Definitionsprozesses in der Gruppe bzw. der Gesellschaft sind.

Für Türcke (2013a) ist die Kompetenz zur Herausbildung von Institutionen die grundlegendste Fähigkeit die den Menschen als Gattung auszeichnet. Und die Entwicklung von Institutionen ist ihrerseits wieder grundlegend mit Ritualisierungen verbunden – Opferrituale ausdrücklich eingeschlossen. »Alle Institutionen sind ursprünglich Rituale, und das Ritual par excellence ist das Opferritual – das Menschenopferritual. Alle anderen sind Abkömmlinge davon« (Türcke, 2013a, S. 24). Türcke vermutet darin eine Logik im Sinne eines Wiederholungszwangs in dem die Angst gebunden wird. Ich opfere – scheinbar selbstfeindlich – etwas vom Liebsten und Kostbarstem, um dadurch paradoxerweise Beruhigung im Kollektiv zu erwirken.

Auch der Kulturanthropologe René Girard nimmt in seinem Denken über Sündenböcke Bezug auf archaische Opferrituale, deren Funktion in seinen Augen vor allem in der Kanalisierung der in der Gruppe angesammelten Aggression liege. Heute – in einer Zeit ohne explizite Opferrituale – diene die Ausgrenzung Einzelner einer analogen Funktion: »In erster Linie beansprucht das Opfer nämlich für sich, Zwistigkeiten und Rivalitäten, Eifersucht und Streitigkeiten zwischen [...] Personen auszuräumen; es stellt die Harmonie innerhalb der Gemeinschaft wieder her, es verstärkt den sozialen Zusammenhalt« (Girard, zit. nach Becker, 2006, S. 10). Girard hebt auch hervor, dass das Opfer der Ausgrenzung quasi willkürlich ausgewählt werde. Die Definition des Sündenbocks erfolge weitgehend ohne dessen eigenes Zutun (S. 13).

In der Tradition der Gruppendynamik wird hingegen eher nach der stillschweigenden Kooperation von Ausgrenzenden und Ausgegrenzten gefragt. Vor allem folgende Aspekte werden dabei hervorgehoben (vgl. Fengler, 1981, S. 110 ff.):

- *Die Position des Außenseiters ist Ausdruck einer stillen Übereinkunft aller Beteiligten – inklusive des Ausgeschlossenen.* Sowohl die Ausgegrenzten als auch der Rest der Gruppe haben ein oft verborgenes Interesse an dem Konflikt. Es geht also vorrangig um einen Prozess in der Gruppe. Interventionen gegenüber Einzelnen, bzw. die Einschränkung der Wahrnehmung auf Einzelne, sind ineffektiv bis schädlich.

- *Die Gruppe begegnet dem Außenseiter mit Nichtbeachtung, Zurückweisung oder Isolierung.* Diese Beobachtungen wurden vor allem im Rahmen der Soziometrie Morenos hervorgehoben.

- *Der Außenseiter findet seinerseits die Gruppe nur mäßig attraktiv.* Diese Perspektive lenkt die Aufmerksamkeit darauf, dass die Entwertungen in der Regel gegenseitig sind. Gerade von den ausgeschlossenen »Opfern« wird der eigene aggressive Anteil oft verleugnet. Die Dynamik folgt einer Saure-Trauben-Politik: Ich kann keinen Anschluss an die Gruppe finden, lege aber auch keinen besonderen Wert darauf.

- *Die Gruppe projiziert eigene angstbesetzte oder nicht akzeptierte Teile auf den Außenseiter.* Wenn nicht sein kann, was nicht sein darf, ist die Ausgrenzung Einzelner ein funktionaler Weg der Abwehr. Die Identifizierung des ausgegrenzten Themas bietet Chancen für die Bearbeitung der Dynamik als Gruppenthema.

- *Außenseiter wecken nicht nur Abwehr, sondern auch Wünsche und Sehnsüchte.* Dies ist sozusagen die Kehrseite der Abwehr. Was ich in mir nicht zulassen kann und auf andere projiziere, besitzt vielleicht auch verborgene Attraktivität. Mein Ärger über Regelbrecher steht vielleicht in Verbindung mit einer Sehnsucht, auch einmal über die Stränge zu schlagen.

- *Außenseiter haben einen schweren Stand, sind aber nicht ohne Einfluss auf die Gruppenmeinung.* Auch wenn der Prophet im eigenen Land vielleicht nicht geschätzt oder gesteinigt wird. Die Diskussion über ihn bleibt nicht ohne Wirkung auf die Gruppe. Über lange Zeiträume betrachtet kosten Außenseiterdynamiken häufig einen hohen Preis und sind dennoch oft Ausgangspunkt für nachhaltige Veränderungen in der Gruppe.

In Anlehnung an gruppendynamische und gruppenanalytische Denkfolien (vgl. Antons, 2009, S. 349 ff.) fokussieren wir in unserer Arbeit auf das verborgene Gemeinsame in der Ausgrenzung. Konflikte stellen die Einheitlichkeit einer Gruppe her, und zwar durch Überwindung von Unterschieden. Unterschiede entstehen immer dann, wenn Außenseiter beispielsweise exponiert ihre Meinung äußern oder nicht integriert werden können. Der Sündenbock verkörpert für alle anderen eigene unbewusste Anteile, die als bedrohlich für das eigene Ich erlebt werden. Wo einfaches Verleugnen nicht ausreicht und andere Sicherungsmanöver nicht erfolgreich das psychische Wohlbefinden aufrechterhalten können, kann sich das Projizieren von Ichfremden Impulsen und Merkmalen auf andere Personen als letzter Rettungsanker erweisen. Gegen das abgelehnte Gruppenmitglied wenden sich Projektionen der übrigen Gruppe, die sich zu einer gemeinsamen unbewussten Abwehrstrategie zusammengefunden hat. Prädestiniert für diese Rolle des Sündenbocks sind Personen, die von der Gruppennorm abweichen, stark ihrer Individualität Ausdruck geben oder Schwierigkeiten im Umgang mit Aggressionen haben, dabei zugleich unbewusst die angstbesetzten Teile der jeweiligen Gruppe anrühren und aufwühlen, ungewollt ins Wespennest stechen und die Latenz aktualisieren. So werden Sündenböcke ebenso wie abtrünnige Verräter streng bestraft, weil sie das von der Gruppe entwickelte Abwehrsystem infrage stellen (vgl. Pühl, 2014).

Unter Umständen gibt der Außenseiter irgendwann seine strapaziöse Rolle auf, zieht sich zurück und fügt sich der Norm des Teams, wenn es seine Beiträge nicht als hilfreich anerkennen kann. Dann brodelt es unter Umständen im Untergrund weiter. Der Konflikt wird zu einem »kalten Konflikt« wie Glasl (1997) sagen würde.

Wolfgang Schmidbauer (2002) betont den destruktiven, aber eben auch selbstwertstabilisierenden Hintergrund der Ausgrenzung. Er spricht vom »kannibalischen Narzissmus in Systemen unter Stress« und will damit veranschaulichen, dass sich Ausgrenzungsdynamiken in Teams oft gegen Subjekte richten, auf deren Unterstützung die Ausgrenzenden eigentlich dringend angewiesen wären. Ich sehne mich beispielsweise nach Wertschätzung und dem Gefühl der Verbundenheit mit allen Kolleginnen und grenze dennoch diejenigen aggressiv aus, durch deren vermeintliche Andersartigkeit ich dieses Bedürfnis infrage gestellt wähne. Insbesondere schambesetzte Inhalte, die besonders dann virulent werden, wenn die Erfüllung der primären Arbeitsaufgabe und damit das Qualitätsempfinden von Professionellen unter Druck kommt, öffnen der Projektion auf Sündenböcke Tür und Tor (Hilgers, 2013, S. 236 ff.).

In einer späteren Arbeit stellt Schmidbauer (2013) das Phänomen der Ausgrenzung noch differenzierter in den Zusammenhang seines Narzissmuskonzepts. Die durch den Selbstoptimierungsdruck angeheizten Selbstwertturbulenzen der Akteure in der Gesellschaft stiften anhaltenden Reizhunger und Abhängigkeit von äußerer Bestätigung, die mit zunehmender innerer Leere korrespondiert. Die innere Fokussierung auf den Beifall der Außenwelt resultiert in mangelnder Fähigkeit, selbst zu lieben und sich in diesem aktiven Fühlen geborgen und ganz zu fühlen. »Einfühlung als Produktionsmittel widerspricht der herrschenden wirtschaftlichen Produktionsweise« (S. 5), so Schmidbauer.

Neben das Motiv des kannibalischen Narzissmus – bei dem sich die Entwertung gegen diejenigen richtet, von deren Anerkennung ich mich abhängig fühle, stellt Schmidbauer weitere Figuren der narzisstischen Feindseligkeit (S. 17 ff.). Die Variante des »pharisäischen« Narzissmus folgt der schlichten Dynamik, selbst Sicherheit aus der Abwertung anderer zu gewinnen. Sie ist durchaus weit verbreitet – ebenso wie die Spielart des »parasitären« Narzissmus, die Denunziation und Entwertung mit dem Pendant der Verehrung anderer im Sinne des Starkults kombiniert. Letztendlich sieht Schmidbauer auch den Terror als eine Spielart narzisstischer Angst. Der Terrorismus speist sich in seinem Verständnis zumindest psychodynamisch aus dem verletzten Sicherheitsbedürfnis traumatisierter Menschen im Sinne eines »explosiven« Narzissmus.

Supervisorisch betrachtet liegt die Krux der Außenseiterdynamik in der Überlagerung gruppendynamischer und organisationaler Prozesse mit individuellen Problematiken.

Gruppendynamische Entwicklungsdynamiken spielen in der Teamberatung zweifelsohne eine große Rolle. Gleichzeitig sind Teamsupervisionen keine gruppendynamischen Laboratorien. Als Teamsupervisoren sind wir zunächst der Arbeitsaufgabe des Teams und damit auch den Zwecken der Organisation verpflichtet. In solchen Kontexten ist es nicht immer möglich, die gruppendynamische Entwicklung, die hinter einer Sündenbockkonstellation liegt, ausreichend aufzuarbeiten. Dafür gibt es auch nur in den seltensten Fällen einen expliziten Auftrag und oft fehlt dafür die Zeit – die Arbeit muss schließlich weitergehen. Als Berater können wir uns – ähnlich wie die Führungskräfte in der Organisation – zwischen der Verpflichtung für die Arbeitsfähigkeit des Teams und dem Wunsch Personen zu schützen, die in Sündenbocksituationen geraten sind, hin und her gerissen fühlen.

In diesem Spannungsfeld ist die Gefahr, instrumentalisiert und in Bündnisse gezogen zu werden besonders groß.

Dazu ein besonders unglückliches Beispiel:

Der Geschäftsführer und Mehrheitsgesellschafter eines mittelständischen Familienunternehmens der Elektrobranche fragt Teamcoaching für sein Vertriebsteam an, das er selbst leitet. Es gehe ihm um die Optimierung der Zusammenarbeit im Team. Im Erstgespräch mit dem Team fokussiert sich das Gespräch relativ rasch auf ein Thema: Die vermeintlich unzureichende Leistung der Teamassistentin – die selbst in dieser Sitzung aufgrund einer Erkrankung nicht anwesend ist. Eine junge Außendienstlerin berichtet von einem Vertriebsworkshop, bei dem sie aufgefordert worden sei, ihr Team in einem selbst gezeichneten Bild festzuhalten. Sie habe einen Wagen gezeichnet – so eine Art Gruppenfahrrad – das dadurch angetrieben werde, dass alle Teammitglieder kräftig in die Pedale treten. Nur eine Person sitze in ihrem Bild passiv in der Mitte des Wagens und bewege sich nicht – jeder hier könne sich denken, wer gemeint sei. Der Teamleiter greift dieses Thema auf und erklärt, auch er sei mit der Leistung der betreffenden Mitarbeiterin unzufrieden. Es sei ihm daran gelegen, dass die Kollegin auch aus dem Team entsprechende Rückmeldungen erhalte.

Das Teamcoaching könne gegebenenfalls auch dazu genutzt werden, diesbezüglich offene Worte zu finden.

In der darauf folgenden zweiten Sitzung entfaltet sich rasch eine Dynamik kritischer Rückmeldungen an die jetzt anwesende Teamassistentin. Schon im Vorfeld sei sie darauf vorbereitet worden, dass sie sich darauf einstellen solle, »im geschützten Raum des Teamcoachings« die Rückmeldungen der Kolleginnen entgegenzunehmen. Ständig sei sie krank, weigere sich bestimmte Aufgaben, wie das Kopieren von Dokumenten, zu übernehmen, sei zu langsam und störe das Team durch langatmige Berichte über ihren fragilen Gesundheitszustand bei der Arbeit. All diese Rückmeldungen seien nur zu ihrem Besten. Es gehe darum, ihr klar zu sagen, woran sie sei. Der Leiter verhält sich während dieses Gesprächs passiv und ruhig. Als Berater (KO) fühle ich mich überrollt, unfähig den Prozess zu stoppen. Ich bemühe mich, mit meinen Interventionen an der Seite der Teamassistentin zu sein und deren Hinweise auf wachsendes Arbeitsaufkommen, unzureichende Kommunikation der Anforderungen an sie etc. Gehör zu verschaffen. All dies ohne wirklichen Effekt. Die Aggression des Teams entleert sich wie ein Vulkan über der Teamassistentin.

Wenige Tage später erreicht mich ein Anruf der Teamleiters. Er berichtet, die Teamassistentin habe sich unmittelbar nach der Sitzung für längere Zeit krankgemeldet. Sie habe ihm angedeutet, dass sie wohl nicht mehr an ihren Arbeitsplatz zurückkehren werde. Dies sei durchaus in seinem Sinn. Er sei zufrieden mit diesem Ergebnis des Teamcoachings. Gleichzeitig müsse er mir mitteilen, dass das Team sich keine weitere Zusammenarbeit mit mir vorstellen könne, da ich der Teamassistentin zu wenig Schutz geboten hätte. Er als Leiter bedaure dies sehr.

Ohne Zweifel: Der Berater trägt erhebliche Verantwortung für die Entwicklung dieser Szene. Teamcoaching wird hier vom Leiter instrumentalisiert zur »Lösung« eines Personalproblems, das in seinem unmittelbaren Verantwortungsbereich liegt. Der Berater lässt dies geschehen und gibt Raum für eine Feedback-Prozedur, die schon aufgrund ihrer deutlichen gruppendynamischen Überlagerung nur destruktiv verlaufen konnte. Es wäre hier vermutlich notwendig gewesen, diesen Prozess zu stoppen und den Leiter zu bitten, das Gespräch mit der Teamassistentin unter vier Augen zu suchen. In diesem Zusammenhang hätte man die Teammitglieder dann darauf hinweisen können, dass Teamsupervision keineswegs den »Schutzraum« bietet, der ihr gelegentlich zugeschrieben wird (vgl. Kapitel 3.4). Vielleicht hätte dies einen Prozess ermöglicht, in dem Aspekte der Arbeitserfahrung des Teams, der Erfolgsdruck im Vertrieb, Ängste und Scham wegen unzureichender Qualität der Produkte des Unternehmens etc. hätten thematisiert werden können, ohne die damit verbundene emotionale Wucht gegen einen Sündenbock im Team zu richten.

In der Rückschau bleibt eine bedrückende und tatsächlich rituell anmutende Abstrafung eines Sündenbocks. Das Team richtet seine Angst und Aggression gegen eine Einzelne und findet sich anschließend in Anteilnahme mit dem Opfer und in Schuldgefühlen bezüglich der aggressiven Vehemenz, die dann wiederum an den Berater delegiert werden. Anthropologen haben hervorgehoben, dass die frühen rituellen Menschenopfer eng mit der Wertschätzung für das ausgewählte Opfer verbunden waren. »Den zum Opfer erwählten galt die ganze Anteilnahme des Kollektivs. Es trennte ein unentbehrliches Glied seiner selbst von sich ab und vernichtete es. Das war nicht nur für den Betroffenen grauenhaft. Auch auf das Kollektiv ging etwas von diesem Grauen über. Es tötete ihn, und es litt dabei mit ihm« (Türcke, 2013, S. 133). Das Opferritual ist in diesem Verständnis durchaus ein Stück archaischer Trauerarbeit. Ein schmerzliches Sich-arrangieren mit dem Ängstigenden auf dem Wege der Selbstverletzung des Teams. Schmidbauers kannibalischer Narzissmus lässt grüßen.

Sündenbockdynamiken sind ein Spezialfall der Spaltung in Teams. Sie entstehen in unserem Verständnis nicht ohne das Zutun der ausgegrenzten Person, die sich dem Team quasi als Opfer anbietet. Die Kanalisierung der Aggression im Team gegen eine Einzelperson erlaubt es dem Team, Ängste an ein einzelnes Mitglied zu delegieren und damit seinen Zusammenhalt unter Druck zu sichern. Derartige Ausgrenzungsprozesse erwachsen aus der dunklen Seite der Organisation, der Seite der unbewältigten Ängste, die umso schwerer wiegen, je weniger sie in klaren und anschlussfähigen Managementstrukturen gehalten sind. In dieser Dynamik sind

Teams anfällig für archaische Regression. Es entfalten sich »Opferrituale«, die im Sinne primitiver Trauerarbeit einen ungelenken und nebenwirkungsreichen Versuch darstellen, veränderten Rahmenbedingungen gerecht zu werden.

Folgende Fragestellungen scheinen uns hilfreich, um Außenseiterkonstellationen im Rahmen einer Teamberatung angemessen bearbeiten zu können:

1. *Nimmt die Leitung des Teams ihre Rolle ausreichend wahr, um einer Person, die in eine Sündenbockkonstellation geraten ist, gerecht zu werden?*

   Die Auseinandersetzung mit Mitarbeitern in randständigen Positionen ist Chefsache. Gerade um gruppendynamische Eskalationen, wie etwa in dem skizzierten Beispiel, zu begrenzen, braucht es eine aktive Haltung der Leitung. Dabei kann es einerseits darum gehen, die betreffenden Mitarbeiter zu schützen und ihnen den Rücken zu stärken. Klar ist aber auch, dass in Organisationen kein Prinzip der unbedingten Zugehörigkeit herrscht. Wenn Mitarbeiter über längere Zeiträume den Leistungsanforderungen in der Organisation nicht gerecht werden können, kann es sinnvoll und manchmal unvermeidlich sein, nach einem Weg zu einer fairen Trennung zu suchen. Wenn Leistungsdefizite einzelner mit einer Sündenbockdynamik verbunden sind, ist dies oft besonders schmerzlich. Dennoch kann sich niemand in der Organisation einer kritischen Auseinandersetzung mit seiner Leistung entziehen. Hauptverantwortlich für diese Auseinandersetzung ist die Leitung. Wird sie verschleppt, so kann dieses Versäumnis selbst eine Sündenbockdynamik erzeugen und anheizen. Wenn sich Teamleitungen klar positionieren, können Sie ihren Mitarbeitern signalisieren, dass sie die Ausgrenzungsdynamik sehen und sich um eine Lösung bemühen. Eine präsente Haltung der Teamleitung kann eine destruktive Hexenjagd gegebenenfalls schon in den Anfängen begrenzen und einfangen.

2. *Welche verschobenen Konflikte manifestieren sich gegebenenfalls im Zusammenhang mit der Sündenbockkonstellation?*

   Derjenige Ort oder Zusammenhang in der Organisation, an dem konflikthafte Interaktionen manifest werden, ist keineswegs immer identisch mit dem Ort, an dem die zugrunde liegenden

Spannungen ihren Ausgang nahmen. Von verschobenen Konflikten in Organisationen war ja bereits mehrfach die Rede (s. Kapitel 3). Nehmen wir das Beispiel der geopferten Teamassistentin:
Bei genauerer Betrachtung lässt sich eine längere Geschichte des
explosiv entladenen Konflikts rekonstruieren. So gab es bereits
langjährige Auseinandersetzungen zwischen dem Leiter und
seinem Co-Geschäftsführer um Ressourcen, die für den Funk-
tionsbereich der Teamassistentin zur Verfügung zu stellen seien
oder eben auch nicht. Die Leistungsschwankungen in diesem
Bereich stehen auch im Zusammenhang mit einem verschlepp-
ten Konflikt in der Geschäftsführung. Davon unabhängig befinden sich die Außendienstmitarbeiter – also das Vertriebsperso-
nal im engeren Sinn – in einem lange schwelenden Konflikt mit
der Geschäftsführung über die Entwicklung und die Attraktivität der Produktpalette des Unternehmens. In den Augen vieler Vertriebler ist diese veraltet – man sei damit am Markt nicht
konkurrenzfähig. Der Ärger darüber scheint immer latent vorhanden. Eine offene Auseinandersetzung darüber habe es aber
bisher nicht gegeben. Die Abstrafung der Teamassistentin als
Bauernopfer speist sich auch aus verschobenen Aggressionen,
die eigentlich an die deutlich bedrohlichere Geschäftsführung
zu adressieren wären.

3. *Welche angstbesetzten Themen des gesamten Teams werden beim
   Sündenbock deponiert?*
   Außenseiter in Teams sind gegebenenfalls Träger von Ängsten
   und Problemlagen, die von hoher Relevanz für das gesamte Team
   sind. Gelingt es, diese Ängste zu identifizieren und als ein das
   gesamte Team betreffendes Phänomen zur Sprache zu bringen,
   so kann sich im günstigen Fall eine Dynamik ergeben, die es
   dem sogenannten Außenseiter erlaubt, aus seiner Exklusivposi-
   tion herauszutreten. Gleichzeitig wird die Chance eröffnet, Probleme – die in die Beziehung zu einem einzelnen Teammitglied
   abgelagert waren – gemeinschaftlich anzugehen und damit Entwicklungsblockaden in der Organisation abzuschwächen. Hand-
   werklich besteht in der Teamsupervision die wohl vorrangige
   Herausforderung, den Interventions- und Wahrnehmungs-Fo-
   kus von der als Außenseiter definierten Person wegzuleiten und

die emotionalen Herausforderungen in den Blick zu nehmen, vor denen das Gesamtteam steht. Dies ermöglicht es dem Team, im günstigen Fall Projektionen zurückzunehmen und die Zuschreibungen an den Sündenbock abzuschwächen.

Im zweiten Jahr einer Teamsupervision im Team einer Neurologischen Station eines großen Krankenhauses entwickelte sich folgende Krise, die einerseits den Zusammenbruch des triadischen Raumes und das Ringen um seine erneute Stabilisierung illustrieren kann. Zum anderen steht das Beispiel auch für die supervisorische Bearbeitung einer sich andeutenden Sündenbockdynamik.

Das Team hatte sich ursprünglich für Supervision entschieden, da es sich als erschöpft und ausgebrannt erlebte. Die Reputation der Station habe gelitten. Von allen Seiten habe man Rückmeldungen erhalten, dass vom Team eine überwiegend mürrische bis zynische Ausstrahlung ausgehe. Das Ausmaß der Problematik sei allen klar geworden, nachdem neue Teammitglieder zum wiederholten Mal um ihre baldige Versetzung gebeten hätten, da die Atmosphäre für sie kaum zu ertragen sei.

Auf der Station werden schwere neurologische Erkrankungen mit dem Schwerpunkt Multiple Sklerose behandelt. Die Patienten haben teilweise einen intensiven Pflegebedarf. Psychische Krisen bei den Patienten sind an der Tagesordnung, sodass das Team sowohl mit seiner somatisch pflegerischen Kompetenz als auch mit psychiatrischer Krisenbegleitung alltäglich gefordert ist. Die Personaldecke ist dünn und es fällt schwer, neues Pflegepersonal zu gewinnen. Insgesamt bezeichnete sich das Team als überaltert und müde.

In der Supervision entwickeln sich die Dinge zunächst erfreulich und ermutigend. Alle bemühen sich um eine Stabilisierung der Wertschätzungsbasis untereinander. Als Supervisor (KO) bin ich innerlich viel mit der Situation der älteren Krankenpflegerinnen beschäftigt, die teils mit längeren Krankheitsphasen, Burnout-Syndromen und großem Frust bezüglich des ökonomischen Drucks im Gesundheitswesen zu kämpfen haben. Diesen Kolleginnen mit Respekt und Wertschätzung zu begegnen, liegt mir in der ersten Phase besonders am Herzen. Das Team beobachtet sich in für mich ermutigender Weise bei der Etablierung größerer Achtsamkeit im Umgang miteinander. Es gelingt, einige neue Kolleginnen gut in das Pflegeteam zu integrieren. Dies trägt dazu bei, dass das Team ein Stück weit seinen bisherigen Makel ablegen und spürbar an erlebter Teamkompetenz zuzulegen scheint. Das Arbeitsbündnis entwickelt sich erfreulich und so wird es mir auch zurückgemeldet. Insbesondere die älteren, krisenerfahrenen Kolleginnen sagen mir, dass sie sich bei mir gut aufgehoben und »sicher« fühlen. Ich habe den Eindruck, ausreichend tief in die Erlebniswelt der Kolleginnen eintauchen zu können. Meine Sympathie für das zunächst wegen seiner vermeintlichen Bitterkeit gefürchtete Team wächst und es entwickelt sich die Anmutung eines triadischen Möglichkeitsraums, in dem auf lebendige und anrührende Weise Fälle besprochen und Schritte zur Optimierung der Arbeitsabläufe miteinander beraten werden können. Das Team und der Supervisor scheinen die weniger spannungsgeladene und solidarisch arbeitsfähige Atmosphäre zu genießen.

Nach etwa eineinhalb Jahren gibt es zunehmend Hinweise von jüngeren Kolleginnen, dass die Arbeit »ungleich verteilt« sei und es ihnen zunehmend Mühe bereite, die »anderen Kolleginnen zu unterstützen.« Im Nachhinein muss ich sagen, dass ich diese Stimmen mehr als einmal nicht wirklich hören wollte. In meiner Identifizierung mit den sogenannten »schwächeren« Kolleginnen und in meiner Sorge um die Bedrohung der entstandenen wohligen supervisorischen Komfortzone wollte ich die heraufziehenden Gewitterwolken lange nicht wahrnehmen. Der triadische Raum im Sinne eines produktiven und gedeihlichen teamsupervisorischen Beratungssystems war in hoher Gefahr, lange bevor ich dies in mein Bewusstsein hatte dringen lassen. Die äußere Eskalation entfaltet sich dann in einer einzigen Sitzung. Zwei der jüngeren Kolleginnen verschaffen sich (jetzt auch gegen meinen subtilen Widerstand) Gehör. Sie seien am Rande ihrer Kraft und befürchteten, es könne ihnen gehen wie vielen der Älteren. Ihre Zwickmühle bestehe darin, dass sie den eigenen Verschleiß erleben und gleichzeitig ihre »ausgebrannte Kollegin« in der Schicht nicht fordern mögen, da sie ihnen leid täte und im Falle einer Konfrontation mit den Anforderungen nur mit Krankschreibungen der Kollegin zu rechnen sei. Das Gespräch entwickelt sich insbesondere für die wegen ihrer mangelnden Leistungsfähigkeit angesprochenen Kollegin zu einer enormen Belastungsprobe. Sie scheint beschämt, in großer Selbstanklage, überrumpelt und überrascht von der Wucht der Rückmeldungen. Der anwesende

Stationsleiter räumt ein, er habe die Problematik, dass einige für andere mitarbeiten müssten, lange verdrängt (analog dem Supervisor). Jetzt – in diesem Augenblick des Erwachens – gelingt es dem Stationsleiter, ein Gesprächsangebot an die besonders unter Druck gekommene ältere Kollegin und an ihre Kolleginnen in der Schicht zu richten. Er wolle sich mit allen einzeln und später dann auch mit der gesamten Schichtgruppe zusammensetzen und Lösungen suchen.

Dennoch ist der Möglichkeitsraum dieser Supervision am Ende der Sitzung überspült von paranoischer Angst. Die mit ihrer scheinbaren Leistungsschwäche konfrontierte Kollegin fühlt sich vorgeführt und ungeschützt. Günstig erscheint mir lediglich, dass sie sich in den folgenden Tagen wider Erwarten nicht für den Krankenstand entscheidet, sondern – wie mir der Stationsleiter später berichtet – ihrem Ärger gegen mich als Supervisor Luft macht. Die jüngeren Kolleginnen, denen es vor allem darum gegangen war, die Zwickmühle deutlich zu machen, in der sie sich sehen, enden bei massiven Schuldgefühlen, die sich mit dem anhaltenden Ärger auf die schwächere Kollegin abwechseln. Einige im Team spielen mit dem Gedanken an einen Abbruch der Supervision.

Zum Zeitpunkt der nächsten Sitzung – etwa vier Wochen später – hatte sich folgende Situation ergeben: Der Stationsleiter hatte sich spürbar gekümmert. In einem Einzelgespräch mit der älteren Kollegin hatte er gründlich mit ihr erarbeitet, was die Station im Augenblick von ihr erwarten könne. Dem Antrag auf Versetzung in einen Verwaltungsbereich der Klinik, den die Kollegin schon nach einer längeren Erkrankung vor einem Jahr gestellt hatte, habe er in Abstimmung mit der betroffenen Kollegin noch einmal Nachdruck verliehen. In einem gemeinsamen Gespräch mit den Schichtkolleginnen habe man sich darüber verständigt, welche Anforderungen an die Kollegin machbar seien und welche nicht. Der Leiter hat sich den problematischen Phänomenen aktiv zugewandt und die Spannung im Schichtteam gehalten.

In der Supervision sprechen jetzt mehrere Kolleginnen über die Grenzen ihrer Leistungsfähigkeit. Solche, die sie bereits jetzt erleben und solche, die sie mit Blick auf ihr fortschreitendes Alter für die Zukunft befürchten. Die Fokussierung auf einen Sündenbock weicht der Auseinandersetzung mit einem kollektiven Problem der Kraftgrenzen in einem tendenziell überalterten Pflegeteam. Die Klinik als Gesamtheit scheint von der quantitativen Dimension von Erschöpfungssyndromen strukturell überfordert. Teilweise findet sich für einzelne Kolleginnen eine Lösung (Versetzung in weniger kräftezehrende Arbeitsbereiche), in anderen Fällen zeigt sich die Klinikleitung eher barsch brüskierend und fordert Kolleginnen auf, doch ihre Kündigung zu schreiben, wenn sie nicht zurechtkämen.

Viele Individuen in der Klinik, aber auch die Gesamtorganisation scheint auf eine Grenze zuzutreiben. Gleichzeitig ist die Gasse des Machbaren, der Managementinitiativen, die spürbare Entlastung schaffen könnten, eher schmal. In der Teamsupervision der neurologischen Station setzte sich in der Folge ein Arbeitsprozess durch, in dem sich die Kolleginnen zunehmend kritisch mit ihren Ansprüchen an die Arbeit und den überkommenen Standards auseinandersetzten. Es schien deutlich, dass bestimmte Angebotsteile, die das Team in der Vergangenheit noch vorhalten konnte, unter den aktuellen personellen Bedingungen nicht mehr durchgängig leistbar waren. Das Team begab sich in eine durchaus trauernde Auseinandersetzung mit veränderten Rahmenbedingungen. Dabei wurde auch klar und benennbar, dass der im Team kulturell verankerte Wunsch, sich gegenseitig zu unterstützen und Schwächephasen einzelner Teammitglieder solidarisch zu kompensieren, gewissen Grenzen unterliegt. Nicht alles kann kollektiv auf die Schultern der Kolleginnen verteilt werden. Jede Einzelne steht vor der unhintergehbaren Verpflichtung, ein gewisses Maß an Leistungskraft einzubringen. Dieser Differenzierungsprozess wurde im Team als schmerzlich erlebt, konnte aber in den Supervisionen als ein für das ganze Team relevantes Thema bearbeitet werden. Die zunächst manifeste Sündenbockdynamik relativierte sich spürbar. Bemerkenswert – aber in einem interaktionellen Verständnis vielleicht nicht verwunderlich: Der innere Prozess des Supervisors entwickelte sich analog zu dem des Teams. Von der Verbannung des Angstthemas aus der Wahrnehmung hin zu schuldbeladenem Erschrecken anlässlich dessen eruptiver Wiedererscheinen in der Sündenbockszene. Dann in eine Krise des Arbeitsbündnisses, in welcher der Fortgang der Supervision infrage stand, und später hin zu einer wieder stabilisierten supervisorischen Arbeitsfähigkeit in neuer Qualität.

8.3 Der süchtige Mitarbeiter und sein Team

Der süchtige oder zumindest problematische Gebrauch von abhängigkeitsstiftenden Substanzen dürfte im gesellschaftlichen Durchschnitt der Arbeitswelt eine deutlich größere Rolle spielen, als sich uns dies im Alltag der Beratung unmittelbar erschließt. Süchtige Teammitglieder sind in gewisser Hinsicht ein Sonderfall bei den beschriebenen Außenseiterkonstellationen. Hierzu Fengler (2009, S. 73): »Schätzungen gehen seit geraumer Zeit von etwa 5–10 % süchtigen oder suchtgefährdeten Menschen in dem berufstätigen Teil der Bevölkerung aus (zuletzt: DHS 1997). Wenn wir innerhalb dieser Spanne die zurückhaltendste Schätzung wählen, müssen wir annehmen, dass jeder zwanzigste Supervisand und jeder zwanzigste Supervisor ein Suchtproblem hat.«

Auf die schwierige Frage, wie gehe ich (HP) mit offensichtlich abhängigen Kollegen um, bin ich schon in meiner ersten Stelle als junger Sozialarbeiter gestoßen. Es handelte sich um ein Heim für männliche Jugendliche. In meiner Gruppe arbeitete ein »linker« Pfarrer auf einer Erzieherstelle, der bekanntermaßen Alkoholiker war, denn er ging regelmäßig in einen anderen Raum, um Wodka zu trinken. Trotz der Heimlichkeit war dies allen – den Kollegen, den Jugendlichen und der Heimleitung – bekannt und auch seinen Verhaltensweisen deutlich anzumerken. Nicht ganz so ausgeprägt – bezogen auf die Auffälligkeiten – war die Tablettenabhängigkeit eines anderen Kollegen. Dennoch war auch diese für jeden sichtbar durch regelmäßige Einnahme größerer Mengen während des Dienstes.

Diese hier beschriebenen Szenen würde der Kollege Jörg Fengler (2009) als Co-Abhängigkeit bezeichnen, sie ist »Irrtum, Versäumnis und Verstrickung«. Und nicht nur das, sondern die Sucht ist ein Symptom und als solches »Repräsentant der Spannungen und Konflikte.« Fengler vermutet, dass es sich um den Schwächsten handelt, der der Arbeitsbelastung nicht standhält und im Suchtmittel die Entspannung sucht. In diesem Sinn kann auch in einem Fall von Sucht nach dem Gemeinsamen im Trennenden geforscht werden, obwohl hier natürlich auch individuelle Persönlichkeitsanteile und den Arbeitskontext überschreitende Schicksale ihre Rolle spielen.

Wie auch immer, interessant für uns ist die Frage: Was tun? Für die direkten Kolleginnen und Kollegen erscheint das offene Ansprechen so schwer, weil der Betroffene nicht mit Offenheit reagiert, sondern mit Aggression oder Rückzug als Teil der Krankheit. Für den Berater geht es zunächst einmal darum, das Problem zu erahnen, zu sehen bzw. aus versteckten Andeutungen herauszuhören. Selbst wenn dies gelingt, stellt sich die Frage, ob es Aufgabe des Beraters ist, den süchtigen Mitarbeiter zu outen. Wir befinden uns hier in einer ähnlichen Situation wie bei dienstlichen Verfehlungen bzw. Grenzüberschreitungen von Mitarbeitern (vgl. Pühl, 2009). Erhält der Teamverantwortliche von dem Verhalten Kenntnis, gehört es zu seinen Führungsaufgaben hier zu handeln. So sehen wir es auch beim Suchtverhalten. Für den Berater bleibt es ein unbefriedigender Balanceakt: Diskretionsgrenzen so gut wie möglich zu halten und dennoch nicht die Rolle des Co-Abhängigen einzunehmen.

Also auch aus der Rolle der Beraterin das Offensichtliche benennbar zu machen, mit dem Risiko, dass der Betreffende wütend die Supervision verlässt. Solche heiklen Situationen bespricht man am besten vorher in seiner Intervisionsgruppe. Das mindert nicht das Risiko, stärkt aber die Haltung. Wir halten es nicht für angebracht, hier aus falscher Rücksicht, Scham oder Konfliktangst, die Augen zu verschließen und sich einer lähmenden Befangenheit anzuschließen. Wir haben es zumindest mehrfach erlebt, dass eine schwer dechiffrierbare Verhaltenheit in Teams in der Rückschau mit einer tabuisierten individuellen Suchtproblematik eines Teammitglieds korrelierte.

Zurück zu der Geschichte in der Heimeinrichtung: Wir, zwei jüngere Kollegen aus der Gruppe, haben uns nach langen Abwägungen entschlossen, die Sache, die längst allen bekannt war, offen anzusprechen. Das fiel auch in diesem Fall sehr schwer, da der Kollege sich nicht als negative Projektionsfläche angeboten hat. Er war ein freundlicher, hilfsbereiter, toleranter Mensch, von dem wir wussten, dass er aufgrund seiner politisch linken Gesinnung aus dem Kirchendienst entlassen worden war. Somit hatte er auch unser Mitgefühl, gepaart mit dem Wissen, dass er kein Vorbild für die Jugendlichen ist, die zum Teil selbst aus suchtbelasteten Problemfamilien kamen.

Wir waren nicht überrascht, dass der Kollege uns diese Beschämung übel nahm, er fühlte sich verraten. Ebenso ging es dem Heimleiter, der um die Problematik wusste, aber bisher lieber weggeschaut hatte. Nun musste er aus seiner Position handeln. Kurz nach der Offenlegung ist der Kollege im angetrunkenen Zustand vor einen Bus gelaufen und verletzt für einige Woche ins Krankenhaus gekommen. Eine unbewusste Entscheidung zur Entgiftung, die zur Folge hatte, dass er sich nach einigen Wochen gut erholt hatte und wieder zum Dienst erschien. Er nahm uns die Offenlegung nicht mehr übel, da es ihm jetzt sehr viel besser gehe und er inzwischen eine Gruppe Anonymer Alkoholiker besuche (vgl. Conrad u. Pühl, 1983).

8.4 Intime Kontakte am Arbeitsplatz

Über Liebe und intime Beziehungen am Arbeitsplatz findet sich in der Fachliteratur wenig bis nichts. Das spiegelt allerdings in keiner Weise die Realität wider. Fündig wird man eher in der Yellow Press, zum Beispiel hinsichtlich Spekulationen, wie lange der Altbundeskanzler Kohl schon eine Beziehung zu seiner Sekretärin hatte, die er nach dem Tod seiner Frau auch ehelichte. Ein anderer Bundeskanzler, nämlich Willy Brandt, ist ebenfalls durch die Ehe mit seiner Sekretärin in die Geschichte eingegangen. Somit zwei bekannte Beispiele für dieses Phänomen. Auch Barack Obama hatte seine Frau Michelle am Arbeitsplatz kennengelernt, als er Praktikant war und sie bereits Anwältin.

Die Arbeitswelt ermöglicht in der Regel zahlreiche Kontakte zu Kolleginnen und Kollegen. Da wundert es nicht, wenn sich daraus auch »mehr« entwickeln kann, der Arbeitsplatz ist eine beliebte Kontaktbörse. Hier können sich Männer und Frauen unter realistischen Alltagsbedingungen kennenlernen ohne die sonst üblichen Showeffekte. Verboten sind intime Beziehungen in einer Firma zwar nicht, wenn auch nicht immer gern gesehen. Inzwischen nimmt jede achte Paarbeziehung ihren Anfang am Arbeitsplatz und je höher die Identifikation mit dem Job, desto emotionaler geht es zu und das fördert die Beziehungsintensität und damit die Chance auf eine Liebesbeziehung. Auch wir selbst haben in unserer Lebensgeschichte Partnerinnen in Arbeitskontexten kennen – und lieben gelernt.

Dennoch gibt es Wirkungen und Auswirkungen auf die Arbeitsbeziehungen, die sich als schwierig erweisen können. Grundsätzlich möchten wir drei Beziehungskonstellationen unterscheiden,
und zwar:

– *Intime Beziehungen, die hierarchieübergreifend sind.* Zu Letzte-
ren zählen sicherlich auch die der erwähnten Altbundeskanzler.
Solche erleben wir in Organisationen beispielsweise zwischen
Geschäftsführer und Mitarbeiterin. Diese Verbindungen laden
in der Regel zu zahlreichen Fantasien der beteiligten Kolleginnen und Kollegen ein und behindern vielfach die Offenheit im
Team, da man nie weiß, was die Kollegin ihrem Geliebten, dem
Chef der anderen, zu Hause erzählt.

In der von den Mitarbeitern gewünschten Teamsupervision eines
Jugendhilfeträgers war auch nach drei Sitzungen die Atmosphäre ausgesprochen verhalten. Es wurden zwar Themen benannt, aber keines
konnte vertieft werden. Das Geheimnis offenbarte sich durch das Aus-
füllen eines Teamdiagnosebogens. Der auffälligste Wert war »Angst
sich zu äußern«. Als dies bei der Besprechung diskutiert wurde, traute
sich eine Mitarbeiterin ein bekanntes Geheimnis zu veröffentlichen:
Eine Mitarbeiterin hatte eine persönliche, sehr dichte Beziehung zum
Geschäftsführer – ob auch intim, war nicht bekannt – und man wusste
nie, was sie alles nach »oben ausplauderte«. Durch dieses Offenlegen
konnte die betreffende Mitarbeiterin sich positionieren und den Kollegen versichern, dass sie keine persönlichen Dinge weiterträgt. Dadurch
war zumindest das Tabu gelüftet und auf dieser Grundlage entspannte
sich die Atmosphäre zusehends.

Der Umgang mit hierarchieübergreifenden Beziehungen kann sich
in Konfliktfällen für die Beteiligten als schwierig erweisen, und
zwar besonders für die abhängige Position. Handelt es sich um
eine Chef-Mitarbeiterin-Konstellation, ist nicht ausgeschlossen,
dass der Chef in seinem Versuch, sich nicht der Kungelei schuldig
zu machen, die Geliebte bei fälligen Beförderungen »übersieht«.
Oder im Falle der Trennung alles unternimmt, die Kollegin an
einen anderen Arbeitsplatz zu versetzen. Die Leidtragenden – oft
sind es Frauen – sind in diesen Fällen die Untergebenen.

– *Auf derselben hierarchischen Ebene* sind die Beziehungen dann relativ problemlos, wenn die Beteiligten damit offen umgehen. Allerdings kann es dazu kommen, dass die anderen Teammitglieder das Paar als starken Block erleben und sich selbst als ausgeschlossenen schwächeren Teil. Wenn die Beziehungspartner klug sind, lassen sie sich in verschiedene Teams versetzen, um dieser Gefahr zu entgegen.

– *Die heimliche Liebe:* Wir finden sie, wie bereits erwähnt, als asymmetrische Beziehung und auf der Teamebene. Als die Teamdynamik belastend haben wir Beziehungen erlebt, die »heimlich« abliefen und deren Partner sich später getrennt haben. Wenn sich in Teams eine nicht verstehbare Schwere breitmacht und wie ein grauer Nebel die Zusammenarbeit behindert, können solche Beziehungsdynamiken manchmal die Ursache sein. Verschiedentlich haben wir es gewagt, bei solch verhaltender Atmosphäre die Möglichkeit anzusprechen, dass verheimlichte Beziehungen zu dieser Atmosphäre beigetragen könnten. In günstigen Fällen wurde das »Geheimnis« – von dem alle Teammitglieder eine Ahnung hatten – dann gelüftet. Der Effekt war in aller Regel befreiend.

Das Besondere an der heimlichen Liebe ist die beständige Angst des Verrats, durch die Liebenden selbst oder am Arbeitsplatz durch Kollegen. »Das Geheimnis erzeugt eine Grenze. Sie scheidet zwischen Mitwissern und Nichtwissern. Wer diese Grenze durchdringt, ist ein Spion; wer der Geheimnis nach außen zugänglich macht, ein Verräter«, so Wolfgang Schmidbauer (1999, S. 46 f.) in seinem schönen Buch über die »heimliche Liebe«.

– *Affären sind eine besondere Form der betrieblichen Liebe.* Sie zeichnen sich nicht nur durch Heimlichkeit aus – wenn es sich um Nebenbeziehungen handelt –, sondern ebenso durch ihre besondere Brüchigkeit. Dazu würden wir auch die launigen Intimitäten auf oder nach Betriebsfesten zählen. In gegenseitiger Enthemmung können hier unterdrückte Wünsche und Fantasien aus dem Arbeitsalltag in die Tat umgesetzt werden. Allerdings mit ungewissem Ausgang – was vielleicht ein Teil des Reizes ist: Wie sieht die Welt am Morgen danach aus? Wenn es sich nur um die eine Begegnung handelt, wie verhalten sich die Beteiligten am Arbeitsplatz? Können sie darüber sprechen oder legen sie die Decke des Schweigens über den »Fehltritt«? Und: Welche Fantasien löst das bei den Mitgliedern aus, die am Betriebsfest teilgenommen haben und denen nichts entgangen ist?

Per Saldo scheinen intime Beziehungen am Arbeitsplatz ein durchaus erfreulicher Teil lebendiger Arbeitsprozesse zu sein. Sie haben auf jeden Fall immer auch teamdynamische Relevanz und können deshalb im Kontext von Teamberatungen der Rede wert sein. Man mag in diesem Zusammenhang auch einmal mehr an Bion (2001) denken, der den Modus der Paarbildung als eine der unbewussten »Grundannahmen« beschrieben hat, mit deren Hilfe sich Gruppen von den Zumutungen der Wirklichkeit entlasten. Der »Paarbildungsmodus«, in dem die Gruppe ihre ganzen Hoffnungen auf eine Paarkonstellation in der Gruppe richtet, verleiht der Gruppenstimmung »einen eigentümlich hoffnungsvollen, gespannten Charakter, mit dem sie sich von den üblichen Stunden der Langeweile und Frustration unterscheidet« (S. 109). So profitieren am Ende dann doch wieder alle von der Liebe.

Literatur

Ahlers-Niemann, A., Freitag-Becker, E. (Hrsg.) (2011). Netzwerke – Begegnungen auf Zeit. Zwischen Uns und Ich. Bergisch Gladbach: EHP Verlag.

Alsdorf, N. (2013). »Da würde ich mir um die Jüngeren im Moment mehr Sorgen machen.« Selbstfürsorge und Generation. In R. Haubl, N. Alsdorf, C. Handrich, G. G. Voß (Hrsg.), Belastungsstörung mit System. Die zweite Studie zur psychosozialen Situation in deutschen Organisationen (S. 100–112). Göttingen: Vandenhoeck & Ruprecht.

Altmeyer, M., Thomä, H. (Hrsg.) (2010). Die vernetzte Seele. Die intersubjektive Wende in der Psychoanalyse (2. Aufl.). Stuttgart: Klett-Cotta.

Antons, K. (2009). Die dunkle Seite von Gruppen. In C. Edding, K. Schattenhofer (Hrsg.), Handbuch Alles über Gruppen. Theorie, Anwendung, Praxis (S. 324–357). Weinheim: Beltz.

Arbeitskreis OPD (Hrsg.) (2006). Operationalisierte Psychodynamische Diagnostik OPD-2. Das Manual für Diagnostik und Therapieplanung. Bern: Huber.

Arendt, Hanna (2006). Denken ohne Geländer: Texte und Briefe. Hrsg. v. H. Bohnet u. K. Stadler. München: Piper.

Argelander, H. (1972). Gruppenprozesse. Wege zur Anwendung der Psychoanalyse in Behandlung, Lehre und Forschung. Reinbek: Rowohlt.

Baecker, D. (1994). Postheroisches Management. Ein Vademecum. Berlin: Merve-Verlag.

Balint, M., Hügel, K. (1957). Der Arzt, sein Patient und die Krankheit. Stuttgart: Klett.

Bartsch, E. (2012). Containment. In W. Dinger (Hrsg.), Gruppenanalytisch denken – supervisorisch handeln. Gruppenkompetenz in Supervision und Arbeitswelt (S. 108–129). Kassel: kassel university press.

Baumann, Z. (2009). Postmoderne Ethik. Hamburg: Hamburger Edition.

Bauriedl, T. (1980). Beziehungsanalyse – Das dialektisch-emanzipatorische Prinzip der Psychoanalyse und seine Konsequenzen für die psychoanalytische Familientherapie. Frankfurt a. M.: Suhrkamp.

Bauriedl, T. (1994). Auch ohne Couch. Psychoanalyse als Beziehungstheorie und ihre Anwendungen. Stuttgart: Klett-Cotta.

Bauriedl, T. (1997). Die innere Welt des Psychoanalytikers. In F. Herberth, J. Maurer (Hrsg.), Die Veränderung beginnt im Therapeuten. Anwendungen der Beziehungsanalyse in der psychoanalytischen Theorie und Praxis (S. 34–57). Frankfurt a. M.: Brandes & Apsel.

Bayas-Linke, D. (2013). Alles beginnt mit einer Unterscheidung – Systemtheoreti-
   sche Grundlagen für die supervisorische Praxis. Supervision, 2013 (2), 22–26.
Becker, H. (2006). Die Bedeutung des Opfers und des Sündenbockes in der neu-
   eren ethisch-soziologischen Diskussion. München. Grin Verlag.
Becker-Kontio, M., Schwennbeck, M.-L. (2014). Ausrichtung der Supervision
   am Thema Gesundheit. Neue Anforderungen an Kooperation. Supervision,
   2014 (2), 37–44.
Belardi, N. (2013). Supervision. Grundlagen, Techniken, Perspektiven (4. Aufl.).
   München: C. H. Beck.
Benjamin, J. (2010). Tue ich oder wird mir angetan? Ein intersubjektives Trian-
   gulierungskonzept. In M. Altmeyer, H. Thomä (Hrsg.), Die vernetzte Seele.
   Die intersubjektive Wende in der Psychoanalyse (S. 65–107). Stuttgart: Klett-
   Cotta.
Bentele, M., Fellermann, J. (Hrsg.) (2012). Womit Supervision und Coaching zu
   tun haben werden. Kassel: kassel university press.
Berne, E. (2005). Transaktionsanalyse der Intuition. Ein Beitrag zur Ich-Psycho-
   logie. Paderborn: Junfermann.
Bion, W. R. (2001). Erfahrungen in Gruppen und andere Schriften (3. Aufl.).
   Stuttgart: Klett-Cotta.
Böhle, F. (2012). Nicht nur Bedrohung und Ohnmacht. Veränderungen im
   Umgang mit Ungewissheit. Supervision, 2012 (3), 4–12.
Bourdieu, P. (2005). Was heißt sprechen? Zur Ökonomie des sprachlichen Tau-
   sches (2. Aufl.). Wien: Braumüller.
Bourdieu, P. (2012). Die feinen Unterschiede. Kritik der gesellschaftlichen
   Urteilskraft (22. Aufl.). Frankfurt a. M.: Suhrkamp.
Braun, C., Brüggen, W. (Hrsg.) (2013). Psychoanalyse der Institutionen – Insti-
   tutionen der Psychoanalyse. Frankfurt a. M.: Brandes & Apsel.
Buer, F. (2009). Worum es in der Beratung von *professionals* im Grunde geht.
   Sinnfindung in der Arbeit durch verantwortetes Streben nach Glück. In
   H. Pühl (Hrsg.), Handbuch Supervision und Organisationsentwicklung
   (3. erw. Aufl., S. 55–71). Wiesbaden: VS Verlag für Sozialwissenschaften.
Capgemini Consulting (2012). Digitale Revolution. Ist Changemanagement
   mutig genug für die Zukunft? München. Zugriff am 12.12.2014 unter
   http://www.de.capgemini-consulting.com/resource-file-access/resource/
   pdf/change_management_studie_2012_0.pdf
Cohn, R. C. (1975). Von der Psychoanalyse zur themenzentrierten Interaktion.
   Stuttgart: Klett-Cotta.
Conen, M.-L. (2011). Wo keine Hoffnung ist, muss man sie erfinden. Heidel-
   berg: Carl Auer.
Conrad, G., Pühl, H. (1983). Team-Supervision – Gruppenkonflikte erkennen
   und lösen. Mit ausführlichen Protokollen. Berlin: Marhold.
Derrida, J. (1994). Meine Chancen. Berlin: Brinkmann und Bose.
Derrida, J. (1997). Die Schrift und die Differenz. Frankfurt a. M.: Suhrkamp.

Devereux, G. (1992). Angst und Methode in den Verhaltenswissenschaften (3. Aufl.). Frankfurt a. M.: Suhrkamp.

Dinius, S. (2013). Das Team in der Ohnmacht. Was kann Supervision in ausweglosen Situationen leisten? Organisation Supervision Coaching (OSC) (2), 217–230.

Dittrich, S. (2013). HypnoTalk. Das Milton-Modell, Cold-Reading und andere hypnotische Sprachmuster. Norderstedt: Books on demand.

Dornes, M. (2012). Die Modernisierung der Seele. Kind – Familie – Gesellschaft. Frankfurt a. M.: Fischer.

Duerr, H. P. (1994). Nacktheit und Scham. Frankfurt a. M: Campus.

Dunkel, W., Weihrich, M. (Hrsg.) (2012). Interaktive Arbeit. Eine Untersuchung zur Zusammenarbeit von Kunden und Dienstleistern. Wiesbaden. VS Verlag.

Ebert, W. (2001). Systemtheorien in der Supervision. Opladen: Leske und Budrich.

Ebring, S. (2009). Die Förderung professioneller Kommunikation in der Supervision. Supervision, 2009 (2), 42–51.

Ehrenberg, A. (2008). Das erschöpfte Selbst. Depression und Gesellschaft in der Gegenwart. Frankfurt a. M.: Suhrkamp.

Ekstein, R., Wallerstein, R. S. (1958). The teaching and learning of psychotherapy. New York: Basic Books.

Epe, K., Fischer-Epe, M. (1995). Wenn die Lösung zum Problem wird. Überlegungen zum Sinn und Unsinn fortlaufender Supervision in Teams. In F. W. Wilker (Hrsg.), Supervision und Coaching. Bonn: Deutscher Psychologen Verlag.

Fäh, M. (2012). Warum haben die Psychoanalytiker Angst vor ihrer Kreativität? In M. Fäh (Hrsg.), Was tut ein Psychoanalytiker? (S. 145–169). Wien: Sigmund-Freud-Privatuniversität-Verlag.

Fengler, J. (1981). Der sog. »Außenseiter«. Drei theoretische Positionen. Gruppendynamik (12), 105–117.

Fengler, J. (2009). Co-Abhängigkeit in Team und Institution. In H. Pühl (Hrsg.), Handbuch der Supervision 3 (S. 117–122). Berlin: Leutner.

Fengler, J. (2013). Burnout-Prävention im Arbeitsleben. Das Salamander-Modell. Stuttgart: Klett-Cotta.

Fengler, J., Sanz, A. (Hrsg.) (2014). Ausgebrannte Teams. Burnout-Prävention und Salutogenese. Stuttgart: Klett-Cotta.

Foucault, M. (2005). Die Geburt der Biopolitik. Geschichte der Gouvernementalität 2 (2. Aufl.). Frankfurt a. M.: Suhrkamp.

Frankl, V. E. (1996). Der leidende Mensch. Anthropologische Grundlagen der Psychotherapie. München. Piper.

Frampton, S. (2013). Wenn ich mit meiner Katze spiele – woher weiß ich, dass sie nicht mit mir spielt? Montaigne und die Fragen des Lebens. München: Knaus.

Freud, S. (1912). Totem und Tabu. Studienausgabe Bd. IX. Frankfurt a. M.: Fischer.

Friesel-Wark, H. (2013). Scham als verborgenes Problem in der Supervision.

FoRuM Supervision – Zeitschrift für Beratungswissenschaft und Supervision (41). 19–36.

Fromm, E. (1988). Die Furcht vor der Freiheit. Frankfurt a. M.: Ullstein.

Glasl, F. (1997). Konfliktmanagement (5. erw. Aufl.). Bern: Haupt.

Glasersfeld, E. von (2005). »Metaphern als indirekte Beschreibung«. In H. R. Fischer, (Hrsg.), Eine Rose ist eine Rose … Zur Rolle und Funktion von Metaphern in Wissenschaft und Therapie (S. 145–155). Weilerswist: Velbrück.

Goffman, E. (1967). Stigma. Über Techniken der Bewältigung beschädigter Identität. Frankfurt a. M.: Suhrkamp.

Gotthardt-Lorenz, A. (2002). Müssen wir das Rad immer wieder neu erfinden? Bedeutung der Feldkompetenz. Supervision, 2002 (1). 15–20.

Gotthardt-Lorenz, A. (2009). Organisationssupervision-Raum für wachsende Anforderungen. In H. Pühl, (Hrsg.), Handbuch Supervision und Organisationsentwicklung (S. 147–160). Wiesbaden: VS Verlag für Sozialwissenschaften.

Gotthardt-Lorenz, A. (2012). Supervision beschäftigt sich mit Arbeitsbeziehungen!!! Ja …, aber wie? Und … wie heute? Präsentation zum Vortrag März 2012. Hamburg: unveröffentlichte Präsentation.

Gotthardt-Lorenz, A. (2014). Die kooperative Gestalt und Gestaltung von Organisationssupervision. Supervision, 2014 (2), 30–36.

Gotthardt-Lorenz, A., Hausinger, B., Sauer, S. (2013). Das forschende Vorgehen in Supervisionsprozessen. In S. Busse, B. Hausinger, (Hrsg.), Supervisions- und Coachingprozesse erforschen (S. 202–221). Göttingen: Vandenhoeck & Ruprecht.

Gotthardt-Lorenz, A., Knopf, W. (2015). Über die Schwierigkeiten als Berater im System zu kooperieren. In K. Obermeyer, H. Pühl (Hrsg.), Die innere Arbeit als Berater. Unveröffentlichtes Manuskript.

Graf, E. M., Aksu, Y. (2013). »Als ich in Südamerika war« – Die interprofessionelle Diskursanalyse als Beitrag zur Erforschung arbeitsweltlicher Beratung. In S. Busse, B. Hausinger (Hrsg.), Supervisions- und Coachingprozesse erforschen (S. 129–151). Göttingen: Vandenhoeck & Ruprecht.

Gröning, K. (2013). Supervision. Traditionslinien und Praxis einer reflexiven Institution. Gießen: Psychosozial-Verlag.

Gröning, K. (2014). Biografisierung der Supervision und Wandel der Nachfrage oder wohin geht die DGSv. FoRuM Supervision – Zeitschrift für Beratungswissenschaft und Supervision, (44), 84–91.

Hallier, H. (2009). Achtsamkeit in der Supervision. In H. Pühl (Hrsg.), Handbuch der Supervision 3 (S. 300–311). Berlin: Leutner.

Han, B.-Ch. (2010). Müdigkeitsgesellschaft. Berlin: Matthes & Seitz.

Han, B.-Ch. (2012). Transparenzgesellschaft. Berlin: Matthes & Seitz.

Han, B.-Ch. (2014). Psychopolitik. Frankfurt a. M.: Fischer.

Handrich, Ch. (2013). »Gute Arbeit ist, wenn ich Anerkennung bekomme«. Professionalität und gute Arbeit. In R. Haubl et al. (Hrsg.), Belastungsstörung mit

System. Die zweite Studie zur psychosozialen Situation in deutschen Organisationen (S. 49–61). Göttingen: Vandenhoeck & Ruprecht.

Haubl, R. (2008). Die Angst, persönlich zu versagen oder sogar nutzlos zu sein. Forum der Psychoanalyse (4), S. 317–329.

Haubl, R., Voß, G. G., Alsdorf, N., Handrich, C. (Hrsg.) (2013). Belastungsstörung mit System. Die zweite Studie zur psychosozialen Situation in deutschen Organisationen. Göttingen: Vandenhoeck & Ruprecht.

Haubl, R., Heltzel, R., Barthel-Rösing, M. (Hrsg.) (2005). Gruppenanalytische Supervision und Organisationsberatung. Gießen: Psychosozial-Verlag.

Haubl, R. (2012). Supervision und Emotionsregulation. In W. Weigand (Hrsg.). Philosophie und Handwerk der Supervision (S. 53–62). Gießen: Psychosozial-Verlag.

Heigl-Evers, A., Heigl, F. (1988). Zum Prinzip ›Antwort‹ in der psychoanalytischen Therapie. In R. Klussmann et al. (Hrsg.), Aktuelle Themen der Psychoanalyse (S. 187–203). Berlin u. New York: Springer.

Heigl-Evers, A., Hering, A. (1970). Die Spiegelung einer Patientengruppe durch eine Therapeuten-Kontrollgruppe. Gruppenpsychotherapie und Gruppendynamik (4), 179–190.

Heltzel, R. (2012). Die Gestaltung des Beziehungsraumes in der Beratung. In R. Heltzel, W. Weigand, Im Dickicht der Organisationen. Komplexe Beratungsaufträge verändern die Beraterrolle (S. 80–116). Göttingen: Vandenhoeck & Ruprecht.

Heltzel, R. (2012a). Die Unabhängigkeit des Supervisors. In R. Heltzel, W. Weigand, Im Dickicht der Organisation. Komplexe Beratungsaufträge verändern die Beraterrolle (S. 162–175). Göttingen: Vandenhoeck & Ruprecht.

Heltzel, R., Weigand, W. (2012). Im Dickicht der Organisation. Komplexe Beratungsaufträge verändern die Beraterrolle. Göttingen: Vandenhoeck & Ruprecht.

Hilgers, M. (2013). Scham. Gesichter eines Affekts (4. Aufl.). Göttingen: Vandenhoeck & Ruprecht.

Hüther, G. (2011). Was wir sind und was wir sein könnten – ein neurobiologischer Mutmacher. Frankfurt a. M.: Fischer.

Israel, J. (1972). Der Begriff Entfremdung – Makrosoziologische Untersuchung von Marx bis zur Soziologie der Gegenwart. Reinbek: Rowohlt.

Jaeggi, R. (2005). Entfremdung – Zur Aktualität eines sozialphilosophischen Problems. Frankfurt a. M.: Campus.

Jaenicke, Ch. (2010). Veränderung in der Psychoanalyse. Selbstreflexionen des Analytikers in der therapeutischen Beziehung. Stuttgart: Klett-Cotta.

Jaenicke, Ch. (2014). Die Suche nach Bezogenheit. Frankfurt a. M.: Brandes & Apsel.

Keupp, H. (2012). Riskante Chancen: Das sich erschöpfende Selbst auf dem Fitnessparcour des globalen Kapitalismus. In In M. Bentele, J. Fellermann (Hrsg.), Womit Supervision und Coaching zu tun haben werden. Schlaglichter auf Veränderungen in Gesellschaft (S. 24–45). Kassel: Kassel University Press.

König, O. (2011). Vom allmählichen Verschwinden der Gruppenformate. Psychotherapeut, 56 (4), 287–296.

Königswieser, R., Sonuc, E., Gebhardt, J. (Hrsg.) (2006). Komplementärberatung – Das Zusammenspiel von Fach- und Prozess-Know-how. Stuttgart: Schäffer-Poeschel.

Krämer, B., Deeg, J. (2008). Die Optimierung der virtuellen Teamarbeit. Ein integratives Managementmodell. In G. Schreyögg, P. Conrad (Hrsg.), Gruppen- und Teamorganisation (S. 165–208). Wiesbaden: Gabler.

Kutter, P. (2009). Spiegelphänomene in der Supervision. In H. Pühl (Hrsg.), Handbuch der Supervision 3 (S. 81–94). Berlin. Leutner.

Leuschner, W. (2001). Zur Konfliktdynamik sozialpsychiatrischer Einrichtungen. In M. Wolf (Hrsg.), Selbst, Objekt und der Grundkonflikt (S. 27–40). Frankfurt a. M.: Brandes & Apsel.

Loebbert, M. (2003). Storymanagement. Der narrative Ansatz für Management und Beratung. Stuttgart: Klett-Cotta.

Lohmer, M. (2012). Verwickelt, verstrickt und dennoch gut beraten. Abstinenz, Containment und Verantwortung im Beratungsprozess. In W. Weigand (Hrsg.), Philosophie und Handwerk der Supervision (S. 63–70). Gießen: Psychosozial-Verlag.

Lohmer, M. (Hrsg.) (2000). Psychodynamische Organisationsberatung. Konflikte und Potentiale in Veränderungsprozessen. Stuttgart: Klett-Cotta.

Lohmer, M., Möller, H. (2014). Psychoanalyse in Organisationen. Einführung in die psychodynamische Organisationsberatung. Stuttgart: Kohlhammer.

Luchtenberg, S. (1985). Euphemismen im heutigen Deutsch. Frankfurt a. M.: Lang.

Lyotard, J. F. (1989). Der Widerstreit (2. Aufl.). München: Fink.

Lyotard, J. F. (1996). Postmoderne für Kinder. Briefe aus den Jahren 1982–1985 (2. Aufl.). Wien: Passagen.

Lyotard, J. F. (2004). Beantwortung der Frage. Was ist postmodern? In P. Engelmann (Hrsg), Postmoderne und Dekonstruktion. Texte französischer Philosophen der Gegenwart (S. 32–88). Stuttgart: Reclam.

Lyotard, J. F. (2005). Das postmoderne Wissen. Ein Bericht (5. Aufl.). Wien: Passagen.

Marx, K. (1844/1974). Die entfremdete Arbeit. In Ökonomisch-philosophische Manuskripte, Marx Engels Ergänzungsband (S. 465–590). Berlin: Dietz.

Matuschek, I. (2013). Subjektivierte Arbeit. In R. Haubl et al. (Hrsg.), Belastungsstörung mit System. Die zweite Studie zur psychosozialen Situation in deutschen Organisationen (S. 139–167). Göttingen: Vandenhoeck & Ruprecht.

Mead, G. H. (1968). Geist, Identität und Gesellschaft aus der Sicht des Sozialbehaviorismus. Frankfurt a. M.: Suhrkamp.

Mercier, P. (2013). Nachtzug nach Lissabon. München: btb.

Moldaschl, M., Voß, G. (Hrsg.) (2002). Subjektivierung von Arbeit. München: Hampp.

Moosbrugger, J. (2012). Subjektivierung von Arbeit. Freiwillige Selbstausbeutung. Ein Erklärungsmodell für die Verausgabungsbereitschaft von Hochqualifizierten. Wiesbaden: VS Verlag für Sozialwissenschaften.

Münch, W. (2011). Tiefenhermeneutische Beratung und Supervision. Konzeptualisierung und Praxisreflexion. Frankfurt a. M.: Brandes & Apsel.

Murakami, H. (2014).»Es gibt nicht nur eine Realität« – Interview. Die Zeit, 2014 (3).

Neumann-Wirsig, H. (2013). Supervisions-Tools (4. Aufl.). Bonn: ManagerSeminare-Verlag.

Oberhoff, B. (1996). Szenisches Verstehen in der institutionellen Supervision. In H. Pühl (Hrsg.), Supervision in Institutionen (S. 77–93). Frankfurt a. M.: Fischer.

Obermeyer, K., Pühl, H. (Hrsg.) (2015). Die innere Arbeit als Berater. Berlin: Leutner (im Druck).

Ogden, T. H. (2006). Frühe Formen des Erlebens. Gießen: Psychosozial-Verlag.

Pagés, M. (1974). Das affektive Leben in Gruppen. Eine Theorie der menschlichen Beziehung. Stuttgart: Klett.

Pawlowsky, P., Steigenberger, N. (Hrsg.) (2012). Die HIPE-Formel. Empirische Analyse von Hochleistungsteams. Frankfurt a. M.: Verlag für Polizeiwissenschaften.

Peichl, J. (2012). Hypno-analytische Teilearbeit. Ego-State-Therapie mit inneren Selbstanteilen. Stuttgart: Klett-Cotta.

Petzold, H. G., Rodriguez-Petzold, F. (1997). Anonymisierung und Schweigepflicht in supervisorischen Prozessen – ein methodisches, ethisches, klinisches und juristisches Problem. Familiendynamik, 22 (3), 288–311.

Prior, M. (2002). MiniMax-Interventionen. Heidelberg: Carl Auer.

Pross, Ch. (2009). Verletzte Helfer. Umgang mit dem Trauma. Risiken und Möglichkeiten sich zu schützen. Stuttgart: Klett-Cotta.

Pühl, H. (1997). Von der Gruppenmatrix zur Institutionsmatrix. In J. Eisenbach-Stangl, M. Ertl (Hrsg.), Unbewusstes in Organisationen. Zur Psychoanalyse von sozialen Systemen (S. 39–53). Wien: Facultas.

Pühl, H. (1998). Team-Supervision. Von der Subversion zur Institutionsanalyse, Göttingen: Vandenhoeck & Ruprecht.

Pühl, H. (2009). Handbuch der Supervision 3. Berlin: Leutner.

Pühl, H. (2010). Konfliktklärung in Teams und Organisationen. Berlin: Leutner.

Pühl, H. (2012). Der Supervisor als Leiter und Pädagoge. In H. Pühl (Hrsg.), Handbuch der Supervision 3 (2. Aufl., S. 292–299). Berlin: Leutner.

Pühl, H. (2014). Angst in Gruppen und Institutionen (5. Aufl.). Berlin: Leutner.

Pühl, H. (Hrsg.) (2003). Mediation in Organisationen – Neue Wege im Konfliktmanagement. Berlin: Leutner.

Pühl, H., Schmidbauer, W. (Hrsg.) (2007). Eventkultur. Berlin: Leutner.

Rappe-Giesecke, K. (2008). Triadische Karriereberatung. Begleitung von Professionals, Führungskräften und Selbständigen. Bergisch-Gladbach: EHP.

Rappe-Giesecke, K. (2009). Wie wir uns wandeln– Ein Rückblick auf 25 Jahre Beratungstheorie und -praxis vor dem Hintergrund des triadischen Wandelmodells. In Triangel-Institut (Hrsg.), Beratung im Wandel. Analysen, Praxis, Herausforderungen (S. 34–58). Berlin: Leutner.

Rappe-Giesecke, K. (2009a). Supervision für Gruppen und Teams (4. Aufl.). Berlin u. a.: Springer.

Rey, H. (1994). Universals of Psychoanalysis in the Treatment of Psychotic and Borderline States. London: Free Association Books.

Rice, A. K. (1965). Führung und Gruppe. Stuttgart: Klett.

Riesman, D. (1961). Die einsame Masse. Reinbek: Rowohlt.

Rudolf, G. (2004). Strukturbezogene Psychotherapie. Leitfaden zur psychodynamischen Therapie struktureller Störungen. Stuttgart: Schattauer.

Ruh, H. (2012). Von der sozialen Marktwirtschaft zur ethischen Marktwirtschaft. In M. Bentele, J. Fellermann (Hrsg.), Womit Supervision und Coaching zu tun haben werden. Schlaglichter auf Veränderungen in Gesellschaft (S. 46–58). Kassel: Kassel University Press.

Sandner, D. (2013). Die Gruppe und das Unbewusste. Berlin. Heidelberg: Springer VS.

Sanz, A. (2014). Kooperation unter Supervisor/-innen. Markante Ergebnisse aus sechs Interviews. Supervision, 2014 (2), 20–29.

Sartre, J. P. (1949/1991). Geschlossene Gesellschaft. Reinbek: Rowohlt.

Sautter, C., Sautter, A. (2005). Wege aus der Zwickmühle – Doublebinds verstehen und lösen. Wolfegg: Verlag Systemkonzepte.

Schein, E. H. (2003). Organisationskultur. »The Ed Schein Corporate Culture Survival Guide«. Bergisch Gladbach: EHP.

Schernus, R., Bremer, F. (2008). Tyrannei des Gelingens. Plädoyer gegen marktkonformes Einheitsdenken in sozialen Arbeitsfeldern (2. Aufl.). Neumünster: Paranus.

Schirrmacher, F. (2013). Ego – Das Spiel des Lebens. München: Karl Blessing.

Schmid, W. (2000). Schönes Leben? Einführung in die Lebenskunst. Frankfurt a. M.: Suhrkamp.

Schmid, W. (2007). Glück. Alles, was Sie darüber wissen müssen, und warum es nicht das Wichtigste im Leben ist (7. Aufl.). Frankfurt a. M.: Insel.

Schmidbauer, W. (1999). Die heimliche Liebe – Ausrutscher, Seitensprung, Doppelleben. Reinbek: Rowohlt.

Schmidbauer, W. (1999a). Wie Gruppen uns verändern. Vom Training zur Institutionsanalyse. Reinbek: Rowohlt.

Schmidbauer, W. (2002). Mobbing. Kannibalischer Narzissmus in Systemen unter Stress. In H. Pühl (Hrsg.), Supervision. Aspekte organisationeller Beratung (S. 108–121). Berlin: Leutner.

Schmidbauer, W. (2013). Facetten und Entwicklungen des Narzissmus-Konzepts.

Vortrag zum 5. Bayerischen Landespsychotherapeutentag am 27.4.2013. Zugriff am 8.8.2013 unter http://www.wolfgang-schmidbauer.de

Schreyögg, A. (2009). »Teamsupervision« – ein Mythos? Ein kritischer Essay. Organisationsberatung Supervision Coaching, 16 (3), 179–188.

Schulz von Thun, F., Stegemann, W. (Hrsg.) (2004). Das innere Team in Aktion. Praktische Arbeit mit dem Modell. Reinbek: Rowohlt.

Senghaas-Knobloch, E. (2008). Wohin driftet die Arbeitswelt? Wiesbaden: VS Verlag für Sozialwissenschaften.

Senghaas-Knobloch, E. (2012). Decent Work – eine Antwort auf fehlgeleitete Globalisierung. In M. Bentele, J. Fellermann (Hrsg.), Womit Supervision und Coaching zu tun haben werden. Schlaglichter auf Veränderungen in Gesellschaft (S. 9–23). Kassel: Kassel University Press.

Sennett, R. (2009). The Craftsman. London: Penguin.

Sennett, R. (2012). Zusammenarbeit. Was unsere Gesellschaft zusammenhält. München: Hanser.

Shazer, S. de (2012). Worte waren ursprünglich Zauber. Von der Problemsprache zur Lösungssprache (3. Aufl.). Heidelberg: Carl Auer.

Simon, F. B., Rech-Simon, C. (2012). Zirkuläres Fragen. Systemische Therapie in Fallbeispielen. Ein Lernbuch. Heidelberg: Carl Auer.

Smith, M. E. (1985). The Fall Lyrics. Manchester: Lough Press.

Staats, H. (2009), »Du stinkst vor Doofheit« – Eine grobe Beleidigung in der Teamsupervision, In H. Pühl (Hrsg.), Handbuch der Supervision 3 (S. 136–140). Berlin: Leutner.

Stöwer, U. (2013). »Ich lade Sie ein, in die Kloake zu springen« Beratersprache im historischen Kontext – eine linguistische Perspektive. Organisationsberatung Supervision Coaching, 20 (3), 345–385.

Strohmaier, A. (Hrsg.) (2013). Kultur-Wissen-Narration. Perspektiven transdisziplinärer Erzählforschung für die Kulturwissenschaften. Bielefeld: transcript.

Strohschneider, S. (2012). Achtsamkeit und Affiliation. Unveröffentlichtes Workshop-Manuskript von der Jahrestagung 2012 der Plattform e. V. Dortmund.

Thier, K. (2010). Storytelling. Eine Methode für das Change-, Marken-, Qualitäts- und Wissensmanagement. Heidelberg: Springer.

Tiedemann, J. L. (2008). Die intersubjektive Natur der Scham. Forum der Psychoanalyse, (24), 246–263.

Tietel, E. (2002). Trianguläre Räume und soziale Häute in Organisationen. In H. Pühl (Hrsg.), Supervision. Aspekte organisationeller Beratung (S. 47–74). Berlin: Leutner.

Tietel, E. (2006). Die interpersonelle und die strukturelle Dimension der Triade. In J. Rieforth (Hrsg.), Triadisches Verstehen in sozialen Systemen (S. 6–85). Heidelberg: Carl Auer.

Tietel, E. (2009). Ökonomisierung und Subjektivierung von Arbeit – Ambivalenzen und Paradoxien. In Triangel-Institut (Hrsg.), Beratung im Wandel (S. 13–33). Berlin: Leutner.

Tomm, K. (2009). Die Fragen des Beobachters. Schritte zu einer Kybernetik zweiter Ordnung in der systemischen Therapie (5. Aufl.). Heidelberg: Carl Auer.

Triangel-Institut (Hrsg.) (2009). Beratung im Wandel. Analysen, Praxis, Herausforderungen. Berlin: Leutner.

Trenkle, B. (2011). Alle Kreter lügen. Kommunikation & Seminar, 20 (4), 9.

Türcke, Ch. (2013). Urgeld. Zur Archäologie der Wertschätzung. In I. Focke, M. Kayser, U. Scheferling (Hrsg.), Die phantastische Macht des Geldes. Ökonomie und psychoanalytisches Handeln (S. 129–143). Stuttgart: Klett-Cotta.

Türcke, Ch. (2013a). Zur Genealogie der Institution. In Ch. Braun, W. Brüggen (Hrsg.), Psychoanalyse der Institution – Institutionen der Psychoanalyse (S. 21–29). Frankfurt a. M.: Brandes & Apsel.

Tyler, S. A. (1991). Das Unaussprechliche. Ethnographie, Diskurs und Rhetorik in der postmodernen Welt. München: Trickster.

Voß, G., Pongratz, H. J. (1998). Der Arbeitskraftunternehmer. Eine neue Grundform der Ware Arbeitskraft? Kölner Zeitschrift für Soziologie und Sozialpsychologie, 50 (1), 131–158.

Wadzke, E. (2008). »Wahrscheinlich hat diese Geschichte gar nichts mit Ihnen zu tun …« Geschichten, Metaphern, Sprüche und Aphorismen in der Mediation. Mönchengladbach: Forum Verlag.

Weigand, W. (2009). Methodenfetischismus als Angstabwehr. In H. Pühl (Hrsg.), Handbuch der Supervision 3 (S. 261–277). Berlin: Leutner.

Weigand, W. (2012). Der Gang ins Zentrum der Macht. In R. Heltzel, W. Weigand (Hrsg.), Im Dickicht der Organisation. Komplexe Beratungsaufträge verändern die Beraterrolle (S. 117–158). Göttingen: Vandenhoeck & Ruprecht.

Weisbord, M., Janoff, S. (2011). Einfach mal Nichts tun! Zehn Leitsätze mit denen jedes Treffen etwas Besonderes wird. Berlin u. Bonn: Westkreuz-Verlag.

Wellendorf, F. (1991). Supervision als Institutionsanalyse. In H. Pühl, W. Schmidbauer (Hrsg.), Supervision und Psychoanalyse: Selbstreflexion der helfenden Berufe (S. 49–65). München: Kösel.

White, M., Epston, D. (1990). Die Zähmung der Monster. Der narrative Ansatz in der Familientherapie. Heidelberg: Carl Auer.

Wilke, H. (2004). Von einigen Tücken des Brückenbauens. Zur Relation Person – Organisation in der systemischen Beratung. In Triangel-Institut (Hrsg.), Brücken und Tücken psychoanalytisch-systemischer Beratung (S. 48–73). Berlin: Leutner.

Willi, J. (2012). Die Zweierbeziehung. Das unbewusste Zusammenspiel von Partnern als Kollusion. Reinbek: Rowohlt.

Winnicott, D. W (1974). Reifungsprozesse und fördernde Umwelt. München: Kindler.

Wurmser, L. (1990). Die Maske der Scham. Die Psychoanalyse von Schamaffekten und Schamkonflikten. Berlin. Heidelberg. New York: Springer.

Yalom, I. D. (2010). Theorie und Praxis der Gruppenpsychotherapie. Ein Lehrbuch (9. Aufl.). Stuttgart: Klett-Cotta.

Zwack, J. D., Pannicke, D. (2009). »Surviving the Organisation«. Einige Landkarten zur Navigation im ganz normalen organisatorischen Wahnsinn. In A. Schreyögg, C. Schmidt-Lellek (Hrsg.), Die Organisation in Supervision und Coaching. Wiesbaden: VS Verlag für Sozialwissenschaften.

Zwack, M., Muraitis, M., Schweitzer-Rothers, J. (2011). Wozu keine Wertschätzung? Zur Funktion des Wertschätzungsdefizits in Organisationen. Organisation Supervision Coaching (OSC), 18, 429–443.

Zwiebel, R. (2007). Von der Angst Psychoanalytiker zu sein. Das Durcharbeiten der phobischen Position. Stuttgart: Klett-Cotta.

Zwiebel, R. (2013). Was macht einen guten Psychoanalytiker aus? Grundelemente professioneller Psychotherapie. Stuttgart: Klett-Cotta.